·彩图版·

龚书铎⊙主编

新编话

二十四史

八卷·旧唐书 旧五代史

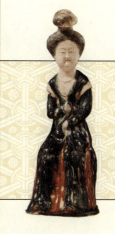

巴蜀书社

白话精编二十四史 第六卷 旧唐书 旧五代史

图书在版编目（CIP）数据

白话精编二十四史／龚书铎主编 .—成都：巴蜀书社，
2016.10

ISBN 978-7-5531-0739-4

Ⅰ．①白… Ⅱ．①龚… Ⅲ．①中国历史－古代史－纪
传体②二十四史－译文 Ⅳ．① K204.1

中国版本图书馆 CIP 数据核字（2016）第 231862 号

白话精编二十四史　第六卷　　　　　　　　　　　**龚书铎** 主编

策划组稿	林建
责任编辑	施维　张照华　肖静　封龙　童际鹏　张亮亮
出　版	巴蜀书社
	成都市槐树街2号　邮编610031
	总编室电话：（028）86259397
网　址	www.bsbook.com
发　行	巴蜀书社
	发行科电话：（028）86259422　86259423
经　销	新华书店
制　作	日知图书（www.rzbook.com）
印　刷	天津市光明印务有限公司
版　次	2016年10月第1版
印　次	2016年10月第1次印刷
成品尺寸	165mm×230mm
印　张	160
字　数	3000千字
书　号	ISBN 978-7-5531-0739-4
定　价	298.00元（全十卷）

前　言

　　鲁迅先生曾说："历史上写着中国的灵魂，指示着民族的未来。"中国的历史，无疑是我们国家和整个华夏民族的灵魂所在。从有文字以来，中国人就对历史的记述有着浓厚的兴趣。"左史记言，右史记事"滥觞于前，孕育了中国几千年来持续不断的历史记述制度，不仅"世有史官"，而且设立专门的著史机构；除了国家专门组织的著史工作之外，大量的私人著史活动也是风起云涌，从不同的角度，以不同的观念，并在不同的深度和广度上反映了历史的真实，从而形成了一股汹涌澎湃的文化思潮，影响深远。

　　在这样的制度和文化背景下，几千年来，中国产生的历史著作可谓汗牛充栋，为了有所区别，于是产生了"正史"和"野史"之分。在浩如烟海的历史著作中，就正史而言，"二十四史"无疑是其中的佼佼者，是中国历史文化遗产中的璀璨明珠。

　　作为正史总集的"二十四史"是中国史学主干，由清乾隆帝钦定后，正史遂成为"二十四史"的专有名称。它从《史记》（司马迁著）至《明史》（张廷玉等著）共计24部、3243卷，约4000万字。"二十四史"的著作年代前后相差计1800年，是世界图书史上独有的巨著。

　　"二十四史"全部按照纪传体的形式，采取以人物为中心、以时间为顺序的方式记事，完整、系统地记录了从传说中的黄帝到明朝末年四千多年间中华民族形成、发展、融合、兴旺的历史轨迹，全面展示了历代王朝的兴亡盛衰规律，翔实而细致地记载了各个历史时期的经济、政治、文化、科技、军事、疆域、民族、外交等多方面内容以及宝贵的历史经验教训。

　　为了让读者能够轻松阅读这一皇皇巨著，我们编撰出版了这部《白话精编二十四史》，从24部史书中选取具有代表性的精华篇章编译为白话，遵循"信达雅"的原则，保持原书风貌，浓缩原著精华。为了适应现代读者的审美需求，本书打破了传统正史读物的条条框框，版式设计新颖别致，书中插配了近千幅与史书内容相关的绘画、书法、建筑、陶瓷、金银器等精美图片，通过这些元素的完美结合，将读者带进一个真实而多彩的历史空间，让读者全方位、多角度地去感受中华文明和华夏民族智慧之所在。

目录

白话精编二十四史（第六卷）

● 旧唐书

● 旧五代史

旧唐书

旧五代史

旧唐书

旧唐书

首都师范大学历史学院教授 博士生导师
阎守诚

《旧唐书》是记述唐朝（618～907）历史的纪传体史书。全书200卷，包括《本纪》20卷，《志》30卷，《列传》150卷。五代后晋天福六年（941）开始修撰，历时四年多修成，由宰相刘昫领衔进上，所以题为"臣刘昫等奉敕修"。书名原为《唐书》，南宋以后，为与北宋修的《唐书》区别，称《旧唐书》。

此书史料来源主要根据从高祖到武宗的实录，从高祖到肃宗乾元时的纪传体国史，从高祖到宪宗元和时的编年体唐历，这些史料都是唐代史馆的编修成果。另外，从后梁开始，后唐、后晋都尽力搜罗唐朝的史料，包括私家传状、谱牒以及兄弟民族和周边诸国的材料。《旧唐书》修撰者对上述史料，往往事无巨细，全数收录，编撰比较粗疏，但也因此保存了大量唐朝的原始资料，是《新唐书》不能比的。

《旧唐书》的《本纪》和《列传》记述了唐代历朝帝王、宗室成员、将相功臣、文人学士及周边诸族、诸国的史事。礼仪、音乐、历、天文、五行、地理、职官、舆服、经籍、食货、刑法11个《志》，记述了唐朝的典章制度、地理沿革、自然条件等。《新唐书》《旧唐书》都是全面了解唐朝历史的重要典籍，虽然两书各有优劣，但由于《旧唐书》史料价值较高，因此，有志于学习唐史者应以此书为主，认真阅读，打好基础。

高祖本纪

唐 高祖李渊是唐朝的开国皇帝。他的家族世代都是高官显宦。在隋文帝时，独孤皇后是他的姨母，因此他深受器重，最终被任命为太原留守。在隋大业（605～617）末年，天下动荡不安，到处都是叛乱，李渊趁机在太原起兵，攻克了京师，并拥立代王杨侑为帝，被拜为大丞相等职，掌控着实际的军政大权。后来，李渊称帝，建立了唐朝，并陆续平定了刘武周、王世充等割据势力。但他无法协调好太子李建成和秦王李世民之间的仇怨和矛盾，最终导致李世民发动了玄武门之变，杀死了太子等人。不久，李渊就禅位给李世民，做起了太上皇。

【崭露头角】

唐高祖李渊，祖先数代都是高官显宦。他在北周天和元年（566）出生于长安，七岁时，袭封唐国公的爵位。他为人豪爽豁达，真诚率性，对人宽厚仁慈，和他交往的人，不论贵贱，都很爱戴他。隋文帝建国后，独孤皇后是高祖的姨母，因此高祖深受宠信，历任谯、陇、岐三州的刺史。当时有个叫史世良的术士，善于为人相面，就对高祖说："你的容貌不凡，日后必定为帝王，希望你能珍惜自己，不要忘记我的话。"

大业初年，高祖被任命为荥阳（今河南郑州）、楼烦（今山西静乐）二郡的太守，后来被征入朝，担任殿内少监。杨玄感叛乱，炀帝诏令高祖镇守弘化郡（今甘肃庆阳），并掌管关右的兵权。高祖在朝廷内外为官多年，

广施恩德，结交豪杰之士，很多人就归附了他。而炀帝生性喜欢猜忌，许多人都疑惧不安。适逢朝廷降旨，让高祖前来朝见，高祖因病没有朝见。当时，高祖的外甥女王氏是炀帝的宫妃，炀帝问她："你舅舅为什么迟迟不来呢？"王氏回答说高祖生病了，炀帝说："会死掉吗？"高祖听说后，更加害怕，因此纵酒无度，并贿赂炀帝身边的侍臣。大业十一年（615），炀帝来到汾阳宫，诏命高祖到山西和河东督促官员平定叛贼。军队驻扎在龙门（今山西河津），叛军将领母端儿率领几千士兵逼近城下。高祖率领十多个士兵出击，射了七十支箭，敌人应声而倒，大败而逃。大业十二年，高祖被擢升为右骁卫将军。

大业十三年，高祖被任命为太原留守，郡丞王威、武牙郎将高君雅担

任副手。当时叛军四起，江都和各地都断绝了消息，太宗与晋阳令刘文静劝高祖举兵反叛。不久，马邑（今山西朔县）校尉刘武周割据汾阳宫，举兵造反，太宗和王威、高君雅集结军队，要讨伐他。高祖于是命令太宗和刘文静以及门客长孙顺德、刘弘基招募士兵，十天内就召集了上万士兵。高祖又暗中派使者，将世子李建成和李元吉从河东召回。王威和高君雅眼见大军集结，担心高祖谋反，就请求高祖到晋祠祈雨，图谋兵变。有人告诉了高祖，高祖暗中做好了防备。

【起兵反叛】

五月，高祖和王威、高君雅在处理政事，太宗在外面暗中布置了兵力，并派遣开阳府司马刘政会控告王威等人谋反，将他们斩首，然后举兵反叛。不久，他就派遣刘文静出使突厥，请求突厥予以响应和支援。次月，高祖设置了大将军府，并任命百官。七月，高祖想要率兵向西，夺取关中之地。军队来到灵石县后，驻扎在贾胡堡（今山西霍县西北）。隋朝的武牙郎将宋老生在霍邑（今

山西霍县）屯兵，企图抵抗高祖。适逢连降十多天大雨，军粮匮乏，高祖命令撤军，后来经过太宗的极力谏阻，才取消命令。有个白衣老者来到军营，说："霍山的山神命令我来谒见唐朝皇帝，并转告说：'八月雨停后，贵军取道霍邑的东南面，我一定会鼎力相助。'"高祖说："这个山神不欺骗赵无恤，又怎么会辜负我呢？"八月，高祖率军逼近霍邑，将宋老生杀死，平定了该地。九月，文武百官都劝请高祖担任太尉之职，并增设官员，高祖听从了百官的建议。不久，各地有

唐高祖李渊像

不少郡县，都纷纷向唐军投降。高祖的堂弟李神通等人，也率兵与太宗会合，高祖的势力越来越强盛。同年十月，高祖抵达长乐宫，兵力多达二十万。京师留守刑部尚书卫文升、右翊卫将军阴世师等人挟制代王杨侑，抗拒唐军。高祖派遣使者来到城下，再三表明救国之心，始终没有人答复。于是众将围攻京城，在次月攻克了它，并将阴世师等人杀死。高祖率领百官，拥立代王为天子，遥尊隋炀帝为太上皇，大赦天下。高祖被任命为大都督内外诸军事、大丞相等，并晋封为唐王，总理朝政。

【登践帝位】

大业十四年（618）正月，世子李建成被任命为抚宁大将军、东讨元帅，太宗为副手，率领七万兵力，攻打东都洛阳。三月，宇文化及在江都宫（今属江苏扬州）杀死了隋炀帝，并拥立秦王杨浩为帝，自称为大丞相。五月，天子诏令高祖建立天子的旌旗，出入时清扫道路，并警戒行人。不久，天子就颁发禅位的诏书，并派遣太保萧造和太尉裴之隐，向高祖进献皇帝的玉玺和绶带。高祖辞让，百官反复上表劝进，高祖这才从命，即皇帝位，并改年号为武德。然后，高祖大肆分封皇子皇亲为王，又派秦王李世民征讨薛举等人。此后，秦王不断率兵征讨各地，并最终平定了王世充、窦建德、刘武周等割据势力。

武德九年（626）六月，秦王因为皇太子李建成和齐王

🔅 大明宫含元殿复原图

大明宫在唐长安城（今陕西西安）外，紧靠北城墙东段，原是隋代禁苑的一部分，后成为唐代宫廷禁苑。

李元吉勾结，图谋危害自己，于是就率兵发难，将他们杀死。高祖无法，册立秦王为太子，总理朝政，并大赦天下。八月，高祖下诏，将皇位禅让给皇太子。太宗尊奉高祖为太上皇，将他移居到弘义宫，并将弘义宫改名为太安宫。

【父子和睦】

贞观八年（634）三月，高祖在两仪殿设宴，款待西突厥的使者，宴会间，他对长孙无忌说："如今蛮夷之人都归顺我朝，这乃是前所未有的事情啊。"长孙无忌于是上前，祝愿高祖寿比南山。高祖十分高兴，就赐酒给太宗。太宗也举杯祝寿，流着泪说："如今百姓安宁，异邦归附，都是因为遵守父皇的圣旨，哪是儿臣的功劳呢！"于是太宗和文德皇后向高祖进献御膳，并进献衣物，完全遵照家人的礼节。

同年，太宗在城西阅兵，高祖亲自前来观看，并慰劳将士们。高祖又在未央宫设置酒席，三品以上的官员都在场陪侍。高祖诏命突厥的颉利可汗起舞助兴，又让南越的酋长冯智戴咏诗，然后笑着说："胡、越成为一家，这是自古以来都没有过的。"太宗举杯说："儿臣早年蒙受您的教导，后来又跟随您起兵，平定了京师。薛举、刘武周等人的叛乱，也是因为您的英明谋划才得以被平定。父皇仁慈好德，因此上天委以重任。如今蒙受上天的护佑，

国泰民安，蛮夷之人都前来称臣。这哪是儿臣的智力所能成就的呢，都是因为父皇的英明睿智啊！"高祖十分高兴，群臣也都高呼万岁，因此宴会直到深夜才最终散席。

贞观九年五月，高祖病重，下诏说："将我殡葬之后，皇帝应在别殿处理军国大事。服丧的长短，应该依照汉代的先例，只服丧三十六天。陵墓等也要力求节俭。"当天，高祖就在太安宫驾崩了，享年七十岁。群臣上谥号为大武皇帝，庙号为高祖，并安葬在献陵（今陕西三原徐木乡永合村）。

论赞

史 **臣曰**：隋朝末年，天下动荡不安，各地都是叛军。高祖审察到隋朝气数已尽，于是暗中谋划，运筹帷幄，使豪杰之士为己所用，最终拥有了天下。他为政宽平，百姓都深得其惠。然而，高祖处事却优柔寡断，因此谗言得以盛行，奸佞之徒到处制造是非，宠幸之臣图谋离间骨肉。幸亏他有圣明的儿子，要不然，帝王之业就岌岌可危了。

太宗本纪

唐 太宗李世民是中国历史上少有的贤明之君。他是唐高祖李渊的次子，为人英明神武，才智非凡，早年跟随高祖起兵反叛，在唐朝建国并夺取天下的过程中，他屡建奇勋，相继平定了刘武周、窦建德、王世充等人的叛乱，最终统一了全国。为了褒扬他的奇勋，唐高祖授予他天策上将的特殊徽号。后来，他和太子李建成互相猜忌，并最终发动玄武门之变，杀死了太子，然后即位称帝。他即位后，任用了长孙无忌、房玄龄、魏徵等贤明之臣，并能从善如流，因此政治清明，国泰民安，四面的蛮夷之族也都纷纷归顺或求和。他创造了历史上有名的"贞观之治"。

▶【少年英才】

唐太宗李世民，是唐高祖李渊的次子。开皇十八年（598），他出生于武功（今陕西武功）的李渊别馆。他出生时，有两条龙在馆外游戏，三天后才离开。高祖前往岐州（今陕西凤翔）赴任时，太宗年仅四岁。有个书生自称善于相面，见到高祖说："您是贵人，而且会生出贵子。"后来见到太宗，书生说："这个孩子有龙凤之姿，快二十岁时，一定能够济世安民。"高祖害怕书生泄露天机，想要将他杀死，但书生忽然消失不见了，因此高祖以"济世安民"之义，来给太宗命名。太宗幼时便很聪睿，见识高超，而且处事果断，不拘小节，人们都感到他高深莫测。

大业末年，隋炀帝在雁门（今山西代县）被突厥所围困，太宗应召前往救援，隶属于屯卫将军云定兴的军营。即将出发时，太宗建议云定兴："一定要设置疑兵，虚张声势，让敌人不知虚实，望尘而逃。否则，敌军知道我军兵力不足，就会全力进攻，我军就难以取胜了。"云定兴听从了他的计谋，敌军果然解围而逃。

▶【父子举兵】

唐高祖镇守太原时，太宗十八岁。当时，高阳有叛军首领，名叫魏刀儿，率众前来攻打太原，高祖率兵迎击，结果深入敌阵，被困其中。太宗率领精骑兵突围而入，张弓射敌，所向披靡，于是从万人中将高祖救出。适逢步兵也赶来了，高祖和太宗又奋力出击，大败敌军。当时，隋朝气数已尽，太宗心怀异志，于是礼贤下士，收养宾客。那些豪侠之士，都乐意为他拼死效力。等高祖举兵后，太宗就率兵攻克了西河，被任命为右领大都督，统率右三军，并被封为燉煌郡公。

大军西进，来到贾胡堡，隋朝将领宋老生率领两万精兵，驻扎在霍邑，对抗唐高祖。适逢久降大雨，军粮已尽，高祖和裴寂商量，准备撤军回到太原，以后再行动。太宗极力劝阻，高祖不听，只是督促他号令军队撤退。太宗于是在军营外大声哭号，哭声传入营帐中。高祖将他招来，问他哭泣的原因，太宗回答说："我们本来举的是义兵，进军作战就必然胜利，撤退就必然人心离散。人心既已离散，敌军又在后进攻，我们很快就要丧命了，因此悲伤。"高祖醒悟过来，于是打消了撤军的念头。

八月，雨过天晴，高祖率兵进逼霍邑。太宗担心宋老生不肯出战，于是率领几个骑兵，先到霍邑城下，举起鞭子，指挥调度，装出要围攻的样子，以此来激怒宋老生。宋老生果然发怒，打开城门，出兵应战，背靠着城墙摆好阵势。高祖和李建成在城东列好阵势，太宗和柴绍在城南列阵。宋老生指挥军队冲向高祖，李建成落下马来，宋老生乘胜进击，高祖和李建成军纷纷退却。太宗率军从南原的高坡冲下来，截断宋老生的军队，奋力出击，敌军大败而逃，宋老生也被杀死，于是高祖平定了霍邑。来到河东后，关中的豪杰之士纷纷归附他们。太宗建议高祖率军入关，夺取永丰仓（故址在今陕西潼关）来赈济穷人，并召聚亡命之徒来攻克京师，高祖很赞赏他的建议。于是，太宗率军平定了渭北，而后进军泾阳（今属陕西），等高祖到来后，一起平定了京城。高祖掌管政务后，太宗担任唐国内史，并改封秦国公。不久，他又大败薛举。

唐太宗弘文开馆

▶【平定四方】

武德元年（618），太宗率兵征讨薛仁杲，当时敌人兵力十分强盛，太宗却使用奇计大败薛仁杲的悍将宗罗睺，并趁机率领精锐骑兵，急攻到城下。薛仁杲惊惧不安，一时毫无对策，第二天早晨就投降了。众将都惊服太宗用兵如神。当时，李密刚刚归附唐朝，高祖诏令李密，疾驰到豳州（今陕西彬县东北）去迎接太宗。李密见到太宗器宇不凡，军威严肃，大为惊服，私下里对殷开山说："这的确是一代英主，要不然，怎么能平定祸乱呢？"武德二年到三年，太宗率兵征讨刘武周的主要战将宋金刚，并屡次获胜，刘武周只好逃亡到了突厥。武德三年，太宗又大败王世充的军队，王世充向窦建德求救。武德四年，窦建德率领军队，前来救援王世充。太宗又用计谋，大败窦建德的军队，并活捉了窦建德。王世充孤立无援，就只好投降了。高祖听到捷报后，大喜过望，认为自古以来，旧有的官职都难以褒扬太宗的功勋，于是为他另设徽号，以表彰他的奇勋，加封他为天策上将、陕东道大行台，位居众位王公大臣之上。此时，天下已经平定下来，太宗于是勤奋钻研经史典籍，并开设文学馆，招揽天下的士人。后来，窦建德的旧将刘黑闼再叛乱，太宗再次率军平定了叛乱，刘黑闼逃往突厥。

武德七年（624）秋天，突厥的颉利可汗和突利可汗率兵入寇，并侵扰关中一带。有人劝说高祖迁都，高祖就派中书侍郎宇文士及巡行山南一

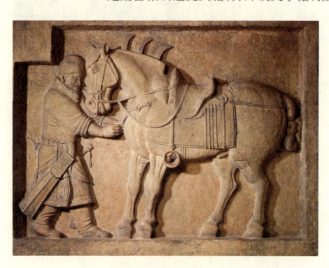

❀ 昭陵六骏·飒露紫

飒露紫系唐太宗李世民征讨王世充时的坐骑。邙山一役，飒露紫身中数箭，太宗身陷敌阵，与大军走失。随骑猛将丘行恭护驾突阵，下马拔箭，保太宗得入大军。为表彰丘行恭与飒露紫的战功，"贞观中，有诏刻石为人马以象行恭拔箭之状，立于昭陵阙前"（《旧唐书》卷五十九）。飒露紫浮雕表现的即是丘行恭为马拔箭的情节，浮雕马前腿挺直，肩项高耸，丘行恭沉着镇定，双手握箭杆，暗运气力，人马动作不大，处理极为含蓄。一人一马，情节突出，构图精练，雕刻手法写实而细腻。

带，寻找可以做国都的地方。萧瑀等人虽然认为不妥，但都不敢犯颜直谏，只有太宗请求效法汉代的霍去病，率兵攻打颉利可汗。高祖虽然发怒，但还是派遣太宗率领三十多名骑兵巡察边境。太宗回来后，很坚决地奏请不要迁都，高祖这才作罢。次年，太宗被加封为中书令。

【贞观之治】

武德九年，皇太子李建成和齐王李元吉勾结，企图谋害太宗。太宗和长孙无忌等人谋划，发动了玄武门之变，杀死了李建成和李元吉。于是高祖将太宗立为皇太子，政务也全部交给太宗处理，并在同年八月将帝位禅让给太宗。同年，突厥的颉利可汗入侵唐朝，来到渭水便桥的北岸。颉利可汗派遣将领执失思力进入唐朝以打探虚实，并大张声势。太宗将执失思力囚禁起来，然后亲自率领六名骑兵，来到渭水，与颉利可汗隔岸对话，谴责他违背盟约。不久，大军相继来到。颉利可汗看到官军兵力强盛，又得知执失思力已被拘禁，心中很害怕，于是就向太宗求和。太宗答应了，并杀死白马，与颉利可汗订立盟约，而后班师回朝。

太宗即位后，擢用长孙无忌等人为相，又有房玄龄、杜如晦等人的辅佐，惩恶扬善，政治十分清明，国家大治。太宗因为国家太平无事，每天都到西宫侍奉太上皇的饮食。公卿上奏说："现在是夏末秋初，湿气还没有退去，宫中地势低下，湿气很重，请陛下另外营造一所宫室居住。"太宗说："我有湿气之病，的确不适合居住在低下潮湿之处。但如果听从你们的请求，会耗费大量钱财。昔日汉文帝想要修建露台，因为觉得耗资相当于十户人家的家产，就没有建。我的德行不如汉文帝，而花费却超过了他，这哪是明君之道呢？"于是没有采纳群臣的建议。

太宗曾经问房玄龄和萧瑀："隋文帝是怎样的君主？"两人回答说："他能够克己复礼，勤勉于政事，每次在朝堂上处理政务，直到日头偏西才离开。五品以上的官员，他都亲自接见，和他们商讨政事。他也很体恤值班的卫士，为他们送饭。他虽然不是仁明之主，但也是励精图治的君王了。"太宗说："你们只知其一，不知其二。此人性情苛察而失于明断，性情苛察就必然会多疑，失于明断就必然会考虑不周。他因为从孤儿寡母手中篡夺皇位，因此就不信任群臣，政事都由自己决断，虽然劳心费力，却仍然不能尽善尽美。群臣揣摩到他的心意，也就不敢直言，宰相以下的官员，都只知道顺从圣旨。我认为君主不应该这样。天下这么大，怎么能由一个人来独断呢？我要广选天下的贤才，让他们治理天下，各尽其才，这样才能使天下大治。"他又下诏书说："凡是诏书敕令有不妥的，你们都应该坚持上奏，不应该逢迎我的心意而予以施行。"

贞观十五年（641）五月，并州（即山西太原）的僧道和老人们上表，说太原当初是成就帝业的根基，希望太宗在泰山封禅之后，能够临幸太原。太宗在武成殿赐宴，从容地对身边的侍臣说："我少年时在太原，喜欢聚众赌博游戏，如今光阴飞逝，已经三十年了。"当时，宴席中有旧日相识，太宗和他们谈起旧事，作为笑谈。太宗趁机对他们说："别人的奏章，或许会阿谀奉承，但你们都是我的故人，请告诉我实情，百姓的生计如何，民间还有没有疾苦呢？"故人们都上奏说："如今四海升平，百姓安乐，都是陛下的教化。臣等没听说过民间有疾苦。"

贞观十九年，太宗亲自率领铁骑，和李勣会合，围攻辽东城，并顺着风势发射火箭，很快就烧毁了城中的房屋和城楼，然后指挥将士登城，攻克了该城。六月，官军来到安市城（今辽宁鞍山一带），高丽将领高延寿等人率领十五万士兵，前来援救安市城。李勣率领军队，奋勇作战，太宗也带领军队进逼，高丽大败，伤亡不计其数，高延寿等人都投降了。李勣继续攻打安市城，几个月后仍然没有攻克，最后只好班师回朝。

贞观二十三年，太宗在含风殿驾崩，终年五十二岁。他留下遗诏，让皇太子李治在灵柩前即位。太宗被安葬在昭陵，庙号为太宗，群臣为他上谥号为文皇帝。

论赞

史臣曰：文皇帝（即太宗）聪明神武，在创功立业的过程中，屡创奇功。他选拔人才毫无偏私，让心怀大志之人得尽其才。尉迟敬德等人，最初都是仇敌，最后却能为他拼死效力；马周等人，最初都和太宗很生疏，最终被委以重任。他能够平定天下，就是因为他深谙用人之道。房玄龄和魏徵等人的才能，并没有超过孔子和孟子，但他们能够安邦济世，正因为明君贤臣，得逢其时啊。

或许有人说：太宗尽管贤明，却不能友爱兄弟，对儿子也失于管教，这是为什么呢？回答说：即使是尧、舜这样的明君，也不能教导丹朱这样的逆子。当时，高祖听信谗言，李建成忌恨太宗的功劳，情势危急，他哪里顾得上会背上残杀兄弟的骂名呢？而太子李承乾生性愚昧，即使贤明的太宗也无法调教。遗憾的是，他没有选定好的继承人，以及出兵高丽来满足自己的私欲。在他为政的晚年，用人纳谏也比不上贞观初年。但太宗处事英明，不受迷惑，而且能够从善如流，留下千年的美名，自古以来，一人而已啊。

则天皇后本纪

武则天是中国历史上唯一一个称帝的女皇帝。在唐高宗朝，她最初被封为昭仪。后来，在和王皇后、萧良娣争宠的过程中，武昭仪获胜，被立为皇后。当时，高宗体弱多病，朝政由武后处断，因此得以专权。高宗去世后，中宗李显即位，不久就被武后废黜，另立睿宗李旦。没过几年，睿宗也被废黜，武后自立为帝，将国号改为周。她大肆杀害李氏诸王，同时封武氏子弟武三思等人为王。但在晚年，武则天将朝政重新归还给了儿子。

【"二圣"当政】

则天皇后武氏，名曌，是并州文水（今山西文水东）人。她的父亲武士彟，隋朝大业末年担任鹰扬府队正。唐高祖在汾、晋之间行军的时候，常常在他家停留休整。后来武士彟跟随高祖平定京城。贞观（627～649）年间，他官至工部尚书、荆州都督，被封为应国公。

武则天十四岁的时候，唐太宗听说她容颜美丽，于是召她入宫，立为才人。等到太宗驾崩后，则天就在感业寺当尼姑。高宗在寺庙里见到她，将她再次召进宫，拜为昭仪。当时皇后王氏、良娣萧氏与武昭仪争宠，争相说她的坏话，皇上都充耳不闻，并将她立为宸妃。永徽六年（655），皇帝废掉了王皇后，改立武宸妃为皇后。高宗称天皇，武后也随即称为天后。武后向来足智多谋，又广泛涉猎文史之书。高宗从显庆以后，常受风疾的侵扰，因此百官的表章奏折，都委托武后决断。武后从此在内宫辅佐国政几十年，威势和皇帝无二，时人把她与唐高宗并称"二圣"。

【太后临朝】

弘道元年（683），高宗驾崩，皇太子李显即位，尊封天后为皇太后。武后已经预谋篡夺皇位，这一天亲自临朝称制，拜官授爵。李元嘉等人地位尊贵，德高望重，武后担心他们生出变故，因此加封虚位，好使他们安心。嗣圣元年（684），武则天将中宗废为庐陵王，幽禁在别处，并改名叫李哲。次日，武则天册立豫王李轮为皇帝，但让他居住在别殿，不参与政事。武则天大赦天下，改元文明，并临朝称制。然后，武则天将皇太孙李重照废为平民，并拜授太常卿兼豫王府长史王德真为侍中、中书侍郎，任命豫王府司马刘祎之同中书门下三品。司空李勣的孙子徐敬业杀掉了扬州长史陈敬之，在扬州起兵，自称为上将，以复兴李姓唐室为己任。楚州司马李崇福率领他所管辖的三县，起兵响应徐敬业。武后派遣大将军李孝逸率兵征讨，平定了徐敬业。

垂拱二年（686），皇太后武则天下诏，将朝政归还给皇帝。皇帝认为皇太后并非出于真心实意，因此坚决推辞不受。于是，武则天继续临朝称制，并大赦天下。她又下诏，让凡是上书言事之人，言论都能得以上达，因此她得以了解民间的善恶等事。四年，魏王武承嗣伪造了祥瑞之石，

四川广元皇泽寺则天殿武后石像

上面刻着文字说："圣母临人，永昌帝业。"然后唆使雍州人唐同泰上表，谎称从洛水获得这块石头。武则天大悦，称这块石头为"宝图"，并擢升唐同泰为游击将军。此后，武后陆续杀害了唐朝的宗室诸王，唐朝的宗室几乎要被杀光了。年幼的宗室子孙都被流放到岭外，亲党也受到了株连。

【女皇主政】

载初元年（690）九月，武后改国号为周，改元为天授，并大赦天下，特许官民可尽情饮酒七天。武后追赠自己的父亲武士彟为孝明皇帝，并封武氏宗亲武承嗣等人为王。次年三月，武后将唐朝的太庙改称为享德庙。四月，武后诏令佛

旧唐书·本纪

12

教的地位在道教之上，僧人尼姑在班列时，位居道士道姑之前。

圣历元年（698），武后将庐陵王李哲召回京师，并重新册立他为唐太子，并让他恢复以前的旧名李显。次年春，武后封皇嗣李旦为相王。她年岁渐高，担心皇太子、相王和梁王武三思等人彼此不和，因此让他们在明堂立下誓言。

神龙元年（705），麟台监张易之和弟弟司仆卿张昌宗谋反，皇太子率领左右羽林军桓彦范等人，进入宫中将他们诛杀。不久，武后就传位给皇太子，自己移居到上阳宫。皇帝向她进献尊号，号为则天大圣皇帝。这年的十一月，武则天病重，留下遗诏，命人将自己葬于乾陵（即唐高宗的陵墓），并去掉帝号，称为则天大圣皇后。她又下诏，让王皇后、萧良娣和褚遂良、韩瑗等人受到牵连的子孙亲属，全部恢复旧业。当天，她就在上阳宫的仙居殿驾崩了，享年八十三岁，谥号为则天大圣皇后。次年，武后被葬于乾陵。

白话精编二十四史

第六卷

论赞

史臣曰：治乱与否在于时运，存亡与否在于势力。假如让夏桀、商纣为王，即使出生十个尧帝，也无法加以治理；假如让尧、舜为王，即使有十个夏桀，也不能兴风作浪；假如让懦夫女子等人得势，也足以掌控生杀予夺之权，肆行不义，为非作歹。武后称帝之后，虽不断有贤明之才痛心于朝廷的安危，却无法报答先帝的恩典，救护皇族子孙。不久，无辜之人就受到陷害，引颈就戮，真是令人痛心啊！当初，武后觊觎皇后的地位，竟然扼杀了襁褓中的婴儿，又将王皇后和萧良娣的骨头剉碎，残忍到了极点。

但她却广泛地采纳忠正的谏议，礼遇正直之士。虽然她窃夺了帝位，总揽朝政，最终却能够将帝位归还给儿子，又能辨明魏元忠的冤情，用好言好语来抚慰狄仁杰，尊奉国法而抑制宠臣的权势，采纳忠言诛杀了酷吏。这也是她值得夸赞的地方。

🔸 乾陵无字碑

传说无字碑是按照武则天临死遗言而立的。武则天遗言说，己之功过，由后人来说，故不刻文字。宋、金以后，一些游人在上面题字，"无字碑"变成了"有字碑"。

李密列传

李密是隋末农民起义中瓦岗军的后期领袖。大业九年，他协助杨玄感在黎阳起兵反隋。杨玄感兵败后，李密加入瓦岗军。他帮翟让打败隋朝悍将张须陀，因此得以分统一军。李密军令严肃，赏赐优厚，士卒乐意为他所用。他建议袭取兴洛仓，开仓赈济饥民，起义队伍迅速壮大。后来，翟让推举李密为主公，在洛口称魏公，改元永平，以招徕各路反隋武装，由此李密在各路起义军中确立了盟主地位。随后，李密和翟让发生火拼，李密杀死翟让。后来李密讨伐宇文化及时，虽然打败了宇文化及，自己也损失惨重。王世充趁机进击，李密大败，走投无路之下，只得投降唐朝。李渊派遣李密到山东招抚旧部，却半路将他召回。李密感到已被猜疑，于是叛唐。终被唐将盛彦师杀死。

▶【因才得识】

李密，字玄邃，是辽东襄平人。他的父亲李宽，在隋朝时被封为蒲山公，当时很有名，后来迁徙到京兆长安。李密因为父亲的功劳被任命为左亲侍，曾经做仪仗护卫，隋炀帝看见他，回去后问许公宇文述说："刚才左仪仗中那个黑面小子是谁？"许公回答说："他是已故蒲山公李宽的儿子李密。"隋炀帝说："这个人左右顾盼神色不寻常，不要让他担任警卫了。"一天，宇文述告诉李密："你如此聪明，应当靠才学谋取官职，三卫繁杂，不是培养贤能之人的地方。"李密大喜，于是称病告退，专门读书习文，人们很少看到他。他曾经想去探望包恺，于是骑乘一头黄牛，将一帙《汉书》挂于牛角上，一只手抓缰绳，另外一只手翻看书卷。尚书令、越国公杨素在路上看见了，勒住缰绳跟着他，走了一段路后赶上来问他："你是哪里的书生，这么勤奋好学？"李密认得来人，于是跳下黄牛，纳头就拜，并自报姓名。杨素问他读的是什么书，回答说是《项羽传》。越国公很惊奇，于是和他交谈，交谈后十分高兴，对自己的儿子杨玄感等人说："李密的见识气度，你们都赶不上啊。"于是杨玄感诚心和他结交。

▶【助谋杨玄感】

大业九年（613），隋炀帝讨伐高丽，派杨玄感在黎阳（今河南浚县）监督军饷运输。当时天下动乱，杨玄感准备谋划起兵，暗地派人进关迎接李密，让他担任谋士。李密对杨玄感说："现在天子在辽外出征，距离幽州上千里，南面有大海阻隔，北面有胡戎为患，中间这一条道路必然极为艰险。如果您拥兵出其不意，长驱直入蓟地（今天津北部），扼住他们的咽喉之地，他们前有高丽，后无退路，不过十天半月，粮草必然用完。到时候他们的将士就会自动投降，您不战而胜，这是上计。关中四面险要，是物产富饶之地，但是如果略过城池，向西直接进入长安，乘其不备而进攻，那么即使天子率军赶回，也已经失去了险要之地。您再借助险要之势应对敌军，必然能够取胜，此计万无一失，是中等计策。假如就近先进入东都，屯驻在坚固的城下，就胜负难料，这是下策。"杨玄感说："你所说的下策，实际上是上策。如今百官的家眷都在东都，若不攻取东都，怎能撼动人心呢？而且经过城池而不攻取，怎能显示我军的威势？"李密的计策因此没有被采纳。

杨玄感到达东都后，屡战屡胜，自以为天下人会纷纷响应他，成功只在旦夕之间。他擒获内史舍人韦福嗣，十分信任他，将他当做心腹之人，所以军事作战的事情，不由李密独自负责。而韦福嗣只是战败被俘，本来就不是和杨玄感一起谋划起事的人，每次参与谋划策略，都犹疑不决。杨玄感后来让他写战斗檄文，韦福嗣坚决不答应。李密揣测出他的心思，于是对杨玄感说："福嗣本来就不是同盟，他只是持观望的态度。您刚开始兴建

三彩钵·唐
直径17厘米，钵敛口，圆腹，平底。上半部施三彩釉，以黄、绿、蓝彩为主。

大业，将这样的小人留在身边，一定会被他耽误大事，请您将他斩首示众，以求日后安定。"杨玄感说："哪有这么严重！"李密知道杨玄感不听他的话，回去后告诉亲信说："楚公起兵造反却不想取胜，我们都会成为俘虏！"后来杨玄感率军西进，韦福嗣最终逃回东都。

隋朝左武卫大将军李子雄因获罪被关押，在被押去见皇帝的路上，他杀死押送人员逃跑，投奔了杨玄感，并劝告杨玄感赶紧称帝。杨玄感询问李密的意见，李密说："从您起兵以来，虽然捷报频传，但是各郡县却没有人归顺。东都的守备仍然很强，天下救兵不断前去。这种时候，您应该身先士卒，早日平定关中，现在却急着称帝，这会让人觉得您不以天下为怀！"杨玄感于是笑着放弃了这一打算。

【战败被俘】

等隋朝将领宇文述等人率军快要到来的时候，杨玄感问："你有什么计策？"李密说："元弘嗣统率强兵驻扎在陇右，我们可以谎称他造反，从而

入关。"于是杨玄感引军西进。到达陕县时，杨玄感想要围攻弘农宫，李密劝阻他说："您现在向众人声称西进，应该迅速行事，而且追兵马上就会赶到，怎么能在这里停留？否则到时候向前不能占据关塞险要之地，向后又没有地方可以据守，到时候众人纷纷散去，怎么能保全自己呢？"杨玄感不听，坚持围攻弘农宫，连续三天没有攻下，才率兵继续向西进发。刚到阌乡，追兵就赶上来了，杨玄感大败。李密从乡间小道入关，被巡捕抓获。

当时隋炀帝在高阳，李密及其同党被送往炀帝的行宫。李密对同党们说："我们的性命就如同朝露，倏忽之间就会消失不见，如果到了高阳，必然会变成肉酱。我们不能坐以待毙，得想办法现在逃走！"大家都同意。同党中有些人带着金子，李密让他们拿出来送给押送人员，说："等我们死的那天，请用这些钱将我们埋葬，多出来的钱就算是报答你们的恩德。"押送人员贪图金子，答应了。等到出了关外，护卫也渐渐松弛，李密让同党买来酒食，每天晚上饮酒作乐，喧哗之声通宵达旦，押送人员也不在意。到邯郸后，李密等七人翻墙逃跑，投靠平原叛将郝孝德，而郝孝德对他们并不礼遇，李密又离开了。到了淮阳，李密隐姓埋名，自称刘智远，召集了一些学生，教他们读书。过了几个月，他郁郁不得志，作五言诗说："金风荡初节，玉露凋晚林。此夕穷途士，郁陶伤寸心。野平葭苇合，村荒藜藿深。眺听良多感，徙倚独沾襟。沾襟何所为？怅然怀古意。秦俗犹未平，汉道将何冀？樊哙市井徒，萧何刀笔吏。一朝时运会，千古传名谥。寄言世上雄，虚生真可愧。"诗写成后恸哭不止。当时有人感到奇怪，于是告诉了太守赵佗，赵佗下令官府搜捕他，李密只好再度逃亡。

【投靠翟让】

适逢东郡叛将翟让聚集了党徒一万多人，李密前去投奔。有人知道李密是杨玄感的旧将，暗地里劝翟让将他杀掉，翟让于是将李密囚禁在营

☉ 昭陵六骏·什伐赤

昭陵是唐太宗李世民的陵墓，从贞观十年(636)开始修建，至贞观二十三年(649)建成，历时十几年。昭陵六骏是李世民在征战中骑乘的六匹骏马的塑像，什伐赤是六骏中一匹赤色的骏马，"什伐赤"这个名字来自于突厥官名"设发"。

寨外面。李密通过王伯当向翟让献策说："当今皇帝昏庸，民怨极大，精兵强将都在辽东，和突厥的和亲也已经中断，而且皇上离京在外，流落吴、越两地，这正是像刘邦、项羽一样奋起的时机。您富有雄才大略，且兵力强盛，如果趁此机会占领二京，诛杀暴虐之徒，就能建立起大业。"翟让听后十分动心，于是将李密释放，并派他游说各地的寇贼，所到之处贼寇全都归顺。李密又劝告翟让说："现在兵士众多，没有粮食来源，时间一长，定会人困马乏，到时候敌人一进攻，我们的死期就近了！不如直接攻取荥阳，然后休整部队准备粮草，等到兵壮马肥的时候，再做计较。"翟让觉得很对。从此攻破金堤关，掠取荥阳诸县城堡，大多数都顺利拿下了。

【屡败隋军】

荥阳太守杨庆和通守张须陀率兵讨伐翟让，翟让曾经被张须陀打败，听说他来了，非常害怕，打算远远地避开。李密说："张须陀勇而无谋，而且他刚刚接连打了几场胜仗，现在士气骄横，可以设法擒获他。您只要列阵等待，我替您攻破他。"翟让于是率兵做好出战准备，李密分出一千多士兵埋伏在树林间。翟让和敌军交战失利，逐渐退后，敌军追击，李密于是派伏兵从后面偷袭，张须陀的军队溃败。李密和翟让又合力进攻，打败敌军，将张须陀斩杀在阵前。翟让派李密另外统率一支军队。李密治军严明，对士兵发号施令时，即使在夏天，也让人感觉如同背负霜雪。他生活俭朴，所得的金银财宝都分发给将士们，所以人人都乐意为他效力。不久，他又劝说翟让："现在群雄竞起，您有豪杰之才，且统领着勇猛的军队，应当扫清天下，怎么可以在草莽间求食，长期割据一隅呢？现在东都的士民百姓，内外离心，留守的大小官员，政令也不统一，要是您亲自率领军队，直取兴洛仓，打开粮仓赈济贫穷之人，远近谁会不归附呢？机不可失啊！"翟让说："我出身田陇之间，没有这么高的抱负，如果一定要谋求大业，就请您先出动，我率领诸军殿后。"

大业十三年（617）春，李密和翟让率领精兵一千人袭取兴洛仓（即洛口粮仓），打败敌军。他们打开粮仓任人取拿粮食，于是老老少少手提肩扛，来来往往共有几十万人。越王杨侗派虎贲郎将刘长恭率兵二万五千人征讨李密，李密一战而胜。翟让于是推举李密为主公，号称魏公。二月，李密在巩南即位，称元年，他所下发的文书署名为行军元帅魏公府。他又封爵授官，拜授翟让为东郡公，并在洛口建造城镇居住，方圆达四十里。

随后，众人纷纷归顺李密，其中包括长白山贼孟让和隋虎贲郎将裴仁基。李密派遣他俩率兵三万余人袭击回洛仓，攻破后随即进入东都。东都出兵迎战，裴仁基等大败，仅自身逃脱一死。李密又亲自率兵三万人逼近东都，将军段达等人派出七万兵士迎击，双方在旧都城交战，隋军败逃。李密攻下回洛仓，据守在那里，广筑营垒深挖壕沟，以逼近东都，并让祖君彦发布檄文，散发给各郡县。檄文中揭露隋炀帝的十大罪状说："罄南山之竹，书罪无穷；决东海之波，流恶难尽。"

柴孝和劝告李密说："秦地依山傍水，西楚因为放弃此地而灭亡，汉高祖建都此地而称霸。我认为可以让裴仁基镇守回洛，翟让镇守洛口，您则亲自率领精锐部队向西进攻长安，百姓谁敢不到郊外迎接您呢？您一定会不战而胜。攻克京邑后，等到基业巩固兵力强盛，再进一步长驱直入崤函，扫平东洛，发布檄文公告天下，天下就可以平定了。现在群雄竞起，要是他人抢在我们前面，我们就失去机会了！"李密说："你所谋划的，我也想了很久，实在是好主意。但是昏君还活着，部众仍然很多，而我们的部队全都是山东人，眼见没有拿下洛阳，怎么会愿意跟随我们西进呢？而众将都是盗贼出身，留下他们的话，他们相互之间会一争高下。那样我们大概就要失败了！"

李密趁着士气高涨，常常跟隋军接连交战。适逢李密被乱箭射中，躺在营帐里，东都趁机出兵进攻，李密的军队大败溃散，丢弃回洛仓，返回洛口。隋炀帝派王世充率领五万强兵攻打李密，李密失利，柴孝和淹死在洛水中，李密为之恸哭。王世充在洛西扎营，与李密相持一百多天，交战

六十多次。武阳郡丞元宝藏以及众多贼帅都归顺了李密，并共同攻陷了黎阳粮仓。

【除掉翟让】

翟让的部将王儒信劝说翟让担任大冢宰，总管军务，以此剥夺李密的权力。翟让的哥哥翟宽也对翟让说："天子只能自己当，怎么能让给别人呢？你如果不当，就让给我。"李密听到这话，暗中打算除掉翟让。恰巧王世充率军前来，翟让出兵迎战，遭到王世充军队的攻击，稍稍失利，李密和单雄信等人率领精兵赶到，赶跑了王世充。第二天，翟让径自来到李密的住处，想要宴饮欢庆，李密就置办酒菜招待他，安排他手下的人另外就餐。李密延请翟让就座，拿出好弓箭给他看，翟让刚拉满弓，李密就派壮士从背后将他斩杀，并杀死了他的哥哥翟宽和王儒信。翟让的部将徐世勣被乱兵砍成重伤，因李密从中制止才得以幸免，单雄信等人磕头求饶，李密将他们都释放并安慰他们。接着，李密来到翟让的营寨，晓谕他手下的将士，没有人敢轻举妄动。李密于是下令徐世勣、单雄信、王伯当分别统领翟让的部队。

【大败王世充】

不久，王世充袭击仓城，李密又打败了他。王世充又移营洛北，建造浮桥，调集全军前来攻打李密。等他们逼近城下，李密挑选精锐士兵几百

刻花鎏金银盖碗·唐

人阻击，王世充大败，士兵们争抢着挤过浮桥，几万人被淹死。王世充独自逃脱免于一死，他的许多部将却都战死了。李密乘胜攻陷偃师，修筑金墉城居住，拥有兵众三十多万人。此后，将作大匠宇文恺背叛东都，向李密投降。东到海、岱，南到江、淮郡县，郡县长官全都派使者前来表示归顺李密。窦建德等人一并派使者呈上表文，劝说李密即皇帝位，李密手下的官员也都劝他即位称帝，李密说："东都还未平定，不能商讨这件事。"

【约盟李渊】

等到李渊起兵，李密自恃强盛，想要自立为盟主，于是写信给高祖，请求与高祖合力消灭隋朝，大概是说要与高祖会盟盟津，如同武王在牧野消灭商纣、刘邦在咸阳俘虏秦帝子婴一样，要擒获代王。高祖看完信，笑道："李密狂妄放肆，不容易招服。我正忙于安抚京城，来不及征讨他，而他现在正好为我抵挡东都的进攻，把守成皋之险。所以我应言辞谦卑，对他大力夸奖推崇，让他骄傲而不防范我，这样我才能入关，成就大业也

就指日可待了。"于是，高祖令记室温大雅写信答复李密。

李密接到书信非常高兴，拿给他的部下看，说："我受到唐公的推崇，天下可轻易平定了！"于是对高祖不加防范，而专心对付王世充。

【剿灭宇文化及】

不久，宇文化及从江都直扑黎阳，李密亲自率兵前去抵抗。这时，隋越王杨侗称帝，派遣使者任命李密为东南道大行台行军元帅，并封授他为魏国公，命令他先平定宇文化及，然后入朝辅政。李密正和宇文化及对峙，担心不接受任命会导致腹背受敌，因此谦卑地表示接受任命。宇文化及到达黎阳，和李密相遇，李密知道他的军队缺乏粮草供应，于是不和他交锋，并截断其退路。李密派遣徐世勣驻守仓城，宇文化及攻打不下。李密估计对方粮草将尽，便假装和他讲和。宇文化及非常高兴，听凭将士大吃大喝，希望李密馈赠粮草。后来，宇文化及觉察到李密的意图，勃然大怒，和李密在卫州的童山下大战，李密被乱箭射中，于是屯驻在汲县。宇文化及力竭粮尽，部众纷纷投奔李密。当初，宇文化及将军械粮草留在东郡，由王轨驻守，此时王轨也率领全郡投降李密。

李密率军西进，派遣使者到东都朝见，将弑杀隋炀帝的于弘达献给越王杨侗。杨侗召李密入朝，李密到达温县时，听说王世充已经作乱，于是止步不前，就势返回金墉城。

【战败落难】

当时李密的军队缺乏衣服，而王世充的部众粮草不够，王世充请求互换，李密勉为其难答应了。最初，东都缺粮的时候，每天都有几百军士归顺李密，现在他们有了粮食，就很少有人归顺了，李密这才感到后悔，停止和王世充互换。李密的军队虽然粮草丰富，却没有饷银，将士们屡屡出战都没有得到奖赏，他又对新归顺的人抚恤厚重，因此兵众日渐心生怨恨。

武德元年（618）九月，王世充率领五千士兵前来决战，李密让王伯当留守金墉，自己率领精兵来到偃师，北靠邙山等候敌军。两军交战，李密战败，裴仁基、祖君彦都被王世充俘虏，李密和一万多部众逃向洛口。王世充围困偃师，守将郑颋的部下劫持了郑颋，献城投降。李密将要进入洛口仓城，邴元真暗地里派人接引王世充，李密知道了却不揭露这事，准备将计就计，在王世充横渡洛水的时候一举歼灭他。结果王世充的军队到了，李密的侦察骑兵却没有及时察觉，等到李密整军出战时，王世充的军队已经渡过洛水。李密自忖不能取胜，于是逃到武牢，邴元真终于献城投降王世充。

【投降唐朝】

李密准备前往黎阳，有人对他说："当初杀翟让的时候，徐世勣被乱兵砍伤，差点死掉，他能不记仇吗？现在投奔他，靠得住吗？"当时王伯当已经放弃金墉，驻守河阳，李密转而

鎏金双耳圈足银盆·唐

率领轻骑兵前去投靠他，对他说："我兵败了，各位跟着我吃苦受难这么长时间！我现在只能自刎，以此向众人谢罪。"王伯当抱住李密嚎哭不止，众人都流下了眼泪。李密又说："既然蒙你们不弃，我们应以归降关中，我虽然没有立下功劳，但保证各位能得到富贵。"他的府掾柳燮说："您和唐公同族，过去又有交情，虽然不曾随从他起兵，但您在东都阻挡隋军，并截断隋军归路，使得唐公不用出战就占据了京城，功劳也不小啊。"李密又问王伯当是否愿意一同前往，王伯当说："过去刘邦诛杀项羽，萧何率领子弟跟随他，我只恨不能率领兄弟们都跟随您而去。怎能因为您现在失利，就掉头而去呢？纵然日后横尸荒野，也心甘情愿跟随您。"众人都很感动，跟随入关的有两万人。前往关中的路上，唐高祖派来迎接他们的人绵延不断，李密高兴地说："我拥兵百万，却到了这一步，这是命。现在大事已败，投奔西京，有幸蒙受如此礼遇，应当竭尽忠心侍奉高祖啊！况且山东一带有数百座城池，知道我到了这里，只要派人去招降他们，一定全部归顺。如此，我的功劳可比汉

代的窦融，皇上肯定会封我一个三公的位置。"然而到了京师后，他受到的待遇礼数却逐渐淡薄，官员又来索取财物，李密对此愤愤不平。不久，高祖任命李密为光禄卿，封为邢国公。

【反叛被杀】

李密听说自己往日的部将都不想依附王世充，高祖派遣李密率领本部军队前往黎阳，招集以前的将士，王伯当为副将。李密刚行军到桃林，高祖却又将他召回，李密对高祖的反常举动感到害怕，于是谋划准备反叛。王伯当极力劝阻无效，于是告诉李密说："义士不会因为存亡改变心意。我蒙受您的恩德礼遇，希望能以性命报效。您如果执意反叛，我和您一起去，死生由命。"于是挑选骁勇之士几十人，穿着女人衣服，用头巾蒙住脸，将刺刀藏在裙子下面，亲自率军进入桃林县城。稍后又改变装束突然冲出，占据县城，驱掠牲畜，直奔向南山，凭借山势险要向东进发，并派人快马通告张善相，命令他派兵接应。

当时镇守熊州的右翊卫将军史万宝，派遣副将盛彦师率领几千士兵一路追赶，直到陆浑县（今河南嵩县）以南七十里，才追上李密。盛彦师在山谷中设下埋伏，等李密的军队通过一半，拦腰截击，李密战败被杀，年仅三十七岁。王伯当也被杀死。两人的首级被送到京城。

当时徐世勣担任黎阳总管，高祖因为徐世勣过去曾经跟随李密，派人通告他李密反叛的事情。徐世勣奏请安葬李密，高祖下诏准许，将李密的尸体还给他。徐世勣于是主持发丧并为他服丧，使用的是君臣之礼，全军都身披缟素，仪仗十分隆重。后来他将李密安葬在黎阳山南五里远的地方。旧友哭祭他，很多人甚至哭得吐血。邴元真投降王世充后，被任命为行台仆射，镇守滑州。李密的旧将杜才干怨恨邴元真背叛李密，假装约见他，设下埋伏将他杀死，拿他的首级在李密坟前祭奠。

论赞

史 臣曰：当时隋朝政权动摇，隋炀帝荒淫豪奢，中原动荡，隋军远征辽海，朝野空废。李密趁此时机，率先起兵，拥军百万，良将如窦建德等人都乐意为他效力，就连唐公也不得不假意拥戴，实在很了不起！等到偃师失利，旗下还有几万兵士，如果能消除猜忌之心，直奔黎阳，任命徐世勣做将臣，起用魏徵做谋主，成败之势就难以预料了。李密一开始率先举兵，后来却甘心做了俘虏，为人臣子，又不能屈身尽心事主，以至于反叛，实在是一个狂人。他不听王伯当的劝告，终于招致桃林之祸。有人将他和项羽相提并论，相比之下，李密文武气度有余，而壮勇果敢不足。杨素知道李密有辅佐君王的才干，将他交给自己的儿子杨玄感，最终酿成灭族之祸，那是活该啊！

白话精编二十四史

第六卷

21

窦建德列传

窦建德是隋末唐初的地方割据势力之一。他出身农民，后来目睹百姓的困苦，义愤不平，于是和孙安祖一起成为盗贼。他的家人被隋军杀害后，他投奔高士达的叛军。高士达被打败后，窦建德招集散亡兵士，在河间乐寿县称王。河北的各路叛军纷纷归附他。后来，他又诛杀了宇文化及等人。到武德二年，窦建德已经拥有黄河以北大部分地区，和洛阳的王世充、关中的李渊形成鼎立之势。武德四年，唐军进攻王世充，窦建德率军救援，和秦王李世民在虎牢交战。窦建德兵败被俘，押送到长安后，被杀害。

【逃军为盗】

窦建德，是贝州漳南（今山东武城漳南）人。他年少时，守信重诺。他的同乡家里有人去世，但因为贫穷无法安葬，当时窦建德在田间耕种，听说后长叹一声，立刻将耕牛送给那家置办丧事，乡亲们由此对他大加赞赏。起初，他做了里长，犯法后逃跑，碰上大赦得以回乡。他的父亲去世后，前来送葬的有一千多人，所赠送的礼物，他都推辞不受。

隋朝大业七年（611），朝廷招兵讨伐高丽，窦建德被选为二百人长。当时山东大水，百姓颠沛流离，同县有个人叫孙安祖，家中被水淹没，妻子儿女都被饿死。县府因为孙安祖骁勇，征招他入伍。孙安祖以贫穷为由拒绝了，县令大怒，让人鞭打他。孙安祖于是刺杀县令后逃跑，前去投奔窦建德，窦建德收留了他。这一年，

山东遭遇大饥荒，窦建德对孙安祖说："文皇帝时，天下富庶殷盛，派了一百多万兵众讨伐辽东，还是被高丽打败。现在水灾泛滥，百姓穷困，皇上不知道抚恤百姓，却要亲征辽东。何况往年西征，战争的创伤还没平复，百姓劳苦不堪，这样年年兴战，政权岌岌可危。大丈夫应该建功立业，怎能做亡命之徒呢？我知道高鸡泊（今河北故城西南）方圆数百里，芦草繁盛，可以做藏身之用，还可以伺机外出抢劫财物自用。等到聚集一些人后，观望时势采取行动，一定能建立大的功业。"孙安祖赞同他的计谋。窦建德于是招纳逃兵和没有产业的人入伙，聚集了几百人，让孙安祖统率，在泊中做了强盗，孙安祖自称将军。当时来往于漳南的各路强盗，到处烧杀抢掠，唯独不涉足窦建德的乡里。县府因此怀疑窦建德和强盗们勾结，

将他的家属全数抓捕，无论男女老少都杀死。窦建德听说他的家人被杀，率领手下二百人逃跑，归附高士达。高士达自称东海公，让窦建德做司兵。后来孙安祖被强盗张金称杀死，他的几千部众也都归于窦建德旗下。从此窦建德兵力逐渐强盛，达到上万人，仍然在高鸡泊中出入。窦建德待人谦和，和兵士们同甘共苦，因此手下都为他拼死效力。

大业十二年，涿郡通守郭绚率兵一万多人前来征讨高士达。高士达知道自己谋略不如窦建德，于是加封他为军司马，将兵马都交给他。窦建德想立下奇功，从而在众人中树立威信，于是请求高士达留守军需财物，自己则挑选七千精兵前去迎敌。他假装和高士达不合而反叛。高士达随即宣称窦建德叛变，派人抓来一个妇人假称是窦建德的妻子，在军中杀死。窦建德派人给郭绚送去投降书，声称愿意做他的先锋，攻破高士达而为他效力。郭绚相信了，和窦建德约定在长河边结盟。郭绚的军队防备逐渐懈怠，窦建德趁机发动袭击，大破郭绚的军队，杀死数千人，缴获一千多匹战马。郭绚带领几十名骑兵逃跑，窦建德派兵追上去将他斩杀，将首级献给高士达。从此窦建德的势力更加强大。

隋朝派遣太仆卿杨义臣率兵一万多人讨伐张金称，在清河打败他，所有被俘的人全部杀光，其余散落在荒野间的人又聚集起来，一起投奔窦建德。杨义臣乘胜来到平

原，想要进入高鸡泊中，窦建德对高士达说："所有隋将中，善于用兵的只有杨义臣。他刚刚打败张金称，就远道而来袭击我军，势不可当。请您带兵避开他的锋芒，让他想战不成，白白拖延时间，等到他的将士们都疲乏了，我们再趁机袭击，必然能取胜。若现在和他争锋，恐怕无法抗衡。"高士达不听他的话，让窦建德留守营垒，自己率领精兵迎战杨义臣。小战获胜，他大肆宴请将士，众人尽情痛饮。窦建德听说后说："东海公还没有破敌，就如此骄傲自大，祸患不远了。隋兵乘胜长驱直入，人心惊慌，我们恐怕也不能保全。"于是让人留守营垒，自己率领精兵占据险要之地。五天后，高士达

果然大败，在战争中被杀死，杨义臣乘势追击，要包围窦建德。守军听说高士达兵败，都逃散了。窦建德带领一百多精兵逃到饶阳，看见城中没有守备，于是攻陷城池，安抚士众，士兵们大多愿意跟随他，于是他又得到三千多兵士。

当初，杨义臣斩杀高士达后，以为窦建德不足为虑，于是放松了警惕。窦建德返回平原，将战死士兵的尸体都掩埋了，又为高士达发丧，三军都穿着白色孝服。然后，他召集逃亡的士卒，得到几千人，军队重新振作起来，他于是自称将军。当初，其他的叛军抓获隋朝的官员和山东士子后，都全部杀掉，只有窦建德不杀他们，还以礼相待。他擒获饶阳县令宋正本，将他奉若上宾，让宋正本帮他出谋划策。此后，隋郡的长官渐渐献城投降，窦建德军力更加强大，兵力达到十几万人。

【自立为帝】

大业十三年（617）正月，窦建德在河间自称长乐王，并拜官授爵。七月，右翊卫将军薛世雄奉命率兵三万前来讨伐他，到达河间城南后，在七里井扎营。窦建德听说薛世雄到了，就挑选精兵几千人埋伏在河间南部的草泽中，让各城的士兵全部伪装逃跑撤退。薛世雄以为窦建德畏惧自己，于是不加防备。窦建德探知后，亲自率领敢死队一千多人偷袭薛世雄。正赶上天降大雾，两军无法分辨，隋军大败，

自相践踏，死了一万多人，薛世雄带领几百骑兵逃走，其余的人都被俘获。窦建德接着进攻河间，多次交战没有攻克。后来河间城中粮食已尽，刚好隋炀帝被杀，郡丞王琮率领官员们发丧，窦建德派人前去吊唁，王琮于是派使者请求投降。王琮率领官吏们身穿白衣，两手反绑来到军门，窦建德亲自为他松绑，和他谈论隋朝灭亡的事，王琮埋头恸哭，窦建德也因此哭泣。窦建德手下的将领劝说他将王琮烹煮，以告慰在攻城中死去的军士。窦建德拒绝了，他说："王琮是义士，一心事主，我正要重用他呢。以往我们在泊中当强盗，恣意杀人，现在要安抚百姓平定天下，怎能残害忠良呢？"于是下令全军："以前和王琮不和的人，今后如果胆敢谋害他，就诛灭三族。"当天就任命王琮为瀛洲刺史。窦建德开始在乐寿（今河北献县）建都，号称金城宫，此后很多郡县都被他攻下。

武德元年（618）冬至这天，窦建德在金城宫设宴，有五只大鸟停落在乐寿，后面还跟着几万只，一天后才离开，于是改年号为五凤。有个宗城人献给窦建德一枚玄珪，景城丞孔德绍说："过去夏禹受上天符箓应运而生，上天赐给他玄珪。现在祥瑞和夏禹相同，应该称为夏国。"于是定国号为大夏。

【剿灭宇文化及】

第二年，宇文化及在魏县称帝，窦建德对手下说："我做了隋朝的百姓

🔴 **隋炀帝像**

几十年，隋朝两代皇帝做过我的君主，现在宇文化及居然杀了隋帝，他大逆不道，是我的仇人，我要讨伐他，你们说怎么样？"手下回答说："现在天下无主，群雄竞起，大王您在漳浦以平民身份起兵，隋朝的郡县官民都纷纷依附，这是因为大王顺应天命来安定天下。宇文化及和隋朝皇室联姻，父子兄弟广受隋朝的恩惠，却弑君篡位，这样的盗贼不得不杀！"窦建德于是当天就引兵讨伐宇文化及，接连几战都获得胜利。宇文化及退守聊城，窦建德用撞车向城内抛发石头，同时从四面攻城，聊城被攻下。窦建德入城后，先去拜见隋朝萧皇后，自称臣子，又当着文武百官的面将谋划弑杀隋炀帝的宇文智及等人斩首，砍下的首级

在辕门外示众。宇文化及和他的两个儿子被关进囚车，送到大陆县杀掉。

窦建德每次攻破城池或打败敌军所获得的资财，全部分给将士们，自己分文不取。他生活俭朴，不吃肉，常以蔬菜和粗米饭进食。他的妻子曹氏不穿绢质衣服，使用的奴婢也才十几人。到此时，他前后获得宫女几千人，都颇有姿色，但他及时遣散。隋朝文武百官和骁勇之士上万人，他也都遣散，听凭他们决定去留，那些想要前往关中和东都的人，他给他们提供衣粮，并派人将他们护送出境。他还任命裴矩等隋朝官员，让他们参与政事。攻下洺州（今河北赵县）后，窦建德迁都洺州，并追封隋炀帝为闵帝。他和突厥保持友好，隋朝义城公主先前嫁给突厥，现在派人来接萧皇后，窦建德让一千多骑兵护送她进入突厥，又将宇文化及的首级进献给公主。和突厥联合后，窦建德的锐气更加强盛。

九月，窦建德向南进军，攻陷相州，接着又攻克黎阳，左武卫大将军李世勣、同安长公主和李神通一起被俘。滑州刺史王轨被家奴所杀，家奴携带着他的首级前来投奔窦建德，窦建德说："奴才杀死主人是大逆不道，我怎能收留这种人！"下令立即将家奴斩首，并将王轨的首级送还滑州。官员们很感动，当天就全部投降了。齐、济二州及兖州叛将徐圆朗听到后，也前来投降。窦建德下令释放李世勣、同安长公主等人，让李世勣领兵镇

守黎州，将公主和李神通另行安置，吩咐按照客人的礼节招待他们。武德三年正月，李世勣丢下父亲逃走，执法者请求杀了他的父亲，窦建德说："李世勣本来就是唐的臣子，被我俘虏了还不忘其主逃回去，他是忠臣啊，他的父亲有什么罪呢？"于是没有杀害他的父亲。高祖派人前来讲和，窦建德随即让公主和使者一起回去了。

窦建德生性多疑，常常轻信谗言。此前，大将王伏宝有勇有谋，在同辈中功劳最大，将帅中很多人心怀嫉妒。有人诬陷他谋反，窦建德要杀他，王伏宝说："我是无罪的，大王为什么却听信谗言，要砍断自己的左膀右臂呢？"自从杀了王伏宝后，窦建德出兵常常失利。

窦建德又派遣高士兴进军围攻幽州，没有攻克，于是撤兵到笼火城，遭到罗艺的军队袭击，高士兴大败。九月，窦建德亲自率兵围攻幽州，罗艺出兵迎战，窦建德大败，一千多士兵被斩杀。罗艺因接连取胜而日渐骄矜，前去袭击窦建德的营垒，窦建德在营中列阵，填平壕沟反击，大败罗艺的军队，并逼近幽州城下，没有攻克，于是退回洺州。纳言宋正本喜好直言劝谏，窦建德听信谗言杀了他。此后他手下的人再也不敢进谏，政令于是越来越昏乱。

三彩珠纹盘·唐

【攻唐救郑】

此前，曹州济阴人孟海公拥精兵三万，据守周桥城劫掠黄河以南地区。十一月，窦建德亲自率兵渡过黄河攻打他。当时秦王在洛阳攻打王世充，窦建德的中书舍人刘斌劝告窦建德说："现在唐、郑和夏已经形成三足鼎立之势。唐兵全军攻打郑国已经两年，唐强大而郑弱小，郑必然被唐攻破，那么夏就有唇亡齿寒的忧患。大王不如救援郑国，内外夹攻唐。如果唐朝退兵，就能维持三足鼎立之势。如果打败唐军，则可以趁机灭掉郑，然后集合两国的兵力，乘胜向西长驱直进夺取京师，天下太平的基业就建立了。"窦建德高兴地说："真是好计谋！"恰好王世充派人向窦建德求救，窦建德于是派遣职方侍郎魏处绘入朝，奏请解除对王世充的包围。

武德四年(621)二月,窦建德攻克周桥,俘获孟海公,留下他的将领范愿守卫曹州,派出孟海公的全部兵力前去救援王世充,攻下元州等三州,屯兵于荥阳武牢东侧。王世充的弟弟王世辨派人领兵几千人和窦建德会合,在板渚修建营房,与王世充相呼应。秦王随即派兵抢占武牢(今河南荥阳西北氾水镇西)要地,阻遏窦建德西进。窦建德的军队被困在武牢两个月,不能前进。秦王派将军王君廓率领轻骑兵奇袭他的粮道,擒获大将张青特以及众多兵士。

窦建德的军队屡战失利,军心涣散,将帅以下的人都想返回洺州。凌敬进言说,应该让全军渡过黄河,攻取怀州河阳,再越过太行山,进入上党,然后逼近壶口收复河东,这样全军进入无人之境,可以保全,同时还可以拓展疆土争取兵力,而郑国之围也自然解除。窦建德听从了他的意见,但是王世充的使者暗中贿赂窦建德的将领们,扰乱他的计划。将领们进谏说:"凌敬只是一介书生,哪里懂打仗呢?"窦建德于是对凌敬说:"如今士气正盛,趁机决战,必然取胜。我决定听从众人的意见。"凌敬坚持规谏,窦建德大怒,将他赶出去。窦建德的妻子曹氏也劝说他采纳凌敬的建议,窦建德说:"妇道人家懂什么!郑国命悬一线,等着我援救,我既然答应了,怎能知难而退,让天下人觉得我不守信用?"于是让全军进逼武牢,唐军始终按兵不动以挫败他的锐气。

【落难牛口渚】

窦建德在氾水构筑军阵以后,秦王派骑兵前来挑战,窦建德大败。他中枪逃走,在牛口渚被车骑将军白士让等人生擒。此前,军中流传着一首童谣:"豆入牛口,势不得久。"窦建德到达牛口渚时,想起童谣,十分厌恶这个地名,结果真的在这里失败。

窦建德的士兵四散而逃,他的妻子曹氏和左仆射齐善行带领骑兵几百人逃往洺州。余党要拥立窦建德的养子为君主,齐善行说:"夏王平定河朔,兵强马壮,现在却落得如此地步,这是天命如此,不如投降朝廷,免得生灵涂炭。"于是将府库的财物全部分给将士们,大家各自散去。齐善行和曹氏等人率领众官吏献出山东之地,捧着传国玉玺投降唐朝。七月,秦王将窦建德带到京师,在长安市斩首。窦建德终年四十九岁,从起兵到灭亡,前后六年,河北全部平定。

论赞

臣曰:窦建德在乡邻中以仁义服众,占据河朔做强盗,安抚兵士,招贤纳士。斩杀宇文化及,送回李神通,遇事沉着果断,富有雄才大略。到后来他却因谗言杀害宋正本、王伏宝,对凌敬、曹氏的计谋也不听从,以致灭亡,未能善始善终。不过这也是天命如此,非人的谋划所能改变。

裴寂 刘文静列传

旧唐书 ●列传●

裴寂和刘文静都是唐高祖李渊的佐命之臣。裴寂和李渊交情深厚，是李渊太原起兵的策划和支持者。他支持李渊称帝。唐朝建国后，担任尚书仆射，备受李渊宠信。后来，他因罪被逐回原籍，又流放到静州而死。刘文静，隋朝末年担任晋阳令，和晋阳宫监裴寂结交。他联络裴寂与李世民，协助李渊出兵反隋，并奉李渊之命出使突厥。李渊在太原起兵，他亦随军南下，俘获隋朝大将屈突通。唐朝建国后，他担任纳言，助修律令，并助李世民击灭薛仁杲，封鲁国公。因嫉妒裴寂受到李渊的宠信，和裴寂交恶，最终被裴寂陷害而死。

▶【贫寒少年裴寂】

裴寂，字玄真，蒲州桑泉（今山西临猗西南）人。父亲裴瑜，担任绛州刺史。裴寂小时候是孤儿，由哥哥们养大。他十四岁的时候，担任州府的主簿。裴寂长大后，眉清目秀，器宇轩昂。隋朝开皇（581～600）年间，他担任左亲卫，因为家贫没有自己的产业，常常得步行到京城。一次他路过华岳庙，进到庙里上香求告说："我穷困到这个地步，冒昧地前来诚心拜谒，神若有灵，请指示我的命运。如果富贵可期，就托我一个好梦吧。"然后拜了两拜离开了。夜里他梦见一个白发老人对他说："你三十岁之后才能得志，最终将位极人臣。"

▶【进言起事】

大业年间，裴寂在太原任晋阳宫的副监。那时，唐高祖李渊任太原留守，他与裴寂过去有旧交，这时又相处一地，李渊经常邀请裴寂赴宴、饮酒赌博，常常游乐到天明。当时，太宗李世民想趁隋末混乱之际举旗起兵，夺取天下，但又不敢和他父亲直言。他见裴寂很受高祖厚待，于是拿出几百万私房钱，买通龙山令高斌廉，让他和裴寂赌博，每次都故意输给裴寂，裴寂赢了很多钱，经常和太宗一起出游，太宗趁裴寂高兴之际，谈了起兵计划。裴寂当即答应了。接着，裴寂也如法炮制，从晋阳宫中选派宫人私下侍奉高祖，自己则每日陪同李渊饮酒作乐。一次，酒兴正酣时，裴寂对高祖说："二郎（即李世民）已经秘密组织兵马，准备起兵，正因为我派了晋阳宫的宫人伺候您，他怕有朝一日事情败露才这样做的。现在天下大乱，城门之外，都是盗贼。如果死守小节，早晚会性命不保；若举兵起事，一定会得到天子之位。众人已经意见统一，您意下如何？"李渊听了裴寂的分析，点头称是，采纳了起兵的建议。

【功勋卓著】

等到义兵起事，裴寂从晋阳宫中选派了五百名宫女进献给李渊，还送来米粮五万斛，杂彩五万段，铠甲四十万领，作为军用。建立大将军府后，裴寂被任命为长史，赐封闻喜县公。义军进攻河东，屈突通坚决抵抗，

🔶 **三彩骆驼载乐俑·唐**
健壮的骆驼昂首直立，张口嘶鸣，驼背平台上六位手持各种乐器、身着汉服的乐俑盘膝而坐，一位女俑立于中央翩翩起舞。

义军攻打不下。高祖想要先平定京师，手下的人却担心屈突通成为后患，因此犹豫不决。裴寂进言说："如今屈突通据守蒲关，如果不先平他，那么义军前有京城守兵，后有屈突通的军队，腹背受敌，必然兵败。不如先攻取蒲州然后进关。京师没有援兵，不用攻打就可平定。"太宗说："兵法崇尚诡变，而诡变在于神速。我军应该趁早渡河，以震慑敌军。我们如果迟迟留在这里，他们就会另外想出计谋。而且关中群盗，兵力分散，又没有确定的主子，容易招降，屈突通不过是个据守自固的强盗而已，不足为虑。但如果因此失去了入关的机会，那么情况就难以预料了。"高祖采取折中的办法，留下部分兵力围攻河东，又带兵入关。京师平定后，赐予裴寂大量田宅布帛，晋封为魏国公。

【力谏高祖即位】

后来隋恭帝让位，高祖坚决不肯接受，裴寂劝告他也不起作用。裴寂于是前去拜见他，说："以前夏桀、商纣灭亡的时候，也都有儿子，没听说商汤、周武辅佐他们，您可以因此作为借鉴，不要再迟疑了。我的封邑官职，都是大唐给的，陛下不做皇帝的话，我就辞官而去。"又陈述十多条理由，高祖这才同意接受帝位。裴寂于是命令太常安排礼仪，挑选吉日。高祖登位后，对裴寂说："这都是你的功劳啊！"于是拜授裴寂为尚书右仆射，赐给他的服饰珍玩不计其数，

还每天都赐给他御膳。高祖每天处理朝政，必然和他同坐，也请他一起进入内室，对他言听计从，称呼他为裴监而不直接叫他的名字。当朝的朝廷贵戚，没有人受过同等的礼遇。

【备受恩宠】

武德二年（619），刘武周手下的将领黄子英、宋金刚频频进犯太原，行军总管姜宝谊、李仲文相继兵败，高祖很担心。裴寂请求亲自出征，高祖于是任命他为晋州道行军总管，让他见机行事。唐军驻扎在介休，宋金刚据城以守。裴寂的军中缺水，敌兵又切断了他的取水之路，情势危急。唐军想要转移到有水的地方，敌兵趁势进攻，唐军大败，几乎全军覆没。裴寂骑马飞奔了一昼夜后到达晋州，晋州以东的城池全部落入敌手。宋金刚随即进逼绛州，裴寂上表请罪，高祖宽慰安抚他，让他镇守河东。裴寂生性怯懦，没有御敌之才，他催赶虞、秦两州的居民，焚烧城内积聚的粮食，更引起老百姓恐慌万状，敌兵未至，人们已乱成一片。夏县有个叫吕崇茂的人，杀了县令，接应宋金刚攻打唐兵，裴寂于是再次失败，被召回朝廷。李渊数落他说："当初起兵之时，你有辅佐之功，官爵也已显贵之极。这次你去抵御刘武周，所率兵力足以破敌，而你却一败涂地，你不觉得有愧于我吗？"于是，将裴寂交给有关官吏发落，但不久又释放了他。从此，李渊对裴寂的礼遇，反而比以前更好。

高祖每次出巡，都任命裴寂为留守。麟州刺史韦云起诬告裴寂谋反，审讯之后却没有任何证据。高祖对裴寂说："我之所以能有天下，都是你的功劳，你怎么可能有二心呢？我只是要分清黑白，所以让人证实此事。"于是让贵妃等三人带着珍馐佳肴、宝物玩器来到裴寂的府中，尽情欢饮作乐，通宵达旦。李渊还下诏特赐裴寂可自行铸造钱币，又与裴寂联姻，让第六个儿子赵王李元景娶裴寂的女儿为妃。

武德六年，裴寂升任尚书

唐代宁波船

左仆射，高祖在含章殿赐宴，把酒言欢，裴寂叩头而拜，说："我当初在太原的时候，已经得到皇上的恩准，等平定天下之后我就回家耕种。现在天下太平无事，请皇上让我告老还乡。"高祖眼泪直流，打湿了衣襟，说："现在还不行，我们要一起安享晚年。你做三公，我做太上皇，逍遥一世，岂不快哉！"不久加封裴寂为司空，另外每天派遣一名尚书员外郎到裴寂的府第值班。

贞观元年（627），皇上给裴寂增加实封至一千五百户。第二年，太宗在南郊祭祀，让裴寂和长孙无忌一起坐金辂车，裴寂推辞，太宗说："您辅佐王命有功，长孙无忌也为朕效力，除了你们，还有谁有资格坐金辂车呢？"裴寂于是依命而行，和长孙无忌一同乘车而归。

▶【被遣还乡】

贞观三年，有个名叫法雅的和尚，当初受到恩宠出入两宫，这时被禁止入宫，于是心怀不满，四处散布妖言怪说，被定罪入狱。兵部尚书杜如晦审问他的案子。法雅声称裴寂知情，裴寂回答说："我只听法雅说什么时候将疾病肆虐，倒是没有听说过妖言。"法雅坚称他听说过，于是裴寂受到牵连，被削减了一半食邑，并让他返回老家。裴寂请求住在京城，太宗责备他说："倘若只论功劳，你不至于做到现在的官职，只是因为受到恩宠。武德（618～626）年间，

朝政都有纰漏，官员中风气不正，这都是你的责任。但是高祖出于旧情，没有追究你的责任，现在让你回乡祭扫坟墓，还有什么好推辞的呢？"裴寂于是回到蒲州。

有一个自称信行的疯子，寄居在汾阴，他常常说一些妖妄之言。他曾经对裴寂的家童说："裴公有做天子的命。"这时，信行已经死去，裴寂的家奴奉命把信行的话报告给裴寂，裴寂不敢上报，暗中让恭命杀死了传话的家奴。恭命却放了那个家奴，让他躲起来，裴寂不知情。后来，裴寂派恭命前往封邑收缴赋税，共有一百多万，恭命却私下将钱花掉了。裴寂大怒，要派人捉拿他，恭命很害怕，于是向朝廷密报裴寂谋反。太宗大怒，告诉他的侍臣说："裴寂有四条死罪：他位列三公却和妖人法雅亲近，这是罪一；事情败露之后，心怀不满怨恨朝廷，这是罪二；疯子说他有当天子的命，他隐瞒不上报，这是罪三；暗地里派人杀人灭口，这是罪四。我有足够的理由杀他，但议事的人大多建议将他流放，我就听从众人的意见吧。"于是将裴寂流放到静州。不久山羌作乱，有人传说裴寂被反贼劫持做了君主，太宗听说此事后说："国家

对裴寂有活命之恩，他肯定不会这样。"不久，果然听说裴寂率领家童打败了贼人。太宗顾念裴寂辅佐朝廷有功，重新征召他入朝。恰在此时裴寂去世，终年六十岁。他被追赠为相州刺史、工部尚书、河东郡公。

【刘文静谋划起兵】

刘文静，字肇仁，世代居住在京兆的武功。他年轻时，因为父亲为国而死，承袭了父亲的仪同三司职位。他器宇轩昂，才干卓越，性情豪迈又擅长谋略。隋朝末年，他担任晋阳令，碰上裴寂正担任晋阳宫监，因此结为好友。一次，他们两人同宿，裴寂望见城楼上的烽火，仰天长叹说："我们地位卑贱之极，家中又贫困潦倒，遇上这样的乱世，出路在哪里呢？"刘文静笑着说："这样的世道，大家都清楚将有什么事发生。我们二人志气相投，卑贱不足为虑。"

等到高祖镇守太原，刘文静察觉到高祖有平定天下的志向，于是就暗中结识他。他又私下观察太宗，然后对裴寂说："他不是平常之人啊，虽然年轻，却气度宏大和汉高祖一样，神明威武可比魏武帝，这是上天赋予的啊。"裴寂最初不以为然。后来刘文静因为和李密联姻而获罪，隋炀帝下令将他收押在郡中监狱。太宗认为刘文静可以和自己谋划商议大事，到监狱去探视他。刘文静大喜，说："天下大乱，没有商汤、周武王、汉高祖、光武帝的才能，

不能平定。"太宗说："你怎么知道没有这样的人呢？只怕常人辨别不出而已。我现在来看你，不是出于儿女情长担心你。时事已经到了如此地步，我来和你商议大业，请你仔细谋划一下这件事。"刘文静说："现在李密长期围困洛邑，皇上流落淮南，大小盗贼总共一万多人，只有贤明的君主才能驾驭。若能响应天意顺乎民情，举旗起兵，平定天下就很容易了。如今太原百姓躲避盗贼，都在城中。我做了多年晋阳令，知道他们中间的豪杰之士不下十万，你父亲率领的士兵又有几万人，你一旦发令，谁敢不听？然后乘虚入关，号令天下，不到半年就可以建立帝业。"太宗笑着说："你的话正合我意。"于是部署门客，暗中谋划起事，但害怕高祖不答应，很长时间不敢告诉他。刘文静见高祖对裴寂十分厚爱，想要通过裴寂去劝说高祖，于是引荐裴寂和太宗交往，找机会说服了他。

后来，高君雅被突厥打败，高祖被拘禁，太宗又派刘文静和裴寂一起向高祖进言，说：《易经》上说'预知事情的微妙之处才是神明啊'，现在已经发生大乱，您被主上猜疑，副将战败，却归罪于您。情势很紧急啊，必须马上计议。晋阳这块地方，兵强马壮，宫监之中，府库丰实，凭借如此优厚的条件起事，一定可以建立大业。希望您举兵西进，图谋大事。怎么能在这里做囚徒呢？"高祖同意了。

《自叙帖》（局部）·唐·怀素

《自叙帖》纸本，纵 28.3 厘米，横 775 厘米；126 行，共 698 字。帖前有李东阳篆书引首"藏真自叙"字。台湾故宫博物院藏。

太宗暗中结交敢死之士，和刘文静等人约定日期起兵，恰巧此时高祖被释放，两人就此作罢。太宗于是让刘文静伪造隋炀帝的敕令，征召太原等地二十岁以上、五十岁以下的人入伍，限定年底在涿郡集合，征战辽东。人们大受震动，想作乱的人更多了。刘文静对裴寂说："您没听说过'先发制人，后发制于人'吗？唐公的名字符合图谶，天下人都知道，拖延时间只会留下祸患。应该劝告唐公及早起兵。"又威胁裴寂说："你身为宫监，却让宫女侍奉唐公，你死了也就算了，为什么要耽误唐公呢？"裴寂很害怕，于是多次催促高祖起兵。恰巧马邑人刘武周杀死太守王仁恭，自称天子，并引领着突厥兵士，准备侵犯太原。太宗于是以讨伐刘武周为借口，派刘文静等人分别招兵买马；又让刘文静和裴寂伪造符敕，取出宫监库中的物资，以作举兵之用。

副留守王威和高君雅对此心存怀疑，于是谋划在晋祠大会的时候杀害高祖。晋阳乡长刘世龙知道后，告诉了太宗。太宗知道事情紧急，想先将两人除掉，就派刘文静和刘政会到留守那里状告王威二人谋反。当天，高祖和王威、高君雅正坐在一起办事，刘文静等人来到庭中，说有密信，知道有人要谋反。高祖让王威等人把信拿过来看，刘政会不肯给，说："所告的就是他们，只有唐公能看。"高祖假装吃惊地说："有这种事？"看完信，对王威等人说："这人告发了您的事情。"高君雅大骂说："这是谋反的人想要杀我！"刘文静喝令左右的人将他们拿下，囚禁起来。于是高祖起兵反叛。

【功勋卓著】

高祖开设大将军府，任命刘文静为军司马。刘文静劝说他改换旗帜，表示起义，又劝他联合突厥来增强兵力，高祖都听从了。高祖于是派遣刘文静前去拜见始毕可汗。始毕可汗说："唐公起事想要做什么？"刘文静说："皇帝废黜了嫡长子，传位给后主，导致了今天的祸乱。唐公是国家的近亲，不忍心坐观成败，因此起军，要废黜不应当坐皇位的人。希望和可汗的兵马一同进入京师，到时候兵马土地人众归唐公，财帛金宝归突厥。"始毕可汗大喜，于是派遣将领康鞘利率领两千骑兵，跟随刘文静返回，并进献了一千匹马。高祖很高兴，对刘文静说："若不是你善于辞令，怎会这样呢？"

不久刘文静率领军队，出奇兵大败屈突通，俘获了他的全部兵众。屈突通聚集了几万残兵败将，准备逃回东都，刘文静让人将他抓回，于是平定了新安以西的地方。随后他改任大丞相府司马，进授光禄大夫，被封为鲁国公。

【唐朝臣子】

高祖称帝后，授任刘文静为纳言。高祖经常请重臣一起吃饭，刘文静上奏说："陛下统率天下，帝位尊贵，这个国家无人不是您的臣民，而您却自贬身份，和臣子互相称名道姓，这是不妥当的。"高祖却没有听从他的意见。

适逢薛举进犯泾州，高祖下令太宗前去征讨，任命刘文静为元帅府长史。太宗身体不适，将军务委托给刘文静和司马殷开山，告诫他们说："薛举粮少兵疲，孤军深入，不利于持久作战，必然想速战速决，他来挑战，千万不要和他对决。等我身体好了，再来攻打。"刘文静却听从殷开山的建议，出兵求功，结果大败。他回到京师，获罪被免除官职。后来他又跟随太宗讨伐薛举，平定了薛举，因功得以恢复官爵封邑，并被拜授为民部尚书，兼任陕东道行台左仆

🔴 **狩猎纹夹缬绢·唐**

绛地狩猎纹绢，是在绢底上，用刻制的镂空花纹版，在花纹处涂防染白浆，染后现出狩猎纹样。每个单元图案为一骑士返身张弓射狮，狮子作人立状，张牙舞爪扑向骑士，四周装饰有花草及飞鸟、奔兔等，姿态生动。

射。武德二年，他跟随太宗镇守长春宫。

【因忌致死】

刘文静自认为才干在裴寂之上，又多次立下战功，却位居裴寂之下，心怀不平。因此在朝堂上议事时，常常故意和他争辩，裴寂认为对的，刘文静必然反驳，因此两人不和。刘文静曾经和他的弟弟刘文起喝酒，酒兴正酣时，大发牢骚，并拔刀击柱说："一定要杀了裴寂才算！"刘文静的一个爱妾新近失宠，心怀怨恨，将他的话告诉了她的哥哥，她的哥哥于是上告刘文静谋反。高祖让裴寂和萧瑀审问此案。刘文静说："当初起义的时候，我担任司马，和长史地位威望相差无几；现在裴寂位及仆射，住着高级宅院，我却和其他人一样，东征西讨，家里人没有依托，确实有不满情绪。喝醉的时候有可能说一些怨言。"高祖对群臣说："这样说来，刘文静显然有谋反之心。"李纲、萧瑀力证他不是谋反，太宗也竭尽全力保全他，认为刘文静只是因为当初起事的时候功勋卓著，现在官职地位和裴寂却相差悬殊，因而发泄不满。但高祖向来疏远猜疑他，加上裴寂又说："刘文静的才略的确卓越非凡，但他性情粗犷狡诈，心怀不满就恶言忤逆，他的罪证十分明显。现在天下未定，外有强敌，如果赦免他，必然成为后患。"高祖最终听从了他的话，杀了刘文静、刘文起，还抄没了他们的家产。刘文

静临刑前，捶胸长叹说："高飞的鸟射死了，好弓就被弃置一旁，这句话真是不假啊！"他终年五十二岁。

贞观三年（629），太宗追赠恢复他的官爵，让他的儿子刘树义承袭封鲁国公，后来刘树义和他的哥哥刘树艺怨恨父亲当初被诛杀而谋反，获罪被诛杀。

当初皇上诏令，刘文静和裴寂因为参加太原谋划有功，可以赦免死罪两次。武德九年十月，太宗开始评定功臣的实封等级，裴寂增加食邑九百户，其他的人也都论功行赏，而这时候刘文静已死。

论赞

史臣曰：裴寂历任隋朝官职，官至宫监，拥有丰足的粮食和兵甲，却首先提出起义的谋略。官职位居唐朝第一，却不懂敬事君主的规范。他仰仗高祖的恩宠，致使刘文静被诛杀，他也招致四条罪状，却幸运地保留了性命。刘文静奋力辅佐谋划兴兵，缔造唐朝有功，但不考虑宠辱机遇，行事轻率浮躁，没来得及受封就招致了祸患，实在可惜！

卷六十五

高士廉 长孙无忌列传

列传

旧唐书

高士廉和长孙无忌都是唐朝的开国勋臣，功勋卓绝，而且两人是皇族的姻亲。高士廉是长孙无忌和文德皇后的舅父，李世民未起兵前，就很器重他。后来他辅佐世民，参与了玄武门之变。李世民即位后，他极受宠遇，被授予要职，并参与编撰了《氏族志》一书。他为官爱惜人才，能倾心礼遇蜀地的隐士朱桃椎，后得善终。长孙无忌是文德皇后的哥哥，年轻时和李世民友善，为他出谋划策，是玄武门之变的主要策划者之一。太宗即位后，他因为功劳第一，又是皇后的哥哥，受尽太宗的礼遇。他为人谦恭，屡次请求辞职。后来他又阻止了太宗分封皇亲功臣，并帮助册立晋王为太子。高宗即位后，他因为反对立武则天为皇后，受到武则天忌恨，被许敬宗陷害而死。

【高士廉孝养母亲】

高俭，字士廉，是渤海蓨县（今河北景县）人氏。他出身于官宦之家，是北齐清河王高岳的孙子，高励的儿子。年轻时，高士廉就很有才识度量，博览群书。隋朝大业年间，他被任命为治礼郎。他的妹妹嫁给了隋朝右骁卫将军长孙晟，生下儿子长孙无忌和女儿。长孙晟去世后，高士廉把妹妹和外甥接到家，待他们非常好。当时，他就发现李世民异于常人，于是很器重他，并将外甥女嫁给他，就是后来的文德皇后。隋军攻打辽东时，当时的兵部尚书斛斯政逃亡到高丽，高士廉因为和他友善，也受牵连获罪，被贬为朱鸢的主簿。

他侍奉父母很孝顺，岭南瘴气盛行，父母不能一起前往，他留下妻子鲜于氏侍养父母。他又想到妹妹无所依靠，就卖掉大房子，买了小房子给他们住，并留下足够的钱财，然后才前去赴任。适逢天下大乱，交趾太守丘和任命高士廉为司法书佐。高士廉长久留滞南方，毫无母亲的音信，因此心中非常思念母亲。他曾在白天小憩，梦见母亲和自己说话，醒来后泪流满面。第二天，他果然获得了母亲的音讯，人们都说这是他的孝心所感。

【为政有方】

当时钦州的宁长真率兵攻打丘和，丘和想要投降，出城去迎接他，高士廉劝阻说："宁长真虽然兵力强盛，但孤军深入，又远道而来，因此不能坚持很久。我们城中的兵众足以抵抗他们，为什么要向他臣服呢？"丘和听从了他的意见，于是任命高士廉为行军司马，迎击敌人，果然大败敌军。宁长真单骑逃脱，手下的兵众全部投降。萧铣被唐朝平灭后，唐高祖任命高士廉巡按岭南诸州。武德五年，他被擢升为雍州治中，而当时李世民担任雍州牧，对他非常敬重。唐太宗发动玄武门之变时，高士廉与外甥长孙无忌参与密谋，高士廉还亲自率领吏卒，释放监狱里的囚犯，将他们武装起来，赶到芳林门来援助唐太宗。唐太宗被立为太子后，他被拜授为太子右庶子。

贞观元年（627），高士廉被擢升为侍中。他明辨是非，言谈举止都很得体，因此深得士大夫的敬重。黄门侍郎王珪党附高士廉，太宗知道后，将他外放为安州都督，后来改任益州大都督府长史。蜀地民风蒙昧，迷信鬼神而厌恶生病之人，父母病重时，儿女并不亲自照顾侍奉，只是在木杖头挂上食物，远远地喂食。高士廉善加诱导，改变了这种习气。他又选拔文学之士，让儒生们讲论经史，于是蜀地一带的学校大增，年轻人都变得非常好学。蜀人朱桃椎非常淡泊名利，长年隐居，不肯做官。他生活困顿，穿着破旧不堪。窦轨镇守益州时，听说后召见他，赠送衣服给他，并强迫他做乡正。朱桃椎一言不发，把衣服扔在地上，再次逃入山中。高士廉到任后，以隆重的礼节将他邀来，等他走到面前时，走下台阶跟他说话，以示敬重之义。朱桃椎不回答，径直离开了。高士廉后来又屡屡派人问候他，朱桃椎于是干脆躲藏到林中去了。当时，官员大多都瞧不起隐士，唯独高士廉对朱桃椎礼遇有加，被蜀地人引为美谈。

贞观五年，高士廉被召入朝，任

🌸 **高士廉雕像**

高士廉为人谨慎，太宗铭记其功勋，对他荣宠有加，生前官居高位。而他的子孙也是富贵几代，身处要职，为李氏江山鞠躬尽瘁。

命为吏部尚书。他知人善任，选拔的人才无不才学兼优，非常称职。当时，崤山以东的士大夫都喜欢标榜门第的高贵，即使家道中落，但倚仗旧时的显赫，每逢女儿出嫁的时候，都要索取丰厚的聘礼。唐太宗厌恶这种风气，于是诏令高士廉等人勘正姓氏，并编纂了《氏族志》一书。

【生荣死哀】

贞观十二年（638），高士廉和长孙无忌等人因为辅佐有功，太宗诏令他们的子孙世代承袭刺史，并封高士廉为申国公。高士廉既已深得宠信，凡是上表的奏折，上奏后便烧掉了初稿，以免他人知道。太宗征伐高丽时，让太子监国，高士廉被拜授为太子太傅，并依旧执掌朝政。贞观二十年，高士廉生病了，唐太宗亲自前往他的府邸探望病情，说起平生的往事，到动情处，彼此都情不自禁地流下了眼泪。次年，高士廉就去世了，享年七十二岁。太宗得知他的死讯时，想要亲自前去吊唁，但他刚刚服食过药石，房玄龄认为不适合亲临丧礼，因此苦苦劝谏。太宗不听，执意前往。走到延喜门时，长孙无忌策马追上太宗，说："吃药石后亲临丧礼，是医方上所忌讳的。舅父自知病重不起，曾经交代我说：'陛下恩重如山，我病故后，他或许会亲自前来吊唁。我只是个平庸之人，实在不敢在死后搅扰陛下，以致负罪。'陛下尽管恩待故人，也请体察他的赤诚忠心。"长孙无忌说得非常恳切，唐太宗还是不听。于是，长孙无忌就伏在马前流泪不止，太宗这才回宫。死后，高士廉被追赠为司徒、并州都督，谥号为文献。

長孫無忌像

【辅臣长孙无忌】

长孙无忌，字辅机，是河南洛阳人氏。他的祖先是后魏献文帝的三哥，后来改姓长孙氏。长孙无忌幼时就很好学，博通文史。他聪明颖悟，又善于出谋划策。文德皇后就是他的妹妹。年轻时，他和太宗友善，李渊起兵后，他跟随太宗征战各地，后来被任命为比部郎中。武德九年（626），隐太子李建成和齐王李元吉密谋，企图除掉唐太宗，长孙无忌请求太宗先发制人。太宗依计而行，即位后，将他擢升为左武侯大将军。贞观元年（627），长孙无忌改任吏部尚书，因为功劳最高，被封为齐国公。长孙无忌既是开国元勋，又是外戚，因此深得太宗信任，时常让他出入卧室，商讨政事。当时，突厥颉利可汗刚和唐朝结盟，但国内政治昏乱，太宗想要讨伐，但又碍于结盟之义，因此举棋不定。长孙无忌建议朝廷休养生息，静待其变。太宗听从了他的规谏，不久，突厥果然因政治衰败而灭亡了。

有人密奏太宗，说长孙无忌权势过盛，太宗拿出奏表给长孙无忌看，并说："我和你君臣之间，从来没有互相猜疑过。如果各有心思却不肯明说，君臣之间就不能信任无猜了。"于是太宗召见群臣，申明自己对长孙无忌的信任。但长孙无忌顾虑盈极反亏，于是恳切请求辞职，文德皇后也为他陈请，太宗不得已，只好解除他尚书右仆射的职务。贞观七年十月，太宗又册封他为司空，

长孙无忌担心太宗会被人误认为偏宠外戚，因此坚决推辞，并让高士廉代为上奏。太宗说："我是量能择才，而后授予官职，并非有所偏私。长孙无忌聪明颖悟，富有谋略，这是众所周知的，因此我才授予他要职。"太宗又追想创业的艰难和长孙无忌的辅佐之功，因此写下《威凤赋》，赐给了长孙无忌。

唐太宗仰慕周代的分封制，因此想予以效法，分封皇亲功臣。贞观十一年，太宗诏令，任命荆州都督荆王李元景等亲王和长孙无忌等功臣为世袭刺史，让子孙世代袭承，永无更替。长孙无忌得知后，说："我们披荆斩棘，为陛下效力，如今国家安定下来，不愿离开陛下，陛下却将我们放任外官，治理州郡，这和迁徙有什么两样呢？"于是和房玄龄一起上奏，陈述这种做法的弊端，不仅不合乎世情，而且危害国家的治理。太宗看到奏表后，说："我的本意，是想封赏功臣，想让功臣的子孙后裔来辅佐我的子孙，一直流传到永久。而你却轻视封赏之盟，出言不满，我又怎么能强迫你们，分封土地给你们呢？"于是太宗停止分封。贞观十六年，长孙无忌被拜授为司徒。次年，太宗又将

❀李世民及其勋臣

山西省太原晋祠公园内，为纪念太原建城2500年而设计的，唐太宗李世民及其勋臣长孙无忌、魏徵、李勣组成的青铜群雕像。

长孙无忌等二十四个开国功臣的像，画在凌烟阁内。

▶【拥立太子】

太子李承乾被废后，唐太宗想册立晋王李治，但心中犹豫不决。他来到两仪殿，等到百官都走后，却留下长孙无忌和房玄龄、李勣三人。太宗说："我的三个儿子，如此不成器，我真痛心啊。"于是太宗拔出佩刀，想要自刎。长孙无忌等人大惊失色，赶紧抱住太宗，取下佩刀让晋王拿着。

长孙无忌又问太宗想要立谁，太宗说："晋王。"长孙无忌奏答道："敬奉诏命，有不同意见的，请让我将之处斩。"太宗趁机对晋王说："你舅舅答应立你为太子，你应该谢谢他。"于是晋王赶紧下拜，晋王就被立为太子了。太宗又加授无忌为太子太师。不久后，太宗又心生悔意，想立吴王李恪为太子，长孙无忌暗中谏阻，太宗才打消此念。

太宗曾经让长孙无忌等人指出自己的过失，长孙无忌却说，太宗的文德武功，超过了历代的皇帝，实在找不到什么过失。太宗责备长孙无忌妄加吹捧，以取悦皇帝。接着，太宗又公正地一一评价了当朝的要臣，如高士廉、唐俭、杨师道、岑文本等人。

太宗对长孙无忌的评价是：应对敏捷，善于回避嫌疑，这一点在历代的古人中，没有人比得上；然而统兵作战，却不是长孙无忌的特长。贞观二十三年（649），太宗病重，招来长孙无忌和褚遂良，让两人接受遗令，辅佐太子。太宗对褚遂良说："长孙无忌对我忠心耿耿，我能够取得天下，他的功劳很大啊。你辅政后，不要让小人进谗言，毁谤长孙无忌。要不然，你就不再是忠臣了。"

【受谗而死】

高宗即位后，长孙无忌被拜授为太尉，并兼任扬州都督。永徽二年（651），长孙无忌监修国史。高宗曾经对群臣感叹说，自己广开言路，虽然上奏的人很多，但可以采纳的建议很少。长孙无忌对答道，尽管如此，仍然应该广开进谏之路，以免民情不能上达于朝廷。当时，长孙无忌身居舅父的位置，多次进献计谋，高宗无不顺从采纳。

永徽六年，高宗想立武昭仪为皇后，长孙无忌始终不同意，高宗于是暗中派遣使者，赐给长孙无忌很多金银宝器，试图取悦他。武昭仪的母亲杨氏也亲自谒见长孙无忌，多次求情。当时，礼部尚书许敬宗也多次为武昭仪求情，被长孙无忌厉言拒斥。然而，高宗最终没有听取他的劝谏，将武氏立为皇后。武皇后因为长孙无忌接受了重赏却不帮助自己，因此怀恨在心。显庆四年（659），中书令许敬宗密奏高宗，声称监察御史李巢勾结无忌，企图谋反，高宗下令许敬宗和侍中辛茂审理此案。于是编造出长孙无忌谋反的供词，并请求高宗将他收捕入狱。高宗哭着说："我决不忍心将舅父治罪，否则，后代的良史都要说我不能善待亲戚。"然而许敬宗却危言耸听，再次向高宗进谗言。于是高宗没有亲自审问长孙无忌谋反的事由，就听信了许敬宗的谗言，剥夺了长孙无忌的官爵，将他流放到黔州。不久，许敬宗和吏部尚书李义府派遣大理正袁公瑜，前往黔州重新审讯长孙无忌谋反的情况，袁公瑜逼着他自缢而死。上元元年（674），皇帝下诏恢复了长孙无忌的官爵。

论 赞

史臣曰：高士廉富有才识，声望卓绝，行为操守都毫无瑕疵，能够始终持守群臣之义，使子孙得以承袭爵位。他是社稷之臣，劳苦功高；而受到的封赏，也是很隆厚的。长孙无忌本是大姓豪族，是才智出众的英雄豪杰，又立下太子，安定社稷，功勋是何等卓绝啊。等到皇后被废黜后，他不肯阿附圣旨，而要报答先帝的顾托之命，最终受到许敬宗的谗害。哎！忠信之人获罪，古往今来都是难免的。他无辜被杀，又被灭族，这是君主昏暗、臣下奸恶的后果啊。

房玄龄 杜如晦列传

旧唐书 ●列传●

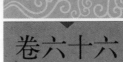

房玄龄和杜如晦是唐太宗贞观年间的名相，被后世称为"房谋杜断"。房玄龄幼时就聪慧异常，后来跟随秦王平定天下，并为秦王密谋玄武门之变。李世民即位后，对大臣论功行赏，他功劳最多，被唐太宗任命为宰相。他在任上奉公尽职，知人善任，深受太宗的倚重，并备受尊崇。杜如晦出身卑微，由于房玄龄的举荐，而受到秦王的重用，和房玄龄一起，是玄武门之变的主要谋划者之一。

【峥嵘少年房玄龄】

房乔，字玄龄，齐州临淄人氏。房玄龄幼时就很聪敏，博览经史，并擅长写草隶书，文章也写得很好。他的父亲房彦谦是隋朝的泾阳县令，他曾经跟随父亲来到京师，当时天下太平，人们都说国运将永世无穷，房玄龄却避开身边的人，告诉父亲说："隋朝皇帝本来没有功劳德行，却欺骗老百姓，皇子之间又互相倾轧，崇尚淫靡奢侈的生活，现在虽然太平无事，但亡国已经不远了。"房彦谦听后大为惊奇，觉得儿子见识非凡。

房玄龄十八岁时，本州推荐他为进士，被任命为羽骑尉。吏部侍郎高孝基向来以知人著称，见到他后，大加赞赏，对裴矩说："我阅人无数，还没有见过像他这样的。他将来必成大器，可惜的是，我看不到这一天了。"他的父亲生病一百多天，房玄龄喂食喂药，极其孝顺。父亲去世后，他整整五天都不吃不喝。后来，他被补授为隰城尉。

【辅佐秦王】

适逢高祖举兵，太宗攻取了渭北等地，房玄龄前来谒见，温彦博又大力推荐。太宗和他刚刚见面，就如同故人一样，任命他为渭北道行军记室参军。房玄龄得逢知己，于是为太宗竭心尽力。每次攻克敌军后，众人都忙着求取珍玩宝物，唯独房玄龄却招揽人才，做他的幕僚。遇到谋臣猛将时，就和他们倾心交结，让他们竭诚效力。

隐太子李建成见太宗功高德众，于是心生猜忌。太宗曾经到隐太子的宅第吃饭，食物中被下了毒药，手下将领们都很害怕，毫无对策。房玄龄找到长孙无忌，建议早做防备，时机成熟时先下手为强。长孙无忌赞同他的意见，于是入内告诉了太宗。太宗功劳最大者，并封房玄龄为邢国公。太宗的堂叔父李神通不服，认为房玄龄不过只是刀笔吏罢了，太宗却说：房玄龄就如同汉代的萧何，出谋划策，功不可没。群臣这才服气。

【治世名相】

贞观四年，房玄龄任尚书左仆射职位，并监修国史。他统领百官之后，日夜操劳，为朝廷竭诚尽智。看到别人的优点，就如同自己也有一样。他通达政务，审定法令，为政宽平，任用人才从不求全责备，也不分高低贵贱，因此被人们誉为良相。偶尔受到太宗的责备时，他就连日到朝堂叩头请罪，惭愧不安。贞观十三年，房玄龄被加授为太子少师，他多次上表，请求辞掉仆射之职，太宗都不允许。皇太子想要向他行礼，房玄龄却非常谦卑，不肯受礼。有识之士都称赞他为人谦让。

太宗非常欣赏房玄龄的才能。贞观二十一年，唐太宗来到翠微宫，任命司农卿李纬为民部尚书。房玄龄当时留守京城，适逢有人从京城前来，太宗问道："房玄龄听说李纬被任命为尚书，有什么看法呢？"来人回答说："房玄龄只说李纬的胡须好，此外就没有别的话了。"太宗于是立刻改任李纬为洛州刺史。

【生荣死哀】

贞观二十三年（649），太宗来到玉华宫，适逢房玄龄旧病发作，太宗

房玄龄像

召见房玄龄，让他和幕僚杜如晦同心协力，谋划此事。房玄龄在秦王府中任职十多年，处事非常能干称职，文案奏章常常堆积如山，但他转眼间就能将它们批答应对完，文辞也很简洁恰当。高祖知道后，曾经在侍臣面前称赞他的才干。

房、杜两人因为受到太宗的重用，隐太子对此心怀憎恨，于是向高祖进谗言，将他们驱逐出秦王府。隐太子即将叛乱时，太宗赶紧命令长孙无忌召见房玄龄和杜如晦，让他们穿着道士服，悄悄进入府中商量大事。贞观元年（627），太宗论功行赏，将房玄龄、长孙无忌、杜如晦、尉迟敬德、侯君集五人列为

🔊 杜如晦像

下诏，让他卧床统领留守事务。后来，房玄龄逐渐病重，太宗赶紧让他乘坐担舆，来到玉华宫。太宗看着他流下泪来，房玄龄也哽咽不已。太宗下令派名医治疗，又派人供奉御膳。听说他的病情有好转，太宗面露喜色；听说病情转重，太宗就脸色凄怆。房玄龄于是对儿子们说："我的病情越来越重，而皇上的恩情越来越深，如果辜负皇上，就死有余辜了。如今天下太平无事，唯独连年对高丽用兵，是国家的隐患。皇上含怒做出的决定，群臣不敢犯颜直谏；我知道弊病却不

说，就会含恨于地下了。"于是，房玄龄向太宗上表，请求停止讨伐高丽。

太宗见到他的奏表后，对房玄龄的儿媳高阳公主说："他病危至此，还在忧心国事。"房玄龄病情转重，于是太宗凿穿禁苑的苑墙，开一扇门，多次派遣使者前去探望。后来太宗又亲自探望他，握着手和他诀别，悲不自胜。当天，皇帝就任命他的儿子房遗爱为右卫中郎将，房遗则为中散大夫，使他在世时就看见儿子的显贵。不久，房玄龄就去世了，享年七十岁。太宗为他罢朝三天，并追赠他为太尉、并州都督，谥号为文昭，并陪葬昭陵。

▶ 【佐命功臣杜如晦】

杜如晦，字克明，京兆杜陵（今陕西西安南郊）人。他幼时便聪明颖悟，喜欢研读文史。隋朝大业年间，他参加官员选拔，受到吏部侍郎高孝基的器重，高孝基对他说："你有应变之才，日后将是国家的栋梁之才，希望你能够继续持守美德。现在暂且委屈你做小官，得到点微薄的俸禄吧。"于是杜如晦被补授为滏阳（今河北磁县）尉，不久他便弃官而去。太宗平定京城后，他被擢拔为秦王府兵曹参军，后来又被擢升为陕州总管府长史。当时秦王府人才济济，很多人都被迁任外官，太宗因此忧心忡忡。记室参军房玄龄说："虽然很多幕僚都离去了，但他们都不足为惜。杜如晦聪明能干，洞达事理，有辅佐帝王

的才干。如果大王只想做藩王，就用不着他；但如果大王想图谋天下，就非用此人不可。"太宗大为惊诧，说："你不说，我几乎就失去此人了！"于是将他任命为府中幕僚。后来，太宗征讨薛仁杲、刘武周、王世充、窦建德等人，都依赖他的谋划。当时军国事务繁多，杜如晦都能妥善加以处理，因此很受同辈的佩服。天策府建立后，太宗任命他为从事中郎，当时被画在凌烟阁的十八个功臣中，杜如晦列在首位。

隐太子李建成对杜如晦心怀顾忌，曾经对齐王李元吉说："秦王府中令人害怕的，只有杜如晦和房玄龄而已。"于是向高祖进谗，杜如晦于是和房玄龄同时被贬逐。后来，他又偷偷潜入秦王府，为秦王谋划。玄武门之变成功后，他因为功劳被擢升为太子左庶子，不久就迁任兵部尚书，并加封蔡国公。

【君臣情深】

贞观二年（628），他代理吏部尚书之职，并总监东宫的兵马事务，为官非常称职。次年，他接替长孙无忌，担任尚书右仆射，仍主持官吏选拔事务，和房玄龄共同执掌朝政。有关台阁制度、礼乐典章等事，都是他们两人筹划的，深受时人的赞誉，被誉为良相，至今仍号为"房、杜"。杜如晦认为高孝基有知人之能，为其树立神道碑，以称颂他的功德。这年冬天，杜如晦生病了，于是上表太宗，请求辞官，太宗答应了他的请求，但他的俸禄赏赐还是和以前一样。太宗很为他的疾病担忧，多次派使者探问，派名医为他治疗，并为他送去良药。贞观四年，杜如晦病情加重，太宗下令让皇太子前往杜府探望，太宗也亲自前来问疾，抚摸着他的脊背，流下泪来。为了让他活着时看见儿子得以显贵为官，于是破格提拔他的儿子杜构为尚舍奉御。不久，杜如晦就去世了，太宗得知死讯后，哭得很伤心，为之罢朝三日，并追赠他为司空，改封莱国公，谥号为成。

论赞

史 臣曰：房玄龄和杜如晦两人，都有命世之才，并有幸遇上开明的君主，于是竭尽心力，为他出谋划策，使国家成为升平之世。人们将他俩比做西汉的萧何、曹参，的确很恰当啊！然而杜如晦之所以受到太宗重用，是由于房玄龄的举荐。世人传言说，太宗曾经与房玄龄商议国事，房玄龄说："除了杜如晦，没有人能够筹划此事。"等到杜如晦来到后，最终却依从了房玄龄的计策。原来房玄龄知道杜如晦能够决断大事，杜如晦知道房玄龄善于陈献良策，两人相辅相成，齐心协力，因此政事毫无过失。如果以往昔的贤哲来作比，房玄龄就像管仲、子产，杜如晦就像鲍叔、罕虎。

李靖列传

李靖是隋朝太守之后，年轻时即富有文韬武略。大业末年，李靖担任隋朝郡丞，察觉到李渊有异志，准备到朝廷告发，却没有成功。后来李渊攻克京师，准备将他斩杀，因为欣赏他的胆识，于是召入幕府。此后，他戎马一生，先后平定萧铣、辅公祏，扫平突厥，之后他因患脚病告退，但吐谷浑进犯时，又再次出征打退吐谷浑，为唐朝巩固江山立下汗马功劳。

▶【被赦入幕府】

李靖本名药师，是雍州三原人。父亲李诠，是隋朝赵郡的太守。李靖相貌英俊，身材魁梧，年轻时就具有文韬武略，他曾经对亲近的人说："大丈夫如果生而逢时，遇上明主，一定能建功立业，谋取富贵。"他的舅舅——名将韩擒虎，每次和他谈论兵法，都对他称赞有加，说："可以和我谈论孙、吴之术的，只有这个人。"李靖最初做官担任隋朝长安县的功曹，后来历任驾部员外郎。左仆射杨素、吏部尚书牛弘很善待他。杨素曾经拍着自己的床对李靖说："你最终要坐到这里。"

大业末年，李靖升任马邑（今山西朔州）郡丞。恰逢高祖在塞外抗击突厥军队，李靖观察高祖，知道他有平定天下的志向，于是准备前往朝廷告发，结果走到长安，因为道路不通而作罢。高祖攻克京城后，将李靖捉拿准备处斩，李靖大呼道："您兴义兵，本来是要为天下除暴安良，难道现在

❺ 李靖像

却不想成就大事，反而因为私怨斩杀壮士吗？"高祖见他很有胆识，加上太宗坚决为他求情，于是赦免了他。不久太宗将他召入幕府。

▶【平定萧铣】

武德三年（620），李靖跟随太宗征讨王世充，因功被任命为开府。当时萧

铣占据荆州，高祖派遣李靖前去招抚。李靖到达硖州后，被萧铣阻拦，军队很长时间停滞不前。高祖很生气，暗中让硖州都督许绍杀死李靖。许绍怜惜他的才能，为他请命，李靖才得以幸免。碰巧开州蛮首冉肇则率兵攻打夔州（今四川奉节），赵郡王李孝恭和他交战失利。于是李靖率领八百兵士，攻破他的营垒，后来又在险要之处设下埋伏，斩杀了冉肇则，俘获五千余人。高祖很高兴，对身边的人说："我听说用有功之人不如用有过之人，这在李靖身上果然得到了体现。"于是下诏慰劳李靖说："你竭诚尽力，功勋卓著。我一定会加以重赏，你无须担心日后富贵。"又亲笔写下敕令说："既往不咎，以前的事我早就已经忘记了。"

第二年十月，萧铣的将领文士弘率领几万精兵屯驻在清江，李孝恭想要攻打，李靖劝阻他说："文士弘是萧铣的骁将，士卒勇猛，现在他们刚丢了荆门，全军出战，势不可当。我军应停留在南岸，避其锋芒，等到他士气衰落，再奋力一击，必定攻破他。"李孝恭不听，让李靖守营，自己则率军和文士弘交战，李孝恭果然战败，逃到南岸。文士弘的兵士弃船大肆抢掠，掠获的东西都背在身上，军队混乱。李靖趁机率领士兵发动进攻，缴获四百余艘舰船，敌军被斩杀和淹死将近万人。

李孝恭派李靖率领五千轻兵做先锋，到达江陵，在城下扎营。文士弘战败，萧铣十分惊惧，开始在江南征兵，却来不及赶赴战场。李靖又打败他的骁将杨君茂和郑文秀，俘虏士兵几千人，并率兵围困萧铣驻守的城池。萧铣被逼无奈，第二天派遣使者前来投降。李靖率军进入城内，号令严肃，军士不得抢掠。当时诸将都请求李孝恭说："萧铣的将帅和官军顽抗而死，罪孽深重，应该没收他们的家产用来犒赏将士。"李靖劝阻说："百姓被逼而抗战，并非出于自身意愿，如今刚平定荆、郢二州，应该表示宽大，以此抚慰人心。投降了还没收他们的家产，不是义举，只怕从此其他的城镇会坚守不降。"李孝恭听从了，此后长江汉水流域的官吏将领纷纷投降。李靖因功被封永康县公，赐物二千五百段。皇上下诏任命他为检校荆州刺史，并允许他秉承皇帝旨意拜授官职。

【攻克辅公祏】

武德六年（623），辅公祏在丹阳叛乱，皇上下诏任命李孝恭为元帅、李靖为副元帅征讨他。军队到达舒州，辅公祏命水军将领冯惠亮和步兵将领陈正通分别屯驻在党徒和青山，互为掎角之势。李孝恭召集部将商议对策，众人都请求避开锋芒，转而进攻辅公祏的老巢丹阳，李靖却说："这水陆二军固然强盛，但辅公祏自己统率的兵士也十分劲勇。如果我军到达丹阳后，久攻不下，那么前有辅公祏未平定，后有冯惠亮，就会腹背受敌。辅公祏现在让两军坚守不战，是想拖垮我们的军队。现在出其不意地攻打冯惠亮，是唯一的办法。"于是李靖率领黄君汉等人先进攻冯惠亮，经过苦战将其打败。接着率领轻兵到达丹阳，辅公祏惊骇不已，派遣伪将左游仙领兵守卫会稽，自己却带兵逃跑，结果在吴郡，与水陆两军将领相继被擒获，于是江南全部平定。高祖设置东南道行台，拜授李靖为行台兵部尚书，赐给他财物马匹和奴婢。后来行台废除，又检校扬州大都督府长史。丹阳连年战乱，百姓凋敝，李靖实行安抚政策，吴、楚于是安宁。

● 李靖故居望月楼

【扫平突厥】

太宗即位后，拜李靖为刑部尚书，赐实封四百户。贞观三年（629），转任兵部尚书。突厥各部叛离，朝廷任命李靖为代州道行军总管，进攻突厥，李靖率领骁勇的骑兵三千，从马邑出发，出其不意直奔恶阳岭，进逼突厥。颉利可汗看到唐军突然到来，非常惊慌，说："唐军若不是倾巢而来，李靖怎敢孤军深入？"李靖探知这一消息，秘密派人前去离间可汗君臣，颉利可汗的心腹康苏密前来投降。次年，李靖攻破定襄，擒获隋齐王杨暕的儿子杨正道以及隋炀帝的萧皇后，送到京师，颉利可汗只身脱逃。李靖因功晋封代国公，太宗厚赐宝物玉器。太宗曾对他说："往日李陵率领五千兵士，还难免投降匈奴，如今你仅以三千轻骑深入虏地，攻克定襄，威震北狄，这是前所未有的奇迹，足以洗刷当年渭水之战的耻辱。"

自从李靖攻破定襄后，颉利可汗大惧，退守铁山，并派使者入朝请罪，举国投降。皇上任命李靖为定襄道行军总管，前去迎接颉利可汗。颉利可汗虽然表面投降，但内心却犹疑不决。这年二月，太宗派遣鸿胪卿唐俭、将军安修仁前去晓谕抚慰他，李靖揣摩到颉利可汗的心思，对将军张公谨说："朝廷使者到达后，突厥人必然感到宽心。可以挑选一万精锐骑兵，带上二十天的粮草，从白道发动袭击。"张公谨说皇上下诏接受投降，而且朝廷的使者在那里，此时不应该讨伐。李靖说："机不可失，像唐俭之类的人，没什么好可惜的。"于是下令快速行军，到达阴山的时候，遇到突厥巡逻兵一千多人，全部俘获。颉利可汗见到使者，很高兴，却未料想官兵跟随而来。他害怕官兵的威力转而逃跑，部众因而溃散。颉利可汗骑乘千里马逃向吐谷浑，西道行军总管张宝相将他活捉献给了朝廷。不久突利可汗前来投降，于是朝廷又拓展了阴山以北直到大漠的大片疆域。

太宗听说李靖击破颉利可汗，十分高兴，告诉侍臣说："以前国家刚建立的时候，太上皇考虑到百姓的安稳，向突厥俯首称臣，我痛心疾首，立志要灭掉匈奴，坐不安席，食不知味。现在算是雪了当年的耻辱！"于是大赦天下，赐百姓大宴五天。御史大夫温彦博嫉妒李靖的功劳，造谣说李靖军无纲纪，致使匈奴的奇珍异宝，散落在乱兵手里。太宗大加责备，李靖不加辩白，叩头谢罪。很久之后，太宗说："隋将史万岁打败达头可汗，反而被治死罪，朕不想这样，要赦免你的罪过，记下你的功勋。"下诏加封李靖为左光禄大夫，不久加封为尚书右仆射。

贞观八年（634），太宗下诏任命李靖为畿内道大使，伺察风俗。不久李靖因脚病上表请求告退，言辞恳切。太宗派中书侍郎岑文本告诉他说："古往今来，富贵能知足的人很少。不论是愚人，还是明智之士，都缺少自知之明，没有才干的人强占着职位不让，即使身患有病，也勉强任职。您识大体，我不仅要成全你的雅志，还要将你树为一代楷模。"于是特诏表彰他，加授特进，厚加赏赐，让他病情好转的时候到门下、中书平章商议政事。贞观九年正月，太宗赐给他一根灵寿杖，以减轻脚病带来的不便。

【苦战吐谷浑】

不久，吐谷浑侵犯边境，太宗环顾侍臣们说："要是有李靖为帅就好了！"李靖于是拜见房玄龄，表示愿意再次出征。太宗大悦，任命李靖为西海道行军大总管。大军进入伏俟城，吐谷浑下令烧光野草，让唐军没有粮草。将士们都说春草未生，马匹羸弱，不能作战，只有李靖坚持进攻，深入敌境。两军大战几十个回合，吐谷浑的军队伤亡严重，其部将于是杀掉恩德可汗投降。当初，利州刺史高甑生担任盐泽道总管，延误了军期，李靖按军令责罚他，遭到高甑生怨恨。这时，高甑生和广州都督府长史唐奉义诬告李靖谋反。太宗让人审查此事，最终高甑生等人因诬告获罪。李靖从此闭门不出，谢绝见客，即使亲戚也不能随便进入。

【晋封卫国公】

贞观十八年，皇上晋封李靖为卫国公。后来太宗将要讨伐辽东，李靖希望能再次出征。太宗怜惜他年老体弱，没有答应。贞观二十三年，李靖病逝，终年七十九岁。太宗追赠他为司徒、并州都督，许他在昭陵陪葬，谥号景武。

论赞

史臣曰：近代可称为名将的人，当属英国公和卫国公两人，他们的确是凌烟阁上的功臣之首。卫国公是将门子弟，颇有他舅父的遗风。临战出兵，凛然威武，又善于决断。功成名就的时候却谦逊有加。若将他的名字铭刻在鼎钟中，丝毫不逊于耿弇、邓禹。

尉迟敬德 秦叔宝列传

旧唐书

●列传●

尉迟敬德是唐太宗手下的一员猛将。他在大业末年从军，做官做到朝散大夫。后来归顺刘武周，和宋金刚内侵，攻陷了晋州和浍州，又打败永安王李孝基。武德三年，唐太宗征讨刘武周，尉迟敬德举城投降。太宗任命他为右一府统军。他跟随秦王李世民先后征讨窦建德、刘黑闼，战功赫赫，且多次救秦王于危难之时。武德九年，玄武门之变，他助李世民夺取帝位，广受赏赐恩宠，被封为鄂王，位列凌烟阁二十四功臣。他晚年信方术，闭门不出，死后陪葬昭陵。

▶【猛将尉迟敬德】

尉迟敬德，朔州善阳人。大业末年，他在高阳从军，讨伐追捕群盗，以勇猛闻名，多次升官后做了朝散大夫。刘武周起兵后，让他担任偏将，和宋金刚一起向南进犯，攻克晋、浍两州。接着尉迟敬德率兵深入，到夏县接应吕崇茂，打败永安王李孝基，擒获独孤怀恩、唐俭等人。武德三年，唐太宗在柏壁征讨刘武周，刘武周下令尉迟敬德和宋金刚在介休县抗击唐兵。宋金刚战败逃往突厥，尉迟敬德召集残余部队，据守介休。太宗派任城王李道宗、宇文士及前去劝谕，尉迟敬德于是举城投降。太宗很高兴，在府中设宴款待他，并举荐他做了右一府统军，跟随他到东都攻打王世充。

不久刘武周手下的降将发动反叛，唐军将领们疑心尉迟敬德也会反叛，于是将他关押在军中。行台左仆射屈突通等人都说："尉迟敬德新近投降，感情上还没有完全归顺，现在既然被猜疑关押，必然心怀不满。他勇猛异常，留下他恐怕会有后患，请马上杀掉他。"太宗不同意，说尉迟敬德若想反叛，早就行动了。于是将他释放，带入卧室，赏赐给他金银珠宝，并对他说："大丈夫以意气为重，请不要因为小小猜疑而心怀芥蒂。我不会听信谗言陷害忠良，希望你能体察。现在如果你要离开，请拿上这些财物作路费，算是略微表示我们一起共事的情分。"当天，尉迟敬德跟随太宗在榆窠打猎，巧遇王世充率领几万人前来交战。王世充的骁将单雄信率领骑兵直冲向太宗，尉迟敬德大呼一声，策马飞迎上去，将单雄信刺下马去。随后，尉迟敬德保护太宗突围而出，又率领骑兵和王世充交战，几个回合之后，敌军大败。太宗对尉迟敬德说："众人都说你要反叛，上天诱导我独自为你申辩，福善有征兆，我这么快就得到了回报！"特地赏赐他一箱金银，此后更对他恩宠有加。

尉迟敬德擅长避让马槊，他每次单骑冲进敌阵，很多槊同时刺向他，都不能刺中，他反倒能夺下敌人手中的槊反刺回去。齐王李元吉也擅长使用马槊，听说后不以为然，要和他亲自比试，叫人取下槊刃用竿相刺。尉迟敬德说："你即使加上槊刃，也伤不了我，所以不用取下槊刃，不过，我会取下我的槊刃，以免伤害你。"李元吉始终没能刺中他。太宗问夺槊和避槊哪个更难，有人回答说夺槊难，于是太宗命令尉迟敬德夺回李元吉的马槊。一会儿工夫，尉迟敬德三次夺下李元吉手中的槊。李元吉一向骁勇，虽然表面上对此赞叹不已，内心却认为是奇耻大辱。

🔶 尉迟敬德像

【战功卓著】

后来窦建德在板渚扎营，太宗先派李勣、秦叔宝等人设下埋伏，然后和尉迟敬德到窦建德的营垒外大声呼喊着挑战。窦建德十分惊慌，派出几千骑兵，太宗和尉迟敬德边打边退，将窦建德引入埋伏。李勣等人奋力攻打，窦建德大败。王世充的侄子伪代王王琬当时正出使窦建德军中，他骑着隋炀帝曾经骑乘的骢马，铠甲鲜艳，炫耀地站在众人前面。太宗说："他骑乘的是真正的好马。"尉迟敬德请求前去夺回，于是和高甑生、梁建方三人骑马直冲敌阵，活捉王琬，牵着他的骢马返回，敌军没有人敢阻挡。

尉迟敬德跟随太宗在临洺征讨刘黑闼时，太宗被刘黑闼大军包围，尉迟敬德又率领壮士冲进敌阵，将太宗解救出来。后来他还跟随太宗攻破徐圆朗。因多次立下战功，他被授任为秦王府左二副护军。

【拥立秦王】

　　隐太子李建成、巢刺王李元吉要谋害太宗，暗中送信给尉迟敬德，想要招抚他，并赠给他一车金银器物。尉迟敬德推辞不受，回复说："我出身卑微，到处流窜，无处藏身，秦王对我有再生之恩，我唯有以身报恩。我对殿下无功，不敢接受您的赏赐。如果我私下应允了您，就是见利忘义，对您又有什么用呢？"李建成大怒，从此和他绝交。不久，尉迟敬德将这件事报告给太宗，太宗说："你的忠心坚如磐石，我都知道。他送来的东西你只管收下，否则恐怕自身难保。况且由此也知道了他们的阴谋诡计，实在是好办法。"后来，李元吉等人果然派壮士刺杀尉迟敬德。尉迟敬德知道他们的诡计，于是将门全部打开，平静地躺着不动，刺客多次来到他的庭前，始终不敢进入。李元吉又在高祖面前诬告他，高祖下诏将他收监审讯，准备杀他，太宗坚决劝谏才得以宽免。

　　恰逢突厥侵扰乌城，李建成举荐李元吉为将，秘密谋划让太宗一同到昆明池送行，趁机加害于他。尉迟敬德得知他们的诡计，立即和长孙无忌报告太宗说："大王若不赶紧采取措施，就会被害，国家就危在旦夕啊。"太宗长叹说："太子、齐王的用心，众人皆知。我虽然被猜忌，祸在眼前，

☯ **秦琼像**

但顾念手足之情，不忍心动手。想等他们先行动，然后以道义讨伐他们。"尉迟敬德说："您这样做，虽然保全了仁爱之情，却是置国家大事于不顾。依照我的愚见，应该先诛杀他们。大王如果不听，我和长孙无忌就要一同逃命去了，不想坐以待毙。"太宗犹豫不决，尉迟敬德说："您这样优柔寡断，临难不决，是不智不勇。您即使不听从我的话，也请您自行计议，国家社稷怎么办？您自身性命又怎么保全？而且在外面的八百多名勇士都已经进宫，全副武装，形势已定，大王怎能推辞？"尉迟敬德又和侯君集日夜规劝，终于定下大计。

　　当时房玄龄、杜如晦都被高祖赶出秦王府，不允许再进去。太宗让长孙无忌秘密召回他们，房玄龄等人担

心招致杀身之祸，不敢前来，太宗大怒，对尉迟敬德说："难道他们背叛我了吗？"于是取下佩刀交给尉迟敬德，让他再去延请，若他们不来就带回他们的首级。尉迟敬德和长孙无忌开导房、杜两人，让他们赶紧回秦王府，并建议四人分路而行，于是房玄龄、杜如晦穿着道士的衣服跟着长孙无忌进府，尉迟敬德则走别的路回去。

玄武门之变当日，李建成死后，尉迟敬德带领七十名骑兵随后赶到，李元吉骑马逃向东边，尉迟敬德左右的人将他射落。太宗的坐骑受惊跑进树林，太宗落马起不了身。李元吉马上跑过来夺他手中的弓，想用弓箭扼死他，幸亏尉迟敬德策马及时赶来。李元吉于是徒步向武德殿逃去，被尉迟敬德射杀。东宫和齐王府的将领薛万彻等人率兵屯驻在玄武门。尉迟敬德拿出李建成、李元吉的首级给他们看，他们这才散去。这时，高祖在海池泛舟。太宗命令尉迟敬德前去保护高祖。尉迟敬德身披铠甲手持长矛，径直来到高祖的住所。高祖大惊，问他来做什么，尉迟敬德回答说："秦王因为太子、齐王作乱，已经将他们诛杀，担心陛下受到惊扰，所以派我守护您。"高祖这才安心。

当时南衙、北门兵马和二宫左右的人仍然在混战，尉迟敬德奏请高祖颁发手敕，下令各路兵马都归秦王统领，内外这才安定。太宗入住东宫，授任尉迟敬德为太子左卫率。议事的人认为应该将李建成身边的人一起治

罪抄没，只有尉迟敬德坚决反对，说："两个元凶已经被杀，如果再追究党羽，国家将不稳定。"于是赦免了他们。太宗论功行赏，尉迟敬德和长孙无忌功劳最大，各赐绢一万匹；齐王府的财币器物、被查封的全部宅邸，全部赐给尉迟敬德。

【亢直骄妄】

贞观元年（627），尉迟敬德被任命为右武侯大将军。这时突厥入侵，尉迟敬德又奉命击退了突厥军队。他亢直敢言，依仗自己的功劳，每次看到长孙无忌等人有过失，一定要在朝廷上当面指斥辩论，因此和宰相不和。贞观八年，他经过多次升迁后，担任同州（今陕西大荔）刺史。一次，他在庆善宫参加宴饮，当时有人坐在他的上首，尉迟敬德生气地说："你有什么功劳，配坐在我的上首？"任城王李道宗劝解他，尉迟敬德勃然大怒，几乎把李道宗打瞎。太宗不高兴地中止了宴席，对尉迟敬德说："我读汉史，看到汉高祖的功臣保全性命的很少，心中常常责怪他。我登上皇位后，总想要保全功臣，让他们子孙不断绝。然而他们常常违反国法，我这才知道韩信、彭越被杀，不是汉高祖的罪过。国家大事，赏赐要分明，过分地恩宠是不行的，你应该努力提高自身修养，不要做下后悔的事情。"

贞观十一年，太宗授任尉迟敬德为宣州刺史，改封鄂国公。贞观十七年，尉迟敬德上表请求告退，

太宗任命他为开府仪同三司，让他初一、十五上朝议政。不久，他和长孙无忌等二十四人的肖像被画在凌烟阁上。

尉迟敬德晚年迷信神仙方术，他在家中设炉炼丹，服食云母粉，以求长生不老。又挖池筑台，用罗绮装饰，安享晚年，同时和外界断绝往来十六年。显庆三年（658），尉迟敬德去世，终年七十四岁。唐高宗为此废朝三日，令在京五品以上官员都去参加吊唁，同时册赠尉迟敬德为司徒、并州都督，谥号忠武，陪葬昭陵。

【秦叔宝勇袭卢明月】

秦叔宝名琼，齐州历城（今山东济南）人。大业年间，他在隋朝担任来护儿的部将。秦叔宝的母亲去世，来护儿派遣使者前去吊唁，军吏感到奇怪，说："士兵中死亡或者丧亲的人太多，将军为什么唯独要去秦叔宝家吊唁呢？"来护儿回答说："这人勇猛彪悍，又有志向，日后必定富贵，怎能和卑贱之人一样对待呢？"

隋朝末年，叛军四起，秦叔宝跟随通守张须陀攻打叛将卢明月。敌军有十多万人，而张须陀统率的不过上万人，力量悬殊，只得远远扎营。两军相持十多天后，张须陀的军队缺少粮食，准备撤退，张须陀说："敌军看到我们撤兵，必然来追击，如果趁他们营内空虚，派人出击，一定能大胜。"众将都不说话，只有秦叔宝与

🔴 **唐太宗屏风帖**

《屏风帖》为太宗于贞观十四年所书，原书有十一幅，真、草二体，绢素本，后来逐渐流失，真书已不可复见，草书也已经残缺不全。此书笔力遒劲，气势流畅，章法布局则奇正错落，大小参差，字里行间，有锋颖秀发之气，是不可多得之佳品。

罗士信请命前去偷袭。于是张须陀下令撤退，暗地派遣二人分别领兵一千人埋伏在芦苇丛中。卢明月果然率兵追击，秦叔宝与罗士信飞奔至卢明月的营寨，翻越营栅而入，左冲右突杀掉几名士兵，营中大乱。两人随即打开营门让士兵进入，纵火焚烧营寨三十多处，火光冲天。卢明月赶回营寨，张须陀又率兵掉头追击。卢明月大败，带领着几百个骑兵逃走，其余的兵众全部被俘虏。从此，秦叔宝以勇气远近闻名。

【屡易其主】

后来他又率先在海曲打败孙宣雅。多次立功，被任命为建节尉。他跟随张须陀在荥阳攻打李密，结果战败，张须陀战死，秦叔宝于是率领残兵归附裴仁基。裴仁基后来投降李密，李密得到秦叔宝很高兴，让他担任帐内骠骑。李密和宇文化及在黎阳童山大战时，被乱箭射中，落马晕倒。左右的人都各自逃命，追兵也即将赶到，只有秦叔宝留下来护卫，使他免于一死。秦叔宝又集合兵士，打退宇文化及。李密战败，秦叔宝投降王世充，被任命为龙骧大将军。但他看不起王世充为人奸诈，趁他出兵抗击官军的时候，来到九曲，和程知节等人向王世充辞行，投降了唐高祖。

【为唐征战】

高祖让他在秦王府任职，太宗早就听说他十分骁勇，因此厚加礼遇。他跟随太宗出征，攻破尉迟敬德，立功最多。高祖派人赐给他金瓶，加以慰劳说："你不顾妻子儿女，远道而来投奔我，又立下战功。我的肉若能给你食用，也一定会割下来赏赐给你，何况是奴婢玉帛？你要继续努力。"不久，授任秦叔宝为右三统军。后来，秦叔宝又跟随秦王攻破宋金刚，讨伐王世充，大败窦建德，平定刘黑闼，战功赫赫，太宗赏赐给他金银玉帛无数，封为翼国公。

秦叔宝每次跟随太宗出战，敌阵中总是有些精兵骁将炫耀示威，太宗很生气，就下令秦叔宝前去擒拿。秦叔宝应命而出，策马持枪，一定能将其人斩杀在阵前，敌军常常因此大受震慑，因而退兵，太宗因此更加器重他，他自己也以此为傲。

【多疾去世】

武德九年六月四日，秦叔宝跟随太宗诛杀李建成、李元吉。事后被拜为左武卫大将军，实封七百户。秦叔宝常常生病，他对人说："我从小在军营长大，前后打过二百多次仗，多次受伤。算起来我流的血总共也有几斛了，怎么能不得病呢？"秦叔宝于贞观十二年（638）去世，被追赠为徐州都督，陪葬昭陵。太宗特地下令在他的墓地刻立石人石马，以表彰他在战场上立下的功劳。贞观十三年，改封胡国公。贞观十七年，他和长孙无忌等人被画在凌烟阁。

论赞

史臣曰：尉迟敬德夺槊陷阵，鼓舞官兵士气，拒绝贿赂，回报恩德，对秦王竭忠尽力。然而他居功自傲，挥拳打人，实在不是自我保全之道，太宗的告诫，真是功臣们的良药啊。秦叔宝善用马槊，以寡敌众攻克敌人营垒，可谓勇猛。他们都是猛将谋臣，且能把握机会辨别时势。唐朝的兴起，都是依靠他们啊。

魏徵列传

徵是唐朝的名臣，以直言敢谏著称。隋朝大业末年，他担任武阳郡的掌管书记，后来归顺李密。李密投降唐朝后，他辗转来到长安，被太子李建成引为东宫僚属。玄武门之变以后，李世民由于器重他的胆识才能，非但没有怪罪于他，还将他任为谏官。魏徵性格耿直，敢言直谏，是中国历史上最负盛名的谏臣，也是凌烟阁二十四功臣之一。他一生节俭，死后也仅以布车运送灵柩，陪葬在昭陵。

【投降唐朝】

魏徵，字玄成，钜鹿曲城（今河北邢台巨鹿）人。他从小丧失父母，家境贫寒，但胸怀大志，不肯治理家业，出家当了道士。他喜好读书，涉猎广泛，看见天下大乱，尤其留意纵横家的学说。

隋朝大业末年，武阳（今河北大名东北）郡丞元宝藏举兵响应李密，召用魏徵掌管文书。李密每次批阅元宝藏的奏疏，都称赞不已，听说是魏徵所写，就召见魏徵。魏徵进献了十条计策，李密很赞赏却没有采用。王世充在洛口进攻李密，魏徵劝告李密的长史郑颋，建议挖沟垒墙，坚守不战，拖垮敌军，等敌军撤退时，再发动袭击。郑颋认为他的建议只是老生常谈，魏徵很生气，说："这是奇谋深策，怎么是老生常谈呢？"于是拂袖而去。

后来李密战败，魏徵跟随李密投降，到了京师，很久没有得到重用。

于是自己请命去安抚山东，被任命为秘书丞，乘驿马来到黎阳（今河南浚县）。当时徐世勣还在为李密带兵，魏徵给他写信，劝他早作决断，投降朝廷。徐世勣收到信后，决定派遣使者前去朝廷请降，并开仓运粮，馈赠给淮安王李神通的军队。

不久窦建德率兵南下，攻陷黎阳，俘获魏徵，任命他为起居舍人。窦建德被擒后，魏徵和裴矩向西进入关中。隐太子李建成知道魏徵的名声，任命他为洗马，非常礼遇他。魏徵见秦王的功业日益盛大，常劝告李建成早做防备。李建成失败后，太宗将他找来，问他为什么要离间他们兄弟，魏徵回答说："皇太子如果听从我的话，必然没有今日的杀身之祸。"太宗欣赏他的直言，于是让他担任詹事主簿。太宗即位后，擢升魏徵为谏议大夫，派他安抚河北，并允许他见机行事。到达磁州的时候，他碰到隐太子的千牛李志安、齐王护军李思行正被押往京城。魏徵认为这样对人心归顺不利，释放了李思行等人，并写表上奏，太宗很高兴。

【直言敢谏】

太宗刚刚即位，励精图治，多次在内室召见魏徵，询问他的意见。魏徵有治国之才，且性情耿直，无所畏惧。对于他的意见，太宗都欣然采纳。魏徵也很高兴遇到了知己，竭诚辅佐，知无不言，言无不尽，当年即升任尚书左丞。这时，有人奏告他私自提拔亲戚做官，唐太宗立即派御史大夫温彦博调查此事，结果查无证据。但唐太宗仍派人转告魏徵今后要远避嫌疑，以免惹出类似的麻烦。魏徵于是面奏说："我听说君臣之间，相互协助，义同一体。如果不讲秉公办事，只讲远避嫌疑，那么国家的前途，就无法预料了。"并请求太宗让自己做良臣而不是做忠臣。太宗询问忠臣和良臣的区别，魏徵答道："使自己身获美名，使君主成为明君，子孙相继，福禄无疆，这是良臣；自己身受杀戮，使君主沦为暴君，家国并丧，空有其名，这是忠臣。"太宗很赞同他的话。

贞观二年（628），魏徵升任秘书

魏徵字帖

魏徵精书法，太宗出御府金帛购天下古本，曾命魏徵、虞世南、褚遂良定真伪。

监，参与朝政。魏徵因为战乱之后，典章杂乱，上奏召集学者校定四部书。于是几年之间，府库的图书典籍，得以完备。

一次，太宗在丹霄楼上宴请群臣。酒兴正酣，太宗对长孙无忌说："魏徵、王珪过去为太子效力，现在我能提拔任用他们，可以说无愧古人了。但是每次魏徵进谏，如果我的意见和他不一致，他就不马上答应，这是为什么呢？"魏徵回答说："我认为事情有不妥之处，才会论辩进谏，我怎能随便答应？"皇帝问为什么不能当时答应下来，然后再陈奏讨论，魏徵回答说："往日舜帝告诫群臣说：'你们不要当面顺从，背后才说其他的意见。'所以我不能那样做。"皇帝大笑着说："人们说魏徵举止轻慢，我觉得他很好。"魏徵拜谢说："这是因为陛下擅长纳谏，否则我怎敢屡次冒犯龙威？"

魏徵自认为对国家无功，仅仅因为擅长辩说就参与朝政，担心自己骄傲自满，后来因眼病多次奏请辞让相位。太宗说："金子只有经过精心冶炼并锻造为器具，才会被人们所喜爱。

我就好比是金子，你是技艺精湛的工匠。你虽然有病，但尚未衰老，怎能就这样告退呢？"后来，魏徵又当面请求，太宗不得不顺从他的心意，拜授他为特进，让他主持门下省的事务。

魏徵又呈上四篇奏疏，陈说得失。太宗读过奏疏后，亲自下诏嘉奖，一一采纳。他曾经对长孙无忌说："朕刚即位的时候，有人上书说皇上得独自掌管大权，不能委任群臣属僚，又有人主张耀武扬兵，威慑降伏四方，只有魏徵劝我'息武兴文，广施恩德'。我听从他的建议，结果天下安宁。偏远之地的君长，都来朝贡，从异域前来的使者络绎不绝，这都是魏徵的功劳啊。"

贞观六年（632），群臣都请求太宗去泰山封禅，只有魏徵表示反对。

唐太宗问他："你不主张进行封禅，是不是认为我的功劳不够高，国家还不够安定？"魏徵回答说："陛下虽然德行功业都已具备，但自从隋末天下大乱以来，直到现在，百姓的生活尚未恢复，仓库也不丰实。而车驾东巡，千骑万乘，耗费巨大，沿途百姓承受不了。比如一个人病了十年，经过治疗，病固然好了，却已是皮包骨头，如果要他负重前行，每天走一百里，怎么可能呢？隋朝的战乱不止十年，您是良医，已经将疾病治好，但现在就向天地报告大功告成，实属不妥。况且陛下封禅，万国的使者和远夷的君长必然也要扈从。而如今中原一带，人烟稀少，灌木丛生，他们看到中国如此虚弱，岂不产生轻视之心？如此仅图虚名而受实害的事，陛下为什么要干呢？"太宗无言以对。右仆射的职位空缺，太宗想让魏徵担任，魏徵坚辞不受。

皇太子李承乾言行不谨，缺乏德行，魏王李泰却日益受到恩宠，内外百官都有疑虑。太宗听说后非常厌恶，对侍臣说："当今的朝臣，数魏徵最为忠诚正直，我让他去辅佐皇太子，免得天下人说闲话。"贞观

十六年，拜授魏徵为太子太师。魏徵自称有病辞让，太宗下诏答复说："我知道你有病，你可以卧床辅助他。"

【因病去世】

这一年，魏徵病危，太宗派宦官不断地前去探望。魏徵的住宅没有正寝，太宗本来想为自己修建小殿，于是停止建造，将材料用来为魏徵修建正寝，五天后完工。太宗又派宦官带上粗布被褥赐给他，投其所好。魏徵病情加重，太宗两次到他的家中探望，流着泪抚慰他，问他有什么要说的，魏徵说："寡妇不担忧织布的纬线，而担心宗周的灭亡。"几天之后，太宗夜里梦见魏徵和平常一样，天亮的时候，有人上奏说魏徵去世，终年六十四岁。太宗亲自前去吊唁恸哭，停止朝会五天，追赠为司空、相州都督，谥号为文贞，让他陪葬昭陵。将要送葬的时候，魏徵的妻子裴氏说："魏徵一生节俭，现在以一品官员的礼节埋葬他，太过隆重，这不是他的心愿。"于是用布车载着灵柩，没有任何文彩之饰。太宗登上苑西楼，望着丧车远去而哭，下令百官送出郊外，又亲自撰写碑文，书写了碑石。

【太宗挂怀】

此后太宗仍常常思念魏徵，曾经在朝堂上对侍臣说："以铜为镜，可以端正衣冠；以古为镜，可以懂得兴衰；以人为镜，可以明白得失。朕时常保留着这三面镜子，以防产生过失。

现在魏徵不在，我失去了一面镜子！魏徵死前留下一份表奏的草稿，字迹难以看清，只有前几行稍稍可以辨认，说：'天下的事情，有善有恶，任用善人则国家平安，任用恶人则国家混乱。公卿之内，感情上有爱有憎。但如果爱而能知其恶，憎而能知其善，摒弃邪恶不动摇，任用贤人而不猜疑，天下就可以兴盛。'这实在不易做到。公卿侍臣，可以把这写在笏板上，时常进谏。"

魏徵死后，他举荐的杜正伦因罪被罢免官职，侯君集因反叛被杀，太宗于是开始怀疑魏徵结交党羽。魏徵又曾自己抄录进谏的言辞，拿给史官起居郎褚遂良看，太宗知道后，更加不高兴。此前太宗许诺将衡山公主嫁给魏徵的长子魏叔玉，这时亲自下诏停婚，魏家于是逐渐衰落。

论赞

史臣曰：我曾经读过《魏公故事》，其中记录魏徵和太宗讨论政术，往复应对，总共几十万字。魏徵纠正皇上过失，用眼前的事作比喻，广泛类比，都是前代的谏臣做不到的。所记载的四篇奏章，可以作为万世君主的典范。汉朝的刘向、晋朝的山涛等人，的确富有才干，但是比起魏徵的忠厚之道，并非没有失检的行为吧？前代的忠谏之臣，只有魏徵一人而已。

刘仁轨列传

刘仁轨从小恭谨好学，广泛涉猎文史知识。武德初年，他帮管国公任瑰修改奏章而被授任为参军。他执法严明，杖杀蛮横无理的折冲都尉鲁宁。太宗惊奇于他的刚正，予以重用。显庆五年，他随高宗征讨辽东，成功解救刘仁愿。后来他平定百济，安抚民众，百济百姓安居乐业。乾封（666～668）年间又协助司空李勣平定高丽。他因与李敬玄有私怨，吐蕃入侵时，明知道李敬玄不擅长边防战事，却举荐李敬玄出征，导致大败。武则天临朝听政后，他请病告退，并以吕后故事晓谕武则天，武则天加封他为郡公，死后陪葬乾陵。

【杖杀折冲】

刘仁轨，汴州尉氏（今河南尉氏）人。他年少时恭谨好学，碰上隋末战乱，不能专心读书，于是每到一地，都在空地上练字，就这样广泛涉猎了文史知识。

武德（618～626）初年，河南道大使、管国公任瑰想要上表奏事，刘仁轨看见他起草的表章，帮他稍稍改动了几个字。任瑰感到十分惊异，授任他为息州参军，不久升任陈仓尉。本地有个折冲都尉叫鲁宁，依仗自己班位高，放纵无礼，历任官员都拿他没办法。刘仁轨专门加以劝解晓谕，让他不要再犯，鲁宁却更加暴横，刘仁轨于是将他杖刑处死。州司将此事上报，太宗知道后大怒说："是哪个县尉，居然敢杖杀我的折冲？"立即追召刘仁轨入朝，言谈间惊奇于他的刚正，于是将他擢升为栎阳丞。

贞观十四年（640），太宗将到同州围场打猎，当时秋收还没结束，刘仁轨上表请求太宗延迟出行，太宗应允了，并专门下诏慰劳他说："你虽然官位卑微，却竭尽忠诚为国家效力，所论的事，我十分欣赏。"不久，刘仁轨被任命为新安令，多次升迁后担任给事中。

【平定百济】

显庆四年（659），刘仁轨出任青州刺史。次年，高宗征讨辽东，令刘仁轨统领水军，刘仁轨因为没有按期到达而获罪免官，高宗命令他以庶民身份随军效力。当时苏定方已经平定百济，任命郎将刘仁愿在百济府城留守，又任命左卫中郎将王文度为熊津都督，安抚部众。后来，王文度病死，僧人道琛、旧将福信率领百济人反叛，拥立旧时的王子扶余丰为王，率兵在府城围攻刘仁愿。皇上命刘仁轨检校带方州刺史，接替王文度统领军队，并就地征用新罗的兵士，以合力救援刘仁愿。刘仁轨的军队且战且进，军容整肃，所向披靡。道琛等人于是解除对刘仁愿的围困，退守任存城。

不久，福信杀死道琛，吞并了道琛的兵马，并聚集叛亡之人，势力更加壮大。刘仁轨于是和刘仁愿合军休整。当时苏定方奉诏讨伐高丽，围攻平壤，没有攻克而返回。高宗传诏书给刘仁轨说："平壤军队撤回，你应该拔军前往新罗，共同驻守。如果金法敏需要你们留下镇守，就留在那儿；

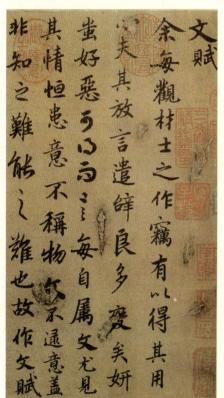

若不需要，你们就渡海回来。"将士们都想西归，刘仁轨说："按照《春秋》的大义，大夫出境之后，碰到可以安定社稷、便利国家的事，可以自己拿主意。更何况我们现在身处沧海之外，豺狼之地！主上想要吞灭高丽，先平定百济，留兵镇守，控制其腹地。我们厉兵秣马，出其不意，发动进攻，必然获胜。然后分兵占据险要之地，并赶紧奏明皇上，请求援兵。朝廷知道胜利有望，必然出兵声援，到时候顽敌自然就灭亡了。这样不仅能保存已取得的战果，实际上永远平定了海外。现在平壤的军队已经返回，熊津的驻军又已撤走，百济的故军很快就会重振旗鼓，高丽平定之日便遥遥无期。何况福信凶横残暴，扶余丰猜忌多疑，两人貌合神离，如同张开翅膀的鸱鸟，势必相互残杀。我们应该坚守不动，然后伺机进攻。"众人都听从他的话。当时扶余丰和福信等因为真岘城临江，地势高险，又处在要冲，因此加兵防守。刘仁轨率领新罗的军队，乘夜逼近城池，借着棘草爬上城楼，天亮的时候就占据了城池，新罗运粮的道路于是被打通。

不久，扶余丰发动突袭杀死福信，又派遣使者前往高丽和倭国请求援兵，抗拒官军。皇上诏令右威卫将军孙仁师率军渡海作为后援。孙仁师和刘仁轨胜利回师，军队士气大振。有人建议先攻取加林城，刘仁轨说："加林地势险固，易守难攻，不如先攻周留城。周留是敌兵的巢穴，群凶聚集在此地，攻克周留后，其他各城自然就会投降。"于是孙仁师、刘仁愿和新罗王金法敏率领陆军进兵。刘仁轨另外带领杜爽、扶余隆率领水军和粮船，走水路前往周留城和陆军会合。刘仁轨在白江口巧遇倭兵，四战皆胜捷，焚烧敌军战船四百艘，火光冲天，海水都变成了红色，敌军大败。扶余丰脱身而走，伪王子扶余忠胜、抚余忠志等人，率领士人子女和部众全部投降。百济各城也都归顺，只有敌将迟受信据守任存城，不肯投降。

百济首领沙吒相如、黑齿常之从苏定方撤军后，就纠集散兵游勇，占据险要之地响应福信，到这时全部归降。刘仁轨命令他们各自率领部众攻打任存城，并想要分兵援助他们。孙仁师认为这样不妥，刘仁轨说："我看沙吒相如、黑齿常之都忠勇有谋，是懂得感恩之人，不必疑心。"于是分给他们粮食兵器，分兵跟随他们进攻，于是攻克任存城。迟受信抛弃妻子儿女投奔高丽，于是百济的余众都被平定。孙仁师和刘仁愿整军回朝，留下刘仁轨率兵镇守。

当初，百济经过福信之乱，全境凋零破败，死尸遍野。刘仁轨传令收敛骸骨埋葬。又整理登记户口，设置官长，架桥修路，鼓励耕种，安抚贫困，供养孤儿老人，百济的百姓从此安居乐业。后来他又逐渐经营屯田，储粮养兵，筹划谋取高丽。

刘仁愿回到京师后，皇上问他："你在海东的时候，前后奏请，很有

● 乾陵神道

刘仁轨戎马一生，为李唐江山的稳定立下了汗马功劳，因此得以死后陪葬乾陵。

文理。你是武将，为何有如此文笔？"刘仁愿回答说是刘仁轨所写，皇上十分赞赏，于是任命刘仁轨为带方州刺史。刘仁轨又上表请求对军士予以安抚，赏罚分明，以激励军心。皇上采纳了他的建议。

后来，皇上派刘仁愿率兵渡海，和原来镇守的军队换防，刘仁轨得以渡海西归。当初，刘仁轨将要前往带方州时，对人说："上天就要让我这老头富贵了！"于是他要了一卷朝廷颁发的日历，以及唐朝宗室七代祖庙的名讳。人们对此感到奇怪，他解释说："我计划削平辽海后，颁布国家历法，让夷族遵照执行。"到这时都已经一一实现。

【功勋卓著】

乾封三年（668），刘仁轨担任熊津道安抚大使，协助司空李勣讨

伐平定高丽。总章二年（669），军队返回，刘仁轨因病辞官，加封为金紫光禄大夫。咸亨元年（670），又授任他为陇州刺史。五年，他担任鸡林道大总管，东伐新罗。刘仁轨率兵直接渡过瓠卢河，攻破新罗北方大镇七重城。因功勋卓著，子侄三人都被授为上柱国。本州同乡以之为荣，将他们的住处称为乐城乡三柱里。上元二年（675），刘仁轨任尚书左仆射、同中书门下三品，兼任太子宾客，监修国史。

【陷害李敬玄】

仪凤二年（677），吐蕃入侵，皇上下诏任命刘仁轨为洮河道行军镇守大使。刘仁轨每次奏事，都被中书令李敬玄阻挠，因此和李敬玄不和。刘仁轨深知李敬玄不善于边防战事，想借此中伤他，于是进言说镇守西蕃非李敬玄不可，高宗于是诏令李敬玄接替他。李敬玄到了洮河军，很快被吐蕃打败。

【年老佐政】

永隆二年（681），刘仁轨兼任太子太傅。没过多久，因年老请求还乡，皇上于是解除他的尚书左仆射职务，仍然以太子太傅的身份参与政事。永淳元年（682），高宗前往东都，让皇太子留在京师监国，派刘仁轨和侍中裴炎等人留下辅佐太子。次年，太子到东都，又令太孙李重照留守京城，让刘仁轨担任副留守。

【讽喻则天】

武则天临朝听政后，加授刘仁轨为特进，专门主持留守事务。刘仁轨以年老体衰为由推辞，并趁机陈述吕后乱政导致败亡的历史，规劝武则天不要执掌朝政。武则天派武承嗣带着诏书，到京城慰问他，并晓谕他说："皇帝正在守丧，不便发布政令，我只是暂时代替他处理政事。您关于吕后的比喻，实在深刻，让我欣慰又惭愧。您忠贞的操守，劲直的气节，古今无人能比啊！希望您以匡正国事为怀，不要以年老为由请求告退。"不久，晋封他为郡公。垂拱元年（685），刘仁轨依照新令改任文昌左相、同凤阁鸾台三品。但他不久即去世，终年八十四岁。武则天停止朝会三天，追赠他为开府仪同三司、并州大都督，陪葬乾陵。

论赞

史　臣曰：刘仁轨和戴至德同为宰相，刘仁轨美言待人，博取众人的赞誉；戴至德则正色对下，将美德推给君主。所以刘仁轨的善迹至今不灭，而戴至德却默默无闻。呜呼！高名美誉，因为善于修饰而流芳千古；深仁至行，却因不爱炫耀而湮灭于世。所以孔子说："众人称道的，一定要明察；众人厌恶的，也一定要明察。"而且刘仁轨为泄私愤，陷害别人去做力所不及的事情，致使军队覆灭给国家带来耻辱，这难道是忠恕之道吗？

狄仁杰列传

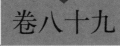

狄 仁杰是武则天时的名臣。他早年习儒，孝顺父母，为人有仁慈之心。他人朝为官，敢于犯颜直谏，屡次出任外官，辖境内的百姓，都立碑称颂他的功德。他受到来俊臣等人的诬陷，被逮捕入狱，但仍刚直不阿，不肯陷害别人。在狱中时，他设法使武则天得知他的冤情，因而得以幸免。后来，他被任命为相。在任期间，举荐了张柬之等人才，并劝说武后重新立庐陵王为太子，使唐室得以复兴。

【儒者风范】

狄仁杰，字怀英，并州太原人氏。狄仁杰年幼时，家里有人被杀害了，县吏到他家中调查盘问，众人都一一作答，只有狄仁杰安坐不动，认真读书。县吏责备他，狄仁杰回答道："书中自有圣贤，我哪有时间来应答俗吏呢？"

后来，他被任命为汴州判佐。当时，工部尚书阎立本担任河南道黜陟使，狄仁杰被人诬告，阎立本向他道歉说："足下称得上是海边的明珠，东南的遗宝。"于是举荐他为并州都督府法曹。当时，他父母住在河阳，狄仁杰前往并州赴任时，登上太行山，举目远望，看见一朵白云缓缓升起，对身边人说："我的父母就住在这片白云下面。"于是眺望伫立了很久。他在并州时，同僚郑崇质的母亲年老多病，郑崇质却要出使远行。狄仁杰于是谒见长史蔺仁基，请求代替郑崇质出使。当时，蔺仁基和司马李孝廉不和，于是对李孝廉说："狄仁杰的德行，难道不让我们惭愧吗？"于是两人也和好如初。

【直言敢谏】

仪凤（676～679）年间，狄仁杰担任大理丞。他断案英明迅速，一年中就裁断了大量积压案件，涉及一万七千人，裁断过后无人鸣冤。当时，武卫大将军权善才误砍了昭陵的柏树，狄仁杰上奏应当免职，高宗却下令立刻处死他，狄仁杰说罪不当死。高宗生气地说："权善才砍昭陵的树木，陷我于不孝，一定要处死他。"高宗身边的人都给狄仁杰使眼色，让他退出。狄仁杰又据理力争，高宗的怒气这才逐渐平息下来，权善才因此免于死罪。几天后，狄仁杰被任命为侍御史。左司郎中王本立仗恃高宗的恩宠，掌权用事，百官都很惧怕他，狄仁杰却上奏弹劾他，请求审讯他，高宗特意赦免了他。狄仁杰上奏说："国家虽然缺乏人才，但并不缺乏王本立之流，陛下为什么要爱惜罪人，而不惜损害王法呢？如果一定要赦免王本立，请陛下将我流放到无人之地，以告诫日后的忠臣。"于是高宗将王本立治罪，从此朝廷大臣都对狄仁杰肃然起敬。

不久，狄仁杰就改任度支郎中。高宗将要前往汾阳宫，任命狄仁杰为知顿使。并州长史李冲玄因为高宗要经过妒女祠，民间传说，如果穿着华丽的衣服经过此地，就会遭遇风雷之灾，于是调遣了上万人另外开辟道路。狄仁杰说："天子出行，车骑成千上万，风伯前来清扫尘土，雨师前来浇洒道路，妒女怎么能相害呢？"于是下令停工。高宗听说后，赞叹说："这真是大丈夫啊！"

【德政惠民】

不久，狄仁杰改任为宁州（今甘肃宁县一带）刺史，为政深得民心，郡人刻石立碑，歌颂他的功德。御史郭翰巡视陇右时，了解到他的政绩，于是向朝廷举荐他，朝廷征召狄仁杰担任冬官侍郎，并充任江南巡抚使。后来，狄仁杰出任豫州刺史。当时越王李贞在汝南起兵，失败后受到牵连的有六七百人。司刑使想要赶紧惩罚他们，但狄仁杰同情他们受人牵累，想要拖延处理，于是秘密上奏朝廷，替他们求情。朝廷赦免了这些人，将他们流放到丰州。豫州的囚犯经过宁

州时，宁州父老慰劳他们说："是我们的狄使君救了你们。"于是彼此搀扶着在碑下哭泣。豫州囚犯来到流放之地后，又立下碑石，歌颂狄仁杰的功德。

起初，越王叛乱时，宰相张光辅率兵讨伐。将士恃功求索无度，被狄仁杰拒绝了。张光辅大怒，说："州官敢轻视元帅吗？"狄仁杰说："您率兵平定越王李贞，胜利后却放纵将士们恣意妄为，这是一个李贞死了，却有上万个李贞出现了。"李光辅无言以对，然而却对狄仁杰怀恨在心。回朝后，他上奏说狄仁杰傲慢无礼，于是狄仁杰被贬为复州（今湖北沔阳西南）刺史。

天授二年（691），狄仁杰转任地官侍郎、判尚书、同凤阁鸾台平章事。武则天对他说："你在汝南为官时，政绩卓越，想要知道是谁诬陷你的吗？"狄仁杰辞谢说："如果陛下认为我有过失，我会努力改正；如果陛下相信我没有过失，我深感幸运。我不知谁诬告我，就可以将他当朋友，请陛下不必告诉我。"武后听后，大加赞赏。

【受谗入狱】

不久，狄仁杰受到来俊臣的诬陷，被逮捕入狱。当时，如果审问时乖乖地认罪，就会减缓死罪，于是来俊臣威胁狄仁杰，让他承认谋反。狄仁杰叹息道："大周（武后篡权后改立的国号）革命，万物唯新。我是唐朝的旧臣，甘愿就戮。谋反的确属实！"来俊臣于是稍稍放松对他的审问。判

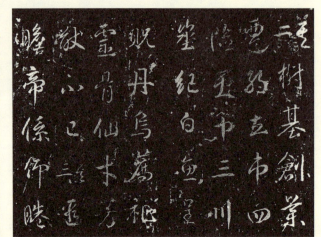

● 武则天书《升仙太子碑》

官王德寿对狄仁杰说："您一定会免去死罪。我想要升官，请您牵连到杨执柔，可以吗？"狄仁杰说："如何牵连呢？"王德寿说："您昔日任春官时，杨执柔任该司员外，可以设法牵连到他。"狄仁杰说："皇天后土都会谴责我做这种缺德事情！"于是他用头撞柱子，血流满面。王德寿害怕了，只好打消了这个念头。狄仁杰既已供认谋反，有关部门于是放松了对他的防备。狄仁杰向守者要来笔砚，拆开被头的棉帛，在上面书写其冤案，然后放入棉衣中，对王德寿说："天气太热了，请你交给我的家人，让他们拆掉里头的棉花吧。"王德寿没有察觉。狄仁杰的儿子狄光远得到帛书后，立刻求见武后。武后看过帛书后，就问来俊臣。来俊臣说："狄仁杰衣帽整齐，食宿也很好，如果不是真的谋反，怎么会供认呢？"武后派人去探监，来俊臣赶紧命令狄仁杰穿戴整齐，来见使者。来俊臣又命令王

德寿代替狄仁杰写了谢死表，让使者交给武后。武后召见狄仁杰，说："你为何招认谋反呢？"狄仁杰答道："如果不供认，就被鞭打死了。"武后又问："那你为什么写谢死表呢？"狄仁杰回答说："我没有写谢死表。"武后这才知道是别人代写的。于是狄仁杰被免去死罪，贬为彭泽县令。武承嗣屡次奏请诛杀他，武后都没允许。

万岁通天（696～697）年间，契丹攻克了冀州，朝廷任命狄仁杰为魏州（今河北大名一带）刺史。前任刺史独孤思庄害怕敌人，于是将百姓全部驱入城中，修缮守城工具。狄仁杰来到后，将百姓全部放回去务农，说："敌军相去甚远，不必如此。万一敌人来了，我自有退敌之策，一定不会骚扰百姓。"契丹听说后就退兵了，百姓争相歌颂他的功德。不久，他就转任幽州都督。

【入朝为相】

神功元年（697），狄仁杰入朝担任鸾台侍郎、同凤阁鸾台平章事，并兼任纳言。他因为百姓在西部戍守疏勒等地生活极为穷苦一事上书朝廷，指出如果朝廷连连用兵，就会耗费国库，民生凋敝。不如将这些地方交给阴山贵族阿史那斛瑟罗来治理，朝廷

只需加强边境的守备，以逸待劳来制伏敌人。

狄仁杰又请求废掉安东都护府，恢复高氏的君主地位，停止江南的粮饷转运，让百姓休养生息，数年之后，国家就能富强安定了。他的建议虽然没有被采纳，却得到有识之士的赞同。圣历（698～700）初年，突厥侵犯赵州和定州等地，朝廷任命狄仁杰为河北道元帅，可以见机行事。突厥将掠夺的上万男女全部杀死，从五回道撤兵而去，狄仁杰率兵追赶，却没有追上。于是朝廷任命狄仁杰为河北道安抚大使。当时，河朔百姓被突厥胁迫，只好顺从他们，突厥退兵后，百姓害怕获罪被诛，就纷纷藏起来。狄仁杰于是上书朝廷，请求赦免河北诸州的百姓，一律不要追究。朝廷采纳了他的建议。

武后曾想铸造很大的佛像，需要耗费数百万钱，诏令天下的僧尼，每人每天出一钱，来帮助完成此事。狄仁杰又上书说：臣听说天下修建的寺庙，已经耗费了大量民力财力，而僧人又行为不法，伤风败俗。如今百姓生计艰难，如果修建大佛像，僧尼的捐钱只是杯水车薪，必然会再次劳民伤财。于是，武后就停止了此事。同年九月，狄仁杰病逝，武后为他举哀，罢朝三天，追赠他为文昌右相，谥号为文惠。

狄仁杰时时留意举荐贤才。当初，武后曾经问狄仁杰说："我想要任用一个豪杰，有这样的人吗？"狄仁杰说："陛下任用他做什么呢？"

武后说："我想任用他为将相。"狄仁杰说："荆州长史张柬之，虽然已经年老，却是宰相之才。他长期怀才不遇，如果重用他，他一定为国家竭诚效力。"于是武后任命张柬之为洛州司马。后来，武后又访求贤才。狄仁杰问："我举荐的张柬之，陛下还没有任用呢。"武后说："我已起用他了。"狄仁杰回答说："我举荐他为宰相，如今只任洛州司马，这不是进用他。"于是武后擢升张柬之为秋官侍郎，后来终于担任宰相。张柬之也不负众望，辅佐中宗有功，而这都是狄仁杰的举荐之功。

狄仁杰的长子狄光嗣，圣历初年担任司府丞，武后让宰相各自推举一名尚书郎，狄仁杰于是举荐了狄光嗣。狄光嗣被任命为地官员外郎，非常称职。武后高兴地说："内举不避亲，我果然得到了人才。"

论赞

史臣曰：天子如果有七个谏诤之臣，即使昏庸无道，也不会失去天下。使庐陵王得以恢复帝位，复兴唐室，都是狄公的功劳啊。有人也许说：对他的称赞太过分了。回答道：当武后夺权之时，奸人众多，如果不是竭诚尽职、舍身忘家的人，谁能做到这一点呢？狄仁杰不惧死罪，为人耿介，虽然君主好杀无辜，但他能使君主畏惧大义，终于保全了唐室，怎能不称赞他的功劳呢？

郭子仪列传

郭子仪是中兴唐室的名将，在安史之乱中，他和李光弼等人最终平定了叛军，恢复了唐王朝的统治。天宝年间，他以军功任朔方节度右兵马使。安史之乱后，他被任命为朔方军节度使。他和李光弼等人，经过和叛军的反复争战，最终收复了洛阳和长安，功居平乱功臣之首，被加授为中书令，封为汾阳郡王。代宗即位后，他又平定了仆固怀恩的叛乱，并说服回纥酋长，共同打败了吐蕃。他对朝廷忠心耿耿，虽然屡建奇勋，劳苦功高，但为人宽厚谦和，因此朝廷上下都敬服他，史称"权倾天下而朝不忌，功盖一代而主不疑"。

▶【平叛有功】

郭子仪，是华州郑县（今陕西华县）人。郭子仪身高六尺有余，仪表英俊，身材魁梧。他最初考中武举，补任左卫长史。天宝八载（749），朝廷在木剌山设置横塞军和安北都护府，任命郭子仪为左卫大将军。天宝十三载，横塞军改名为天德军，郭子仪任军史，兼任九原太守、朔方节度右兵马使。

天宝十四载，安禄山反叛。十一月，朝廷任命郭子仪为朔方军节度使，率领本军前去征讨。郭子仪从单于府起兵，收复静边军，斩杀叛将周万顷，将他的首级传送朝廷。又在河曲击退了大同军使高秀岩的进犯，进军收复云中马邑（今山西朔州），打通了东陉，因功加授御史大夫。

天宝十五载正月，叛将蔡希德

❀ 郭子仪像

攻陷常山（今河北正定）郡，俘获颜杲卿，河北一带的郡县都被叛军占领。二月，郭子仪和河东节度使李光弼率军攻破井陉，又攻克常山郡，向南攻克赵郡，斩杀伪太守郭献璆，缴获兵器数以万计。官军返回常山，叛将史思明率领几万士兵紧随其后。郭子仪挑选了五百名骁勇的骑兵，轮流骚扰他们，三日后到达行唐的时候，敌兵疲乏准备撤退，官军趁机出击，在沙河打败了他们。安禄山听说史思明战败，赶忙增派精兵救援。官军到达恒阳（今河北曲阳）时，叛军也跟随而来。郭子仪下令坚守营垒，叛军进攻的时候就坚守，叛军撤退的时候就追击，到了夜里就偷袭敌营。过了几天，敌军已经疲惫不堪，郭子仪、李光弼于是率领仆固怀恩等人在嘉山（今河北定县）列阵，叛将史思明、尹子奇等人也联军结阵而来，官军一次交战就击败了叛军，史思明狼狈逃窜到博陵。

【南征北战】

同月，哥舒翰被敌军打败，潼关失陷，玄宗逃到蜀地，肃宗则到达灵武。七月，肃宗即位，谋划收复两京，于是诏令郭子仪班师。八月，郭子仪和李光弼率领五万步骑兵从河北赶往肃宗所在地。肃宗下诏任命郭子仪为兵部尚书，并依旧担任朔方军节度使，然后亲自统率六军南下关辅，到达彭原郡时，宰相房琯请求领兵一万，自任统率讨伐逆贼，皇帝向来器重房琯，答应了他。房琯率军到达陈涛，被敌军击败，几乎全军覆没。十一月，叛将阿史那从礼率领五千名骑兵出塞，又引诱河曲九府、六胡州部落几万人马，逼近肃宗的行驿。郭子仪和回纥首领葛逻支将他们击败，斩获几万人，平定了河曲。

至德二载（757）三月，郭子仪在潼关打败叛将崔乾祐，崔乾祐退守蒲津。郭子仪随后率兵收复陕郡永丰仓。从此潼、陕之间不再有叛军出没。

这一月，安禄山死去，朝廷准备大举进攻叛军，诏令郭子仪返回凤翔。四月，郭子仪升任司空，充任关内、河东副元帅。五月，郭子仪奉诏赶往京城。官军在滻水西岸和叛将安太清交战，官军大败。郭子仪聚集残兵，退守武功，自己前往京城请罪，被降任为左仆射。九月，郭子仪跟随元帅广平王收复长安，叛将张通儒守长安，连夜逃到陕郡。广平王令士兵休息三天，然后率军东进。肃宗在凤翔听说获胜的消息后与群臣庆贺。

十月，安庆绪派严庄率领他的军队共十万人赶赴陕州，和张通儒一起抵抗官军。叛军听说官军到了，全军驻扎在陕州西侧，背山列阵。郭子仪率领大军从正面进攻，回纥军则趁机爬上山从敌军背后进攻，不料在山中遭遇敌军埋伏，双方久战未决，官军逐渐退却。叛军分兵三千人，想切断官军退路，郭子仪下令回纥军进攻，将三千敌军全部消灭。严庄、张通儒逃回洛阳，和安庆绪渡过黄河据守相州。郭子仪奉广平王进入东都。至此，河东、河西、河南被叛贼占领的全部郡邑都被平定，郭子仪因功加授司徒，封为代国公。不久郭子仪入朝，天子率领军队到灞上迎接，慰劳他说："大唐虽是我的家国，实际上是由你重建的。"十二月，郭子仪返回东都，奉命筹划北伐。

【北伐败北】

乾元元年（758）七月，郭子仪率兵在黄河岸边打败敌军，生擒伪将安守忠，并将其进献朝廷，升任中书令。九月，郭子仪奉诏和河东节度使李光弼等九位节度使一起，率军讨伐安庆绪。皇上因为郭子仪、李光弼都是元勋，难以相互统辖，因此不立元帅，只派宦官鱼朝恩担任观军容宣慰使。郭子仪从杏园渡过黄河，围攻卫州。安庆绪和他的骁将安雄俊等人率领全部人马前来救援。郭子仪列阵静候，又挑选了三千名射手埋伏在营垒里。两军交战，郭子仪率兵假装逃跑，叛军随后追击。到达营垒前时，突然鼓声和呐喊声震天，随即弓箭齐发，箭如雨下，叛军大骇，郭子仪趁机追击，俘获伪郑王安庆和，收复卫州。接着，郭子仪在愁思冈再次打败敌军，并联合各营官军将敌军包围。情急之下，安庆绪派薛嵩向史思明求救，并承诺将帝位禅让给他。十二月，史思明派遣将领李归仁率兵赶到，扎营于滏阳。

次年正月，史思明亲自率领范阳精兵再次攻陷魏州，并伪称燕王。官军因为缺少统率，从冬天直到春天，仍然没有打败敌军。二月，史思明率军从魏州赶来。李光弼、鲁炅等人的前军在邺南遭遇敌军，两军交战，死伤各半，鲁炅被乱箭射中。郭子仪打后阵，还没来得及交战，突然吹起大风，一时间天昏地暗，半步之内看不清人脸。两军各自溃

逃。郭子仪率领朔方军退守河阳，并拆毁浮桥。皇上诏令郭子仪留守东都。三月任命他为东都畿、河南诸道行营元帅。

【功高遭嫉】

宦官鱼朝恩向来嫉妒郭子仪的功劳，趁他这次战败而诬陷他，郭子仪不久被召回京师。皇上又将陕

❀ 富贵寿考

据《太平广记》记载，郭子仪有一次去催军粮路过一地，天上有仙女出现，郭子仪便向她们询问自己的前程。仙女告诉他："大富贵，亦寿考。"后人便以此为题作画富贵寿考。

东军事交付李光弼,取代了郭子仪的职务。不久史思明再次攻陷河洛,吐蕃又进逼京畿,朝廷内外交困。议事的人认为,不应该将郭子仪委以闲职,于是,上元元年(760)九月,肃宗任命郭子仪为诸道兵马都统,诏令他进军范阳。诏令下达十天后,因为鱼朝恩从中作梗,最终没能成行。

上元二年二月,李光弼在邙山兵败,河阳失守,鱼朝恩退守陕州。上元三年二月,河中军发生兵变,主帅李国贞被杀,同时太原节度使邓景山也被部下杀死,朝廷十分担心两镇勾结反贼。迫于无奈,只得任命郭子仪为朔方等州节度使行营,晋封汾阳郡王,让他镇守绛州(今陕西新绛)。郭子仪临行时,肃宗身体欠佳,郭子仪前去求见,皇帝派人将他引进内室,对他说:"河东的事,都交托给你了。"郭子仪痛哭流涕。郭子仪到达绛州后,将杀害李国贞的凶手王元振等十多人诛杀。太原的新任节度使听说后,也将杀害邓景山的人斩杀,从此河东各镇再无反叛。

四月,代宗即位,宦官程元振专权,倚仗拥立皇帝有功,忌恨老将,他认为郭子仪功高难以制约,巧言离间,请求代宗罢免了郭子仪的副元帅职位,加授他实封七百户,让他充任肃宗山陵使。郭子仪将肃宗往日所赐的诏书全部呈上,并上表陈述自己的心迹。代宗下诏说:"我

不德不明,使你犹疑,是我的过错。请不要以之为虑。"

【大败吐蕃】

不久,梁崇义据襄阳反叛,仆固怀恩在汾州拥兵自重,引诱回纥、吐蕃的军队进犯河西。次年十月,吐蕃攻陷泾州,俘获刺史高晖,随后进逼京师。皇上无计可施,立即下诏任命郭子仪为关内副元帅,出镇咸阳。而这时郭子仪的部下已经离散殆尽,只剩下二十骑,于是只得强取百姓的牲畜来助军。他到达咸阳时,蕃军已经渡过渭水。

这一天,天子为了躲避吐蕃进攻,逃亡陕州。郭子仪听说后,挥泪赶回京城,但皇上车驾已经离去。射生将王献忠跟随皇上,却半路反叛,逼迫丰王等十位亲王向敌军投降。郭子仪率兵进入开远门,遇到他们,将丰王等人护送到皇帝的驻地。

随后,郭子仪率领三千骑兵沿着南山而行,到达商州后,得到武关防兵以及六军中离散的士兵四千人,又召集流亡人马,军队逐渐强大起来。

吐蕃侵犯京城,俘获已故邠王李守礼的儿子广武王李承宏,将他拥立为帝。郭子仪派遣六军兵马使张知节等人,率领一万兵士担任先锋,在韩公堆扎营,大肆鼓噪。禁军旧将王甫潜入长安,暗中联络一些少年豪侠作为内应,然后在朱雀街一起击鼓呐喊,吐蕃军仓皇而逃。郭子仪率领大军继续前进,到达浐西。朝廷下诏郭子仪

暂时留守京城。十一月，皇上回到京城，赐给郭子仪铁券，下令将他的像画在凌烟阁。

这时，河北副元帅仆固怀恩正驻军汾州，掠取并、汾各县。朝廷于是任命郭子仪为关内河东副元帅、河中节度观察使，镇守河中。吐蕃军撤退后，仆固怀恩的部下离散，他的儿子仆固场被部下张惟岳杀害。张惟岳随即率领仆固场的军队投奔郭子仪，仆固怀恩逃往灵州。第二年十月，仆固怀恩引吐蕃、回纥、党项数十万大军南下，京师惊惧，郭子仪出镇奉天。仆固怀恩的先锋到达奉天，逼近城下挑战，郭子仪率领部下坚守壁垒，敌军不战而退。

十一月，朝廷任命郭子仪为尚书令，郭子仪上表请辞，皇上不答应。第二天，敕令有关部门让郭子仪到尚书省处理政事。又诏令宰相百官送他赴任。郭子仪再次上表推辞。皇上亲手下诏答复，又派宦官鱼朝恩传诏，赏赐他美女珍玩等物。

德宗即位后，诏令郭子仪返回朝廷，充任山陵使，赐号"尚父"，升任太尉、中书令。建中二年(781)夏天，郭子仪病重，德宗命舒王李谊前往其府邸探望病情。不久，郭子仪去世，终年八十五岁。德宗听说后十分悲痛，下令停止朝会五天，并下诏追赠其为太师，坟墓的规模仿照萧何、霍去病的式样，以追念其战功，又下令百官

依次前去其府邸吊祭。埋葬的那天，皇上亲自到安福门哭吊送葬，赐谥号为忠武。

串枝花纹六曲银盒·唐

论赞

史臣曰：天宝末年，安禄山起兵于幽州，天子出逃，东京西京相继沦陷。上天保佑唐室，出现了汾阳王郭子仪。他从河朔一带起兵，又在关西歼灭寇贼，亲自抵挡"豺狼虎豹"，清除"荆棘"，其勤奋可以说到极限了，王室中兴，功高一代。等到国威再次振兴，小人们对他放肆诋毁，他恳切地辞去爵位，失掉宠信却无怨无悔。他不用幸灾乐祸来要挟君主，不因为私仇而打击报复，坦然地效忠国家，至死没有二心，真算得上是大雅君子，国家的纯臣。从秦汉以来，他的功劳之大，无与伦比。而他的儿子郭晞、郭暧在守孝期间，从虎口之中逃了出来，前往奉天救驾，可以称得上是忠孝之家后继有人了。

李怀光列传

白话精编二十四史

第六卷

李怀光是唐朝将领。他少年从军，因为屡立战功，被封为军都虞侯。德宗初年，他出任邠宁、朔方节度使，奉命抵御吐蕃，使吐蕃从此不敢侵犯。他又奉命讨魏博镇田悦。泾原兵变时，德宗逃往奉天，朱泚派兵围攻奉天，李怀光又前往救援，打败了朱泚，被封为副元帅、中书令。德宗因为听信卢杞等人的谗言，不让李怀光入朝，于是他联合朱泚反叛，后来兵败自杀。

【多次加封】

李怀光，渤海靺鞨人。他本姓茹，祖先迁徙到幽州，他的父亲李常是朔方列将，因战功赐姓李，改名嘉庆。

李怀光年轻时从军，以武艺勇猛著称，朔方节度使郭子仪十分器重他。上元（674～676）年间，他多次迁任试太仆、太常卿，掌管右衙兵将，累积功劳做到开府仪同三司，任朔方军都虞侯。大历六年（771），兼任御史中丞，一年后，兼任御史大夫，加封为军都虞侯。李怀光执法严明，即使是亲戚犯法，也从不宽恕。郭子仪性情宽厚，不亲自过问军中事务，委任李怀光主管军纪，军中十分畏惧他。大历十二年，因为给母亲守丧而罢职。第二年，恢复原来的官职，又兼任邠、宁、庆三州都将。

【讨伐叛贼】

德宗即位后，免去郭子仪节度副元帅的职务，他的军队由众将领分管，于是李怀光被任命为检校刑部尚书，兼河中尹、邠州刺史。在此之前，李怀光连年率兵修筑长武城以便驻军。长武城位于原首，靠近泾水，俯瞰通道，吐蕃从此不敢南侵。建中（780～783）初年，泾原四镇节度使段秀实因遭到宰相杨炎憎恨，被召入朝担任司农卿。皇上准备重筑原州城，于是任命李怀光兼任泾州刺史、泾原四镇北庭节度使。当时李怀光出于私愤，诛杀了朔方旧将温儒雅等人，泾州军士都心生疑惧。刘文喜趁机据城谋反。皇上诏令朱泚和李怀光出兵讨伐，将其平定，李怀光被加封为检校太子少师。建中二年（781），迁任检校左仆射。

当时马燧、李抱真诸军共同讨伐魏城未能取胜，而朱滔、王武俊都反叛朝廷，并合兵援救田悦。建中三年（782），皇帝诏令李怀光统率朔方军步骑兵一万五千人讨伐田悦。李怀光有勇而无谋，到达魏城那天，还没扎下营垒，就和朱滔等人在惬山大战，结果被打败。田悦又放水淹没官军，各路军队纷纷失利，于是他和马燧等人退兵到魏县。不久他被加封同平章事，增加实封二百户。此后，他和朱滔等人相持不战。

【奉天救难】

第二年十月，泾原军士发动兵变，皇上到奉天（今陕西咸阳乾县）避难。朱泚篡位称帝后，皇上派宦官快马传告河北各节帅，李怀光于是率军赴命。当时正值下雨，道路泥泞，李怀光激励士兵，取道蒲津渡过黄河，在醴泉打败朱泚的骑兵，直奔奉天。李怀光先派偏将张韶携带蜡书混进攻城的叛军阵中，趁机越过城壕，呼喊城头的士兵说："我是朔方军使者。"守兵用绳子将他拉上城墙。当时皇帝陷在城中，情势十分危急，当得知李怀光的军队到来，便命张韶等人传告众人，人心这才安定。李怀光又在鲁店打败朱泚的军队，朱泚于是解围而退。

李怀光性情暴烈，粗疏固执，一路上多次说卢杞、赵赞、白志贞等人奸佞，并说："天下大乱，就是

因为这些人，等我见到皇上，一定要奏请诛杀他们。"卢杞等人听说后，十分害怕，于是劝说皇上下令李怀光乘胜追击朱泚，收复京城，不让他到奉天，德宗同意了。李怀光驻军在咸阳，多次上表揭露卢杞等人的罪恶，皇上不得已，只得贬降卢杞、赵赞、白志贞以宽慰他。李怀光又上书陈述宦官翟文秀的罪恶，皇上本来十分信任翟文秀，不得已只好杀了他。

【谋划叛乱】

李怀光不敢进军，因为拖延时间引起了朝廷的猜疑，他因恐惧而谋划叛乱。当初，皇上诏令崔汉衡出使吐蕃，请求吐蕃出兵援助收复京城。吐蕃宰相尚结赞说："依照吐蕃的军法，出兵需要统兵大臣出具信物。如今制书上没有李怀光的署名，吐蕃不敢出兵。"皇上听说后，派翰林学士陆贽到李怀光军中商议借用吐蕃军一事，李怀光固执己见，申述三条不可借用吐蕃兵的理由，不肯在制书上签名，且言辞轻慢。兴元元年（784）二月，皇上下诏加封李怀光为太尉，兼赐给他铁券。李怀光大怒，将铁券扔在地上说："人臣造反的时候，皇帝才赐予铁券，现在赐铁券给我，是让我谋反吗？"言辞狂妄，旁人都为之感到害怕。

三彩武士俑·唐

当时，李怀光的部将韩游瑰驻守奉天，李怀光于是给韩游瑰写信，约定叛变，韩游瑰将他的信秘密奏报朝廷。李怀光又派人去催，并放话说："我现在要和朱泚合兵，皇上理当避让。"皇上于是转移到梁州。当时，李晟已经将军队转移到东渭桥，李怀光随后劫持李建徽、杨惠元等军移驻到好畤，他的部下大多心有异志，加上劫掠时毫无所获，李怀光更加疑惧不安。于是将军队分成几部分，抢掠泾阳、三原、富平，从同州前往河中。神策军将领孟涉、段威勇率领三千多人投奔李晟，李怀光无计可施。随后，韩游瑰杀死李怀光的留后张昕，献出邠州归顺朝廷。

皇上得知李怀光的反叛动向，于是授任韩游瑰、戴休颜为节度使，任命李怀光为太子太保，罢免其余一切官职，从本军中挑选一位功高望重的人统领他的辖区，李怀光拒不奉诏。四月，李怀光到达河中，占据着同、绛等州，按兵不动，观察形势。

【反叛被杀】

李晟收复京师后，皇上派遣给事中孔巢父和中使啖守盈带上诏书前去征召李怀光，李怀光穿着平常衣服接受诏命。孔巢父对众人说："太尉军中谁可以统领军事？"李怀光左右的人都是胡人，因此发怒，将孔巢父和啖守盈砍杀，从此李怀光休整军队，更是加强戒备。皇上返

回京师后，任命侍中浑瑊为河中节度副元帅，出兵讨伐李怀光。浑瑊收复同州，屯兵不进，多次被李怀光打败。皇上于是加授河东节度使马燧为副元帅，和浑瑊合兵，共同讨伐李怀光。马燧率军攻克绛州，到达宝鼎时，因担心李怀光向西进犯京城，于是留下军队进京朝见。返回后，和浑瑊先从河东进军，降伏了李怀光的骁将尉珪、徐庭光，然后统率军队围攻河中。贞元元年（785）秋天，朔方部将牛名俊斩杀李怀光，带着他的首级归降马燧。李怀光的儿子李璀用刀杀死了几个弟弟，然后自杀。李怀光死时五十七岁。不久朝廷下诏，准许他的一个儿子作为他的继承人，赐给庄园、宅第各一所，并归还李怀光的尸首，让家人收葬，将他的妻子儿女都迁往澧州。

然而，当初李怀光被杀时，他的儿子李璀等人都已经死去，只有他的妻子王氏健在，皇上于是特意赦免她的死罪。后来皇上又顾念李怀光往日有功，怜悯他没有子嗣，于是命李承绪继承他。

论赞

史 臣曰：李怀光以勇猛著称，为王室效力，但不能尽始尽终，最终反叛，他的罪行可以说很大了。然而卢杞、白志贞等人，导致他叛逆，让国君忧心，也算得上是国家的奸贼。

段秀实 颜真卿列传

段秀实和颜真卿都是唐朝的忠臣。段秀实在安史之乱时，担任泾州刺史，总揽西北的军政，使得吐蕃不敢侵犯。后来，泾原兵变，朱泚在长安称帝，他图谋杀死朱泚，但没有成功，反而被朱泚杀害。颜真卿曾经担任平原太守，安禄山叛乱时，他联络堂兄颜杲卿起兵抵抗，附近十七郡纷纷响应，颜真卿被推为盟主，合兵二十万，使安禄山不敢急攻潼关。德宗朝时，淮西节度使李希烈叛乱，奸相卢杞想除掉他，趁机派他前往劝谕。颜真卿被囚数年，最终被李希烈杀害。

▶【段秀实屡次立功】

段秀实，字成公，陇州汧阳（今陕西千阳）人。天宝四载（745），安西节度使马灵察委任段秀实为别将，随从讨伐护蜜国有功，封安西府别将。天宝七载，高仙芝接替马灵察，举兵围攻怛逻斯，黑衣军前来救援，高仙芝于是大败，军士四散。夜里，都将李嗣业企图逃走，段秀实大声斥责说："军队失败就企图逃脱，不是大丈夫的作为。"李嗣业十分惭愧，于是和段秀实召集散兵，重新组成军队。军队返回后，李嗣业请求高仙芝任命段秀实为判官。天宝十二载，封常清接替高仙芝，征讨大勃律，军队驻扎在贺萨劳城，一战而胜。封常清想要派兵追击，段秀实进言劝阻说："这些敌兵都是老弱病残，敌军是想引诱我军进入埋伏，请警戒两军，搜捕山林。"于是歼灭了敌军的伏兵，段秀实因功改任绥德府折冲。

至德（756～758）年间，安庆绪兵败洛阳，逃往邺地，李嗣业和各路兵马将他包围，安西的军用物资都放在河内，李嗣业奏请委任段秀实为怀州长史，加任节度留后。后来，在愁思冈作战时，李嗣业被乱箭射中，死在军中，众人推举安西兵马使荔非元礼接替他。段秀实听说李嗣业去世，下令先锋将白孝德派兵护送灵柩到河内。段秀实率领将吏在边境上哭泣迎候，倾尽个人财产为他办理丧事。荔非元礼赞赏他的义气，奏请任命他为试光禄少卿，依旧担任节度判官。

荔非元礼在邙山战败后，军队转移到翼城，荔非元礼被部下杀死，将领们也大多遇害，只有段秀实得以保全。众人推举白孝德为节度使，人心渐渐安定。白孝德改任邠宁节度使，奏请任命段秀实为太常卿。大军向西进发，所过之处大肆抢掠。军队驻扎在奉天。当时公家的粮库也已空乏，县官们都很害怕，纷纷藏匿起来，军士们成群结队抢劫偷盗，白孝德于是委任段秀实为都虞侯，暂且掌管奉天行营事，此后军纪肃整，代宗听说后十分赞赏。军队返回邠宁不久，段秀实被任命为泾州刺史。

大历元年（766），马璘奏请加封段秀实为开府仪同三司。军中有个能拉开二十四弓的士兵犯下了盗窃罪，马璘想要救免他，段秀实进言说将领有所偏爱，就会导致法令不一，马璘听从他的建议，诛杀了犯罪的士兵。

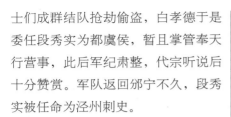

【移兵泾州】

后来，马璘奉诏调移镇守泾州，士兵们都是从四镇、北庭等地逃难来到中原，多次迁徙，心中积怨。刀斧将王童之趁着人心动摇，率领众人作乱，并约定以夜间鼓声为号。段秀实知道后，召见击鼓人，假意斥责他击鼓不准时，并警告他每一更结束，都必须前来报告。这样，击鼓人每次前来报告都延误几个时刻，结果四更刚完天就亮了，王童之因此没能如期作乱。之后他们又约定第二天夜里焚烧草料场，会集救火的人共同作乱。段秀实派人严加警备，半夜火势爆发，派人在军中传令说："救火的人一律斩杀。"王童之住在外营，请求进入草料场救火，不被允许。次日，段秀实将王童之及其党羽数十人斩杀并在军中示众，下令："推迟迁移的人灭族！"全军顺利转移到泾州。到达治所后，人烟稀少，仓无廪食。朝廷为之担忧，于是诏令马璘遥管郑、颍二

州，供养泾原军队，派段秀实为留后，此二州治理得很好。马璘又奏请任命他为行军司马，兼都知兵马使。

【救援马璘】

大历八年，吐蕃进犯，两军在盐仓交战，官军失利。马璘被敌军阻拦，到天黑还没有回来。段秀实召见狼狈逃回的将领们说："兵法上说，失去将帅，部下应当处斩。你们难道不想活了吗？"然后召集城中所有留守的士兵，由骁将统领着，排出奇阵，向敌人示意准备进攻，吐蕃不敢进逼。等到夜间，马璘得以归还。

大历十一年，马璘病重，不能主持正事，段秀实代理节度副使兼左厢兵马使。段秀实于是以十将张羽飞为招召将，派兵警戒，以防意外。马璘去世后，在军中进行吊祭，段秀实下令严加防范。都虞侯史廷干和副将崔珍等人密谋叛乱，段秀实于是将史廷干押送回京师，又将崔珍等人派往其他的军镇，军中这才安定。不久，段秀实被任命为泾州刺史。此后三四年间，吐蕃不敢进犯。段秀实为官清廉，生活俭朴，性情直率，平易近人，远近称道。他非公事场合绝不听乐饮酒，家里也没有乐妓、小妾，没有多余财产，不处理公事的时候就在家静思。德宗即位后，加封他为检校礼部尚书、张掖郡王。

【诛朱泚被害】

建中四年(783)，朱泚窃取京城，源休教朱泚假意前去奉天迎接皇上，

颜真卿书《颜勤礼碑》拓片

趁机僭越称帝。朱泚于是派遣大将韩旻率领三千士兵赶赴奉天。他仓皇之中没有足够军备，猜想段秀实原为泾原节度使，被罢后必然心怀怨恨，于是召见段秀实一起谋划。段秀实假装答应，暗中却劝说大将刘海宾、何明礼、姚令言的判官岐灵岳等人一同杀死朱泚，举兵迎接圣驾。但事情没有成功。段秀实决定当面诛杀朱泚，并与刘海宾约定，让他事情紧急时作为后继，又令何明礼在外面接应。第二天，朱泚召段秀实议事，源休、姚令言等人都在座。段秀实和朱泚相对而坐，说到篡位称帝时，段秀实勃然大怒，夺下源休手中的象牙笏板，疾步上前，向朱泚的脸上吐口水，并大骂道："狂贼，我恨不得将你斩为万段，怎么会跟着你反叛？"用板打向他。朱泚的额头被击中流血，爬着逃走了。周围的人都吓呆了，不敢动弹，而刘海宾等人没有及时赶到，段秀实说："我不和你们一起反叛，你们为什么不杀我？"凶党于是蜂拥而上将他杀害。刘海宾等人也相继被杀。德宗在奉天听说此事后，哭泣了很久。

当初，段秀实看见禁兵很少，不足以防备意外情况，曾经上奏建议皇上补充禁军。等到泾原兵作乱时，皇上召集神策六军，竟然没有一人响应。

德宗回到京城后，下诏派遣官员致以礼祭，表彰家族乡里，祭祀费用由官府出资，并在墓前由官府立碑，褒扬其事迹。从贞元以后，各朝凡是褒奖忠烈，必然以段秀实为首。

【颜真卿抵抗叛军】

颜真卿字清臣，是琅琊临沂（今山东临沂）人。五代祖颜之推是北齐的黄门侍郎。颜真卿小时候学习勤奋，有文才，尤其擅长书法。

开元（713～741）年间，他考中进士。多次改任后，做了监察御史，充任河西陇右军试覆屯交兵使。五原有冤案，长久没有澄清，颜真卿一到，立刻查明真相。当时天正大旱，冤案刚刚裁决就天降大雨，本郡的人

列传
●
旧唐书

称之为"御史雨"。又充任河东朔方试覆屯交兵使。有个叫郑延祚的人，母亲已经去世二十九年，却不将其安葬，一直放在寺院，颜真卿弹劾他，朝廷判罚他们兄弟俩三十年不被征用，天下震动。后来，颜真卿先后担任殿中侍御史、东都畿采访判官、武部员外郎，后因不愿依附杨国忠而被贬为平原太守。

安禄山反叛的迹象已很明显，颜真卿以防备霖雨为借口修建城池，储备粮食，暗地调查壮丁人数，同时聚集文人雅士，在城外湖中泛舟，饮酒赋诗，掩人耳目。有人向安禄山进谗言，安禄山派密使前去侦察，认为只是一群书生不足为虑。不久，安禄山反叛，河朔地区全部陷落，只有平原郡城池坚守。颜真卿派司兵参军李平快马奏报朝廷。本来玄宗听说安禄山叛变，叹息说："河北二十四郡，难道没有一个忠臣吗？"得知李平到来，十分高兴。

安禄山攻陷洛阳后，杀死留守李憕等三人，并派段子光将三人的首级拿到河北示众。颜真卿担心人心动摇，于是告诉诸将说："我认得这三个人，这些首级不是他们的。"随后将段子光腰斩，将李憕三

人的首级藏起来。几天后，取出三人首级，用稻草续接上肢体，收棺祭祀，于是人心更加归附。安禄山派遣将领李钦凑、高邈、何千年等人镇守土门。颜真卿的堂兄常山太守颜杲卿杀死李钦凑和高邈，将何千年活捉送往京师。土门被攻破后，十七郡同时归顺，共同推举颜真卿为统率，共有军士二十多万人。皇上下诏加封颜真卿为户部侍郎，仍旧担任平原太守。

【屡次遭贬】

至德二载（757）四月，颜真卿在凤翔朝见皇上，被授任为宪部尚书，不久加封为御史大夫。对军国之事，他直言进谏，知无不言，因此受到宰相的嫉恨，被贬为同州刺史，又被御史唐旻诬陷，贬为饶州刺史。后来被征用为刑部尚书。李辅国假托诏命，让玄宗移居西宫，颜真卿于是率先带领百官上表请安，问候玄宗的起居，李辅国憎恨他，

颜真卿像

白话精编二十四史

◎第六卷◎

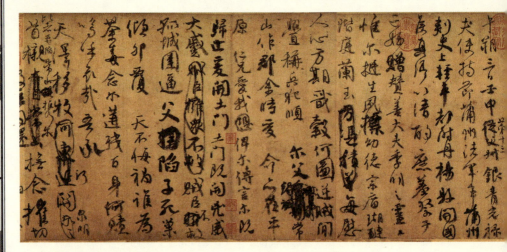

上奏贬颜真卿为蓬州长史。

代宗即位后，颜真卿几经升降，后来担任检校刑部尚书知省事，晋封鲁郡公。当时元载私下结党，害怕朝臣上奏揭发他，于是建议百官凡要论奏事由，都需先经过长官，长官再告知宰相，然后上奏。颜真卿上书陈述这样做的坏处，讽喻皇上大开言路，言辞激昂恳切。后来元载以诽谤罪，将颜真卿贬为硖州别驾。元载被诛杀后，重新授任他为刑部尚书。代宗去世后，他担任礼仪使。杨炎任宰相，厌恶他，让他做太子少傅，仍担任礼仪使，表面上显示恩宠，实际削除了他的权力。

【遭陷出使】

卢杞专权，嫉恨颜真卿，让他改任太子太师，罢黜礼仪使，又告谕颜真卿说："委任你为一方的军政长官，哪里最为方便？"颜真卿回答说："我因为性情耿直急躁，遭到小人的嫉恨，一再被贬斥。如今已

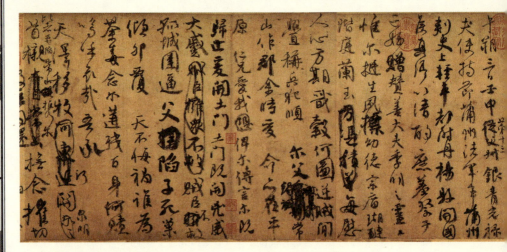
🌀 颜真卿书《祭侄文稿》

经年老体弱，希望得到您的庇护。当年相公的先父御史中丞的首级被传送到平原郡，脸上的血我不敢用衣服擦拭，只能用舌头舔去，您为何忍心不容我啊？"卢杞惊惶下拜，而心中含着怒气。适逢李希烈攻陷汝州，卢杞便上奏说："颜真卿被四方所信任，派他去晓谕叛贼，不战可胜。"皇上准奏，而朝廷的官员都大惊失色。

颜真卿刚见到李希烈，想要宣读圣旨，一千多人就手拿兵刃逼近颜真卿，要吃他的肉。诸将围着他谩骂威胁，颜真卿不为所动。李希烈喝退众人，将颜真卿请进馆舍，逼他写下奏章，让朝廷为自己平反昭雪，然后自己才撤兵休战。颜真卿多次派人前往京师表奏，皇上都没有答复。当时朱滔等人的使者在座，看着颜真卿对李希烈说："您正要建立大业，太师就来了，这不正是天意吗？宰相之位，

除太师之外，还有谁能担任呢？"颜真卿正色斥责道："你们听说过颜杲卿吗？他是我的兄长。安禄山反叛，他首举义兵，被害的时候仍然没有停止唾骂反贼。我今年快要八十岁，官至太师，要誓守兄长的节气，死而后已，怎能屈服于你们的威逼利诱？"

【被拘遇害】

李希烈于是将颜真卿囚禁，命令十个士兵守卫，又在庭中开挖一丈见方的大坑，叫"坑颜"，颜真卿安然自得，毫不在意。张伯仪在安州战败，李希烈派人带着张伯仪的首级向颜真卿夸耀，颜真卿哭倒在地。后来，李希烈的大将周曾等人谋划袭击汝州，借此回兵诛杀李希烈，奉颜真卿为节度使。事情败露后，李希烈杀死周曾等人，又将颜真卿送到龙兴寺。颜真卿估计自己必死，便写下遗书，又为自己撰写墓志铭和祭文。他时常指着居室西墙壁下说："这就是我的葬身之地。"李希烈攻陷汴州后，僭越称帝，派人问颜真卿相关礼仪，颜真卿回答说不记得了。

兴元元年（784），朝廷的军队又强大起来，李希烈担心蔡州发生变故，于是派遣将领辛景臻等人来到颜真卿居住的庭院，堆积柴火，又在上面浇上油，并传达命令说："不能屈节的话，就应当自焚。"颜真卿于是投身赴火，辛景臻等人赶忙制止了他，并禀告李希烈。

德宗收复京城后，李希烈的弟弟李希倩在朱泚叛党中，依法被处死，李希烈因此十分恼怒，八月三日，他派宦官和辛景臻等人前去杀死颜真卿。他们到达之后，说："有敕令。"颜真卿下拜后，宦官说："应赐你死罪。"颜真卿说："我没有完成使命，罪当处死，但不知道使者什么时候从长安来？"宦官说："我从大梁来。"颜真卿骂道："你不过是叛臣贼子，这算什么敕令！"于是被勒死，终年七十七岁。

等到淮、泗平定，贞元元年（785），颜真卿的灵柩被送回京城。德宗十分哀痛，停止朝会五天。贞元六年，在南郊祭天，授任颜真卿的一个儿子为五品正员。后来，文宗又授任颜真卿的曾孙颜弘式为同州参军。

论赞

史 臣曰：段秀实孝敬父母，精忠报国，是武将中的英雄；如果不是杨炎弄权，他被任命为将领，朱泚之祸怎么会发生呢？颜真卿富有学问，坚守正义，保持节气，是文中豪杰；如果不是卢杞憎恨忠直之人，他被任命为宰相，则他的道义就会得到推广，又怎会有李希烈之叛呢？国家任用贤能就安定，失去贤人就有危险。德宗在内偏信奸邪之人，对外排斥良善，几乎导致国家危亡，这是理所当然的。哎，他俩为道义而献身，为后世树立榜样，真是历代少有的志士，光大了文王武王的道义啊！

李晟列传

李晟是唐朝的一位著名将领。他十八岁参军，跟随王忠嗣攻打吐蕃时，一箭射杀敌军骁将。经过多次擢升，他跟随李抱玉镇守凤翔，击退吐蕃军。建中（780～783）年间，他攻打田悦叛军，解救赵州之围，历时数月，因病没有成功。恰逢朱泚作乱，于是奉诏远赴奉天解难。李怀光心怀异志拖延军机，李晟果断移军东渭桥免于祸乱，并谋划收复了京城。后来吐蕃采用反间计离间李晟等三位大将，加上宰相张延赏的谗言，被解除兵权。李晟于贞元九年去世，谥号忠武，凌烟阁上留有他的画像。

▶【击退吐蕃】

李晟，字良器，陇右临洮人。祖父李思恭，父亲李钦，世代居住在陇右担任副将。他年幼丧父，对母亲孝顺恭谨，性情勇猛刚烈，很有才干，擅长骑射。他十八岁参军，身高六尺，勇敢绝伦。当时，河西节度使王忠嗣攻打吐蕃，吐蕃骁将登上城楼抵抗，射伤了很多士兵，王忠嗣招募军中善射之人去射杀他。李晟拉弓引箭，一箭就射死了他。王忠嗣厚赏了他，拍着他的背说："此人可以抵挡一万敌军。"凤翔节度使高升雅久闻其名，征召他为列将。此后，李晟多次击败羌军，广德（763～764）年间因功授任特进、试光禄卿，转任试太常卿。

大历（766～779）初年，李抱玉镇守凤翔，任命李晟为右军都将。大历四年，吐蕃围攻灵州，李抱玉派遣李晟率领五千士兵进击吐蕃，李晟推

辞说："靠兵力攻打人太少，以谋略攻打人又太多。"于是请求率兵千人冲出大震关，到达临洮，毁灭定秦堡，活捉定秦堡将领慕容谷钟，吐蕃才撤销了对灵州的包围离开。李晟因此被授任为开府仪同三司，兼任左金吾卫大将军、泾原四镇北庭都知兵马使。不久，节度使马璘在盐仓和吐蕃交战失败，李晟率领部众予以截击，在乱军中救出了马璘，并因功被封为合川郡王。德宗即位后，吐蕃进犯剑南，三川为之惊恐，皇上诏令李晟率领神策兵救援，李晟于是越过漏天，攻破飞越，平定肃宁三城，渡过大渡河，消灭吐蕃军士一千多人，吐蕃随后撤退。

▶【攻打叛军】

建中二年（781），魏博节度使田悦反叛，率兵包围临洺州和邢州，德宗诏令李晟担任神策先锋都知兵马

使，和河东节度使马燧、昭义节度使李抱真合兵救援临洺。河东、昭义军在临洺之南进攻杨朝光，杨朝光被斩杀。李晟和河东骑将李自良、李奉国在双冈攻打田悦，田悦退兵，李晟引兵渡过洺水，横击田悦的军队，田悦大败。当时朱滔、王武俊联军在深、赵两州，因朝廷赏赐太轻而心怀不满，田悦知道后，派遣使者前去求援，朱滔和王武俊答应响应，于是派兵在赵州围攻康日知。李抱真分兵两千守卫邢州，马燧大怒，想要撤军。李晟对马燧说："当初我们三个将领奉诏一起进攻。李尚书因邢州和赵州接壤，分兵把守，诚然没有害处，而且他的精兵强将都留在这里，您现在突然要撤退，国家大事怎么办呢？"马燧怒气顿消，亲自前往李抱真的营垒，和他交好如初。

🔴 **三彩酒匜·唐**

胎呈棕红色，形状像鸳鸯，其背部有椭圆形开口，供盛物用。鸳鸯头部饰白釉，冠部施绿釉，颈和腹部施棕红色釉，两翼及尾部用红、黄、绿和白色釉装饰，形态逼真，色彩艳丽，是一件十分珍贵的艺术品。

王武俊进攻赵州，李晟献计请求解赵州之围。德宗加封他为御史大夫，禁军将军莫仁擢等人都归他统领。李晟从魏州率军北上，直奔赵州，王武俊听说后撤军而去。李晟在赵州停留三日，和张孝忠合兵，北攻恒州，在清苑围攻朱滔的将领郑景济，决水灌城。田悦、王武俊派兵救援，两军交战于白楼，李晟的坐骑接连被射中。过了一个月，城中情势更加危急，朱滔、王武俊于是召集了更多兵力，围攻李晟。李晟与郑景济等人多次交战，从正月直到五月。后来，李晟病重，多次晕倒，军中将官于是谋划将他用马车拉回定州，敌军也不敢追逼。

【远赴奉天】

李晟病好以后，准备再次进军，恰逢京城发生变故，德宗在奉天诏令李晟前去救援。李晟接到诏令后流下了眼泪，当天就要出发。义武军本来依仗李晟，不想让李晟离开，数次阻拦他。李晟对将领们说："天子流落在外，做臣子的应当舍弃一切，死而后已。张义武想阻挡我，我只好留下儿子作人质。"终于得以成行。李晟率军从河中经由蒲津，进军渭北，驻扎在东渭桥以进逼朱泚。当时刘德信率领亲兵援救襄城，在扈涧战败，听说国难后，前来和李晟合军。但军队不统一，李晟不能控制，于是罗列刘德信的罪状将他斩杀，合并了他的军队，从此军威大振。

【孤军解难】

当时朔方节度使李怀光也从河北前来，驻扎在咸阳。李怀光担心李晟独自立下大功，于是奏请和李晟合并，皇上下令李晟移军并入李怀光的军队。李晟奉诏率军来到陈涛斜，营垒还没有建成，敌兵忽然到来，李晟请求出战，李怀光担心李晟立功，便说：军队刚到，应该养精蓄锐再伺机进攻。李晟知道他的用意，于是作罢。当时是兴元元年（784）。每次作战的时候，李晟都要穿上锦裘、戴上绣帽，在将士前面训话。李怀光对此十分厌恶，指责他说"将帅应当持重"，李晟说："我在泾原很久了，军士们畏服我，所以要让他们记得我，以赢得军心。"李怀光更加不高兴，暗中产生反叛之心，拖延着不肯进军。他坚守壁垒八十多天，德宗很着急，多次派宦官前去催促。李怀光借口士兵疲乏，请求休整后再伺机进攻，暗中却和朱泚勾结，反叛迹象日渐明显。李晟担心被他兼并，于是秘密奏请移军到东渭桥，并派副将各自领兵五百镇守其他地方，以备不测，皇上没有允许。

不久，吐蕃请求出兵帮助讨伐朱泚，皇上想要亲自统率兵马，到咸阳督促各军征讨。李怀光听说后十分害怕，担心皇上要剥夺他的

⚓李晟像

军权，于是加紧谋划，情势十分危急。当时廊坊节度使李建徽等人都与李晟联营驻扎，恰好有宦官路过李晟军中，李晟于是假传诏令，让自己的军队转移到东渭桥。不出几日，李怀光果然劫持李建徽等人，吞并了他们的军队。

皇帝到达梁州后，口头诏令授任李晟为尚书左仆射、同中书门下平章事。他长叹说："要是早点听从李晟的话，三蜀可以安坐而得。"李晟哭着接受任命，随后加紧部署城壕，修缮兵甲，谋划收复京城。他孤军抵挡强敌，担心被吞没，于是一方面向李怀光进献财物，假意逢迎，暗地里却积极防备。等到粮草准备充足后，他检阅三军，陈述诛贼护君之志，三军感动落泪。

当时，朱泚盗据京城，李怀光图谋反叛，河朔有三个割据政权：李纳在河南虎视眈眈，李希烈则在汴、郑州十分猖狂。李晟内无财物，外无增援，以孤军抗拒强贼，而锐气却不衰落，只用忠义感召人心，因此英豪纷纷归向于他。三月，李怀光从三原、富平向东抵达奉天，所过之处烧杀劫掠。李怀光的部将孟涉、段威勇，本来是神策军将领，憎恨李怀光背叛君主，到达富平后，率领几千人投靠李晟，李晟奏请封授孟涉为检校工部尚书，段威勇兼御史大夫。

【收复京师】

五月三日，李晟率军抵达通化门，炫耀军威后返回，敌军不敢出击。清晨李晟汇集诸将，谋划进军的方向，然后传送军书给浑瑊、骆元光和尚可孤，限令他们按期进军到城下。

二十五日夜间，李晟从东渭桥调动军队到光泰门外米仓村，进逼京城。李晟登上高处指挥，下令架起壕栅等候叛军。不久叛军大队人马到来，敌军骁将张庭芝、李希倩逼近壕栅求战，李晟下令吴诜等人领兵出击。当时华州军营在背面，兵力少，敌军于是合力攻打，李晟派李演和孟华率领精兵救援。中军齐声呐喊，李演力战，大败敌军，乘胜进入光泰门，叛军尸横遍野，残军逃入白华。

第二天，李晟准备再次出兵，诸将请求等西军到了，再左右夹攻。李晟坚持乘胜进击，召集诸将誓师完毕之后，陈兵在光泰门外。然后派王佖、李演率领骑兵，史万顷率领步兵，直奔苑墙神麚村。敌军倚凭木栅抗击，史万顷率先推翻栅栏而入，王佖的骑军相继跟进，敌军溃败，敌将段诚谏被俘获，大军分道一同进入，呼声震天。姚令言、张庭芝等人奋力抵抗官兵，双方交战十多个回合，官军乘胜追击到白华。忽然，一千多敌军骑兵出现在官军背后，李晟率领一百多名骑兵赶过来，敌军大惊，四散而逃，官军追击，斩杀的人不计其数。朱泚、姚令言等相继逃走，李晟派田子奇前去追赶，其余的党羽陆续投降。

当天，李晟率军进入京城，驻军在含元殿前，李晟住在右金吾仗下，号令军士五天之内不能擅自联络家人，又派京兆尹李齐运等人安抚晓谕百姓。将士秋毫无犯，士人百姓无不感激喜悦。二十九日，令孟涉等人分别驻军白华等地，李晟自己屯驻在安国寺。这天，故将李希倩等八人被斩首示众。

六月四日，李晟收复京师的消息传到梁州，德宗喜极而泣，群臣山呼万岁。不久李晟被授任为司徒，兼中书令。七月十三日，德宗从兴元回到京师，李晟和骆元光、尚可孤率兵前去迎接。旌旗连绵数十里，全城百姓夹道欢迎，李晟身着戎服在三桥谒见皇上，皇上停下马来慰问他。当月，朝廷大赦天下，追赠李晟的父母亲，又赐给他宅院。皇上又下令在东渭桥刻立石碑，由皇太子书写碑文。

【凤翔安民】

不久，皇上诏令李晟为凤翔尹、凤翔陇右节度使，改封西平郡王。李晟到达凤翔后，斩杀当初凤翔军叛乱的首领王斌等十多人。当初朱泚叛乱时，泾州也杀害主帅冯河清，另立别将田希鉴，适逢皇上流亡，无暇惩治，只好授任田希鉴为泾州节度使。李晟此时也奏请将他惩处。皇上听从了他的意见。李晟于是以巡视边境为由，来到泾州，田希鉴前去迎接，李晟将他当场诛杀，又诛杀了其他谋害

冯河清的凶手三十多人，并详细禀报皇上。皇上说："泾州是叛乱的渊薮，非李晟不能治理。"返回军镇后，李晟又表奏右龙武将军李观担任泾原节度使，吐蕃深感畏惧。李晟常说："河、陇陷落，都是因为将帅贪暴，致使部族离心、民不聊生而自取灭亡的。吐蕃自然环境恶劣，人们又苦于徭役赋税，怎么会不愿意归顺唐朝呢？"于是拿出全部家财，赏赐从吐蕃前来归降的人，众人纷纷来降。

【被罢兵权】

吐蕃相臣尚结赞诡计多端，发誓要除掉大将马燧、浑瑊和李晟三人。于是他使用反间计，离间三人。贞元二年（786）九月，吐蕃使用尚结赞的计谋，大举进兵陇州，李晟命令衙将王佖挑选三千精兵，埋伏在汧阳，等吐蕃军路过时，截击中军。吐蕃兵大败，尚结赞因为没被认出而侥幸逃脱。十月，李晟出兵攻破吐蕃的摧沙堡，斩杀堡使扈屈律悉蒙等人，从此尚结赞多次派遣使者前来求和。李晟上奏说："戎狄没有信义，不能答应和好。"宰相韩滉也支持李晟的意见。皇上不想打仗，疑心是将帅们要故意生事邀功。碰巧韩滉去世，张延赏接任宰相，他和李晟不和，于是多次进言污蔑李晟，说不能对他委以重兵。德宗于是罢免了李晟的兵权。三年三月，任命李晟为太尉。这年闰五月，浑瑊和尚结赞在平凉结盟时，果然被吐蕃劫持，浑瑊单身匹马得以逃脱，

将士全部陷落。六月，皇上罢河东节度使马燧为司徒，全部中了尚结赞的奸计。

李晟自从被罢免兵权后，除了朝谒之外，很少与人交往。通王府长史丁琼，也受到张延赏排挤，心怀怨愤，于是建议他早作他谋。李晟大怒，将他捉拿并报告给皇上。贞元四年三月，皇上下诏为李晟立五庙。贞元五年九月，又在延英殿召见李晟与侍中马燧，下诏赞扬他们的功勋，并让皇太子抄写这篇诏书赐给李晟，李晟将诏书刻在石头上，立在门旁。

【良臣君子】

当初李晟在凤翔的时候，曾经告诉门客幕僚说："魏徵直言善谏，致使太宗处在尧、舜之上，他是真正的忠臣，我十分敬慕他。"行军司马李叔度回答说："进谏是儒士的事，非立下功勋的武将该做的。"李晟敛容说："'邦有道，危言危行。'我有幸位居相位，有异议怎能隐瞒不说？"李叔度十分惭愧。因此李晟担任宰相后，常常不顾自身安危直言进谏。他性情沉默，从不向亲近的人泄露机密，治理部下，赏罚分明，对儿女也严加管教。对他有恩情的人，他都还以厚报。当初，谭元澄担任岚州刺史时曾经有恩于他，谭元澄后来遭贬，等到李晟显贵后，奏请追赠谭元澄为宁州刺史。谭元澄的三个儿子，他也勤加抚育，帮助他们成就学业走上仕途，人们都夸赞他有情义。

贞元九年（793）八月，李晟去世，终年六十七岁。皇上听到消息后为之落泪，停止朝会五天，下令百官前往他的宅邸凭吊，又亲自写下悼词，送至陵前，追赠他为太师，谥号忠武。后来常常派宦官到李晟的宅邸安抚他的儿子们，加以教养训诫，对他们取得的每一点进步，都感到十分高兴。从来没有人和李晟一样，始终得到皇帝的厚爱。

论赞

史臣曰：李晟气度宏伟勇武英豪，泾师叛乱，他赶赴奉天救难，是忠义之举；他应对白华的进军，将军队调移东渭桥，机智应变；他让儿子做人质，以解除张义武的怀疑，斩杀李楚琳、田希鉴，果敢决断；但德宗为政不明，缺乏度量，致使功臣遭受谗言，而奸邪之人把持国家大权。即使后来下令在东渭桥刻碑，又在凌烟阁为他画像，又有什么用呢？

韦皋列传

韦皋是唐德宗朝的重臣。最初，他担任陇州行营留后职务，朱泚叛乱后，他诛杀了陇州图谋作乱的牛云光，并誓死要平定叛军，为朝廷效力。朱泚被平定后，他奉命镇守四川。他和南诏交好，使南诏重新归附唐朝。后来，他又数次派兵攻打吐蕃，屡屡获胜，被封为南康郡王。顺宗即位后，因为长年生病，无法处理朝政，他又上表请求将朝政交给太子处理。同年，他暴病而死。

▶【纾救国难】

韦皋，字城武，京兆人氏。大历初年，他被补授为华州参军。宰相张镒出任凤翔陇右节度使，上奏举荐韦皋为营田判官，掌管陇州行营留后事务。

建中四年（783），泾州军队进犯京师，德宗逃至奉天。凤翔兵马使李楚琳杀死了张镒，归附朱泚。当时，朱泚的旧将牛云光率领五百人屯守陇州（即陕西陇县）。朱泚派兵围攻奉天时，牛云光因假称有病，请韦皋担任节度使，想要趁机叛乱，待捉拿韦皋后投奔朱泚。后来事情败露，牛云光率领部卒立刻投奔朱泚。走到汧阳时，牛云光遇到朱泚的家童苏玉正要出使到韦皋处去，任命韦皋为御史中丞。二人商量一起回陇州去，认为韦皋一介书生，即使不接受朱泚的任命，也很容易将他制伏。于是牛云光急忙返回到陇州。韦皋慰劳他们，并接受了朱泚的任命，然后问牛云光："当初不辞而别，现在又回来了，这是什么缘故呢？"牛云光说："我以前不知道您的心思，所以逃走了；如今知道您接受新的任命，于是就回来了，和您一起建立功业。"韦皋称好，然后又说："您如果诚心无诈，就请收起兵器，和我一起入城。"牛云光将韦皋当成书生，心存轻视，于是就收起了兵器，韦皋这才让士兵入城。次日，韦皋设宴犒劳苏玉和牛云光，以及他们的士卒，又在柱廊旁埋伏了士兵。宴会正酣时，韦皋出动伏兵将苏玉和

三彩碗·唐

牛云光全部杀死。后来，朱泚再次派遣使者任命韦皋为凤翔节度使，韦皋又杀掉了使者。于是朝廷诏令任命韦皋为御史大夫、陇州刺史。

于是韦皋筑坛，和将士们歃血为盟，发誓要铲除叛贼，为朝廷竭诚效力。他又派遣使者前往吐蕃求援。兴元元年（784），德宗回到京师后，擢升韦皋为左金吾卫将军，不久又迁任大将军。

【出镇蜀地】

贞元元年（785），韦皋被任命为成都尹、剑南西川节度使等职。当时南诏和吐蕃交好，常常和吐蕃联合，侵犯唐朝的边境。韦皋派遣判官崔佐时来到南诏，游说南诏国王脱离吐蕃，归顺朝廷。南诏国王异牟寻高兴地接待了使者，从此和吐蕃断绝关系，并派遣使者入京朝贡。自从巂州失陷后，南诏就向吐蕃称臣，二十多年都不向朝廷进贡，至此才又重新进贡。

贞元十七年，吐蕃因为境内的部落不断外逃投降，于是就进攻唐朝的灵州和朔州等地。唐德宗诏令韦皋出兵，深入吐蕃境内。于是韦皋命令数路兵马同时出兵，攻入吐蕃境内，攻城略地，斩杀无数，并乘胜进攻维州。赞普派遣论莽热带领十万兵众，前来救援，结果被唐军的伏兵打败，死亡过半，论莽热也被活捉。韦皋因战功，被封为检校司徒，兼任中书令，并被封为南康郡王。

【拥立太子】

顺宗即位后，加授韦皋为检校太尉。顺宗长年有病，不能临朝听政，宦官李忠言等三人干预国政，政由己出。韦皋于是派遣支度副使刘辟前来京师，刘辟私下谒见王叔文说："太尉让我向您传达诚心，如果能够让太尉统领剑南三川，太尉一定会好好酬报您；假如您不肯尽心办理此事，太尉也会有所回报。"王叔文大怒，想要将刘辟处死，但韦执谊竭力劝阻，刘辟这才得以脱身回去。韦皋于是知道，朝廷中有人不服王叔文，又知道王叔文和韦执谊不和，于是上表，请求让皇太子监国。他又给皇太子写信，请皇太子委任贤臣，斥逐王叔文等奸邪之人。太子写信回复了他，并加以赞美。后来，朝廷也陆续接到裴均、严绶等人的谏表，于是朝政开始交给太子处理，王叔文等人全部被斥逐。同年，韦皋暴病而亡，终年六十一岁，被追赠为太师，皇帝为他罢朝五天。

论赞

史臣曰：韦皋最初地位卑微，在国家动荡不安之际，却能挺身而出，奋力扶持国家的衰败，以凛然正气威震群贼，挫败贼臣的阴谋，可以称得上忠心了。而他晚年的时候，却被刘辟的邪说所迷惑，想要吞并巴州和益州，其心志就难以测量了。但他的贤明，却是不可多得的啊。

田承嗣列传

旧唐书

列传

田承嗣是唐朝安史之乱后，割据魏州、博州等地的藩镇节度使。他最初是安禄山的部将，安禄山叛乱后，他先后为安禄山、史思明效力。叛军被平定后，仆固怀恩心怀不轨，又举荐他担任魏州刺史。田承嗣赴任后，却加强军备，图谋割据一方。然而代宗对他姑息纵容。后来，田承嗣趁相卫节度使薛嵩去世之际，又派兵攻占了相州、卫州等地，最终他占据了魏、博等七州。

【姑息养奸终成害】

田承嗣，平州人氏，祖先世代在卢龙军中担任偏将。他的祖父田璟和父亲田守义，都为人豪侠仗义，闻名于辽、碣一带。田承嗣在开元末年担任军使安禄山的先锋兵马使，因俘获斩杀奚人和契丹人，多次立下军功，补授为左清道府率，后来擢升为武卫将军。安禄山叛乱后，田承嗣和张忠志担任他的先锋，攻陷了河洛等地。安禄山兵败后，田承嗣担任史朝义的前锋，再次攻克了洛阳，被史朝义任命为魏州刺史。唐代宗派遣朔方节度使仆固怀恩带领回纥军平定了河朔等地后，考虑到兵乱造成的破坏，于是力求休养生息，停止用兵，多次实行赦免，凡是因安禄山、史朝义等人受到牵连的，一律不予追究。当时，仆固怀恩暗中图谋不轨，担心叛贼被平定后，自己不再受到重用，就企图保留叛将作为后援，于是上奏朝廷，请求任命田承嗣、李怀仙、张忠志、薛嵩等四人分别统率河北诸郡。朝廷就任命田承嗣为检校户部尚书、郑州刺史，不久又改任魏州刺史、贝博沧瀛等州防御使。后来，又授予他为魏博节度使。

田承嗣不明礼教，为人逞强好勇，性喜猜忌，虽然表面接受了朝廷的任命，暗中却企图割据一方。他在辖境内征收重税，并修缮武器装备，又统计户口的多少，让年老体弱的人从事耕作，而青壮年全部召集入伍，因此，数年之间，他的兵力达到十万余人。他又挑选了一万多魁梧有力的士兵，组成了自己的卫兵，称为衙兵。郡县的官吏，他都自行任免，户版和税赋都不上呈朝廷，因此他名义上为藩臣，却并不听命于朝廷。代宗因为兵乱已久，就姑息纵容他，多次加授他为检校尚书仆射、太尉、同中书门下平章事，并封他为雁门郡王。后来，朝廷将魏州升为大都督府，并任命田承嗣为长史，还将永乐公主嫁给他的儿子田华，希望以此来笼络他，使他对朝廷忠心不二。然而，田承嗣本来出生于僻野之地，性喜凶逆，每次朝廷派人安抚他时，他都言辞傲慢无礼。

【幸得善终】

大历八年（773），相卫节度使薛嵩去世，他的弟弟薛崿想要承袭节度使的职位，然而朝廷却任命李承昭为节度使，衙将裴志清图谋作乱，驱逐薛崿，薛崿于是率领部众投奔了田承嗣。大历十年，薛崿归顺朝廷，田承嗣就派他的亲信党羽，煽动相州的将士叛乱，然后田承嗣派兵袭击，谎称是前往救援。代宗派遣宦官孙知古前往魏州安抚百姓，并诏令各地节度使安守本境。田承嗣却不听从朝廷的诏令，派遣大将卢子期攻打洺州，杨光朝攻打卫州，并杀死了卫州刺史薛雄，然后逼迫孙知古巡视磁州和相州，并指使那里的大将割耳刺面，请求任命田承嗣担任节度使，弄得孙知古一筹莫展。四月，皇帝下诏，列举田承嗣的罪状，将他贬为永州刺史。并且在诏书中说，如果田承嗣不接受诏令，就诏令河东节度使薛兼训、成德军节度使李宝臣等人率兵讨伐，按照军法论处。

田承嗣接到诏书后，大为恐慌，部下的将领也大都怀有异心，仓皇失措。于是田承嗣派遣牙将郝光朝上表

请罪，请求入朝觐见。代宗不愿兴师动众，因此降下诏书，让他官复原职，他的侄子田悦等人也都官复原职，同时诏令他不必入朝觐见。

大历十一年，汴州将领李灵曜据城反叛，朝廷诏令邻近的藩镇率兵讨伐。李灵曜向魏州求援，田承嗣于是下令田悦率领五千士兵，前去增援，结果遭到马燧、李忠臣等人的当头迎击，全军大败，田悦仅单身逃脱，士兵被杀死了多半，朝廷又下诏书讨伐田承嗣。次年，田承嗣再次上表请罪，代宗再次赦免了他，恢复了他的官爵。田承嗣原本占据有贝州、博州、魏州、卫州、相州、磁州和洺州，因此任命他为七州的节度使，他的子侄等人也全部被封官。朝廷派给事中杜亚前去宣读诏书，又赐给田承嗣铁券为凭。十三年九月，田承嗣去世，享年七十五岁。

论赞

史臣曰：朝廷的治乱与否，在于政令是否得当，以及权势的得失。秦朝人反叛，是因为国家失去了法制；汉朝能够兴起，是因为得到了权势。开元年间的政治，不动干戈蛮夷就自动前来归顺降伏；天宝年间，法令衰亡，于是天下沦丧。玄宗一旦失势，天下就如同江河泛滥，无人能够阻救，从此疆土被群贼瓜分，玄宗也四处逃亡。河朔等地的二十多个州郡，竟成为叛贼的老巢。然而，田承嗣等人凶恶狡诈，行为不善，然而却没有受到报应啊。

李吉甫列传

旧唐书 ·列传·

李吉甫是唐宪宗朝的贤相。他为人心地宽厚，陆贽当宰相时，曾经将他贬逐，后来陆贽被贬，他也不将旧怨放在心上。宪宗即位后，他被召入朝，担任宰相。他为官忠诚尽职，深得宪宗的嘉许。后来，他又举荐裴垍为相。裴垍被免职后，他再次入朝为相，帮助宪宗妥善地处理和回鹘（回纥在809年改称回鹘）部落的外交关系，又帮助宪宗筹划平定吴元济的事情。死后，他被宪宗赐予谥号忠懿。

【不报旧怨】

李吉甫，字弘宪，赵郡人氏。他幼时就很好学，善于写文章。二十七岁时，李吉甫担任太常博士，他博学多闻，尤其熟悉本朝旧事，受到时人的称赞。后来，他被擢升为屯田员外郎，又改任驾部员外。宰相李泌、窦参都很器重他的才能，十分礼遇他。等陆贽当宰相时，他出任明州员外长史，遇到大赦，被任命为忠州刺史。当时，陆贽被贬逐到忠州，人们都猜想李吉甫会趁机报复陆贽，罗织他的罪状。然而，等李吉甫赴任后，却与陆贽相处十分融洽，没有将旧怨放在心里。他在忠州刺史任上，六年没有升官，因病被罢免。不久，他被任命为柳州刺史，后来又迁任饶州刺史。此前，饶州接连死了四位刺史，大家都以为是鬼神作祟，于是府邸被废弃了，无人敢居住。李吉甫到任后，却打开府门的锁，刘除杂草，然后住了进去，人心于是安定下来。

【初任相职】

宪宗即位后，李吉甫被召入朝廷，任命为翰林学士，后来转任中书舍人。宪宗刚登基不久，中书省的小官滑涣和知枢密中使刘光琦关系亲密，窃取了朝政大权，李吉甫上奏，请求将滑涣除掉。刘辟反叛后，宪宗下令讨伐，但心中有些犹豫不决，李吉甫暗中予以支持，并请求调遣江淮等地的军队，从三峡进军，来分散蜀中敌寇的兵力。宪宗听从了他的建议，从此对他日益信重。次年春天，杜黄裳出外任职，宪宗将李吉甫擢升为中书侍郎、平章事。李吉甫聪敏颖悟，处事干练，在江淮等地为官十五年，因此深知民间疾苦。担任宰相后，他深知方镇节度使贪纵枉法，于是向皇帝进言，请求允许藩镇下属的州郡刺史可以自主为政。他又不遗余力地进用有才之士，因此深得人们的赞誉。

李吉甫早年曾经提拔羊士谔，任命他为监察御史；司封员外郎吕温擅

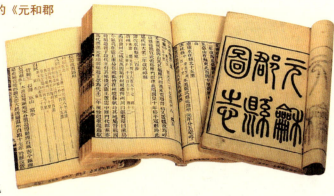

长辞赋，李吉甫也十分礼遇他。当时，窦群也和羊士谔、吕温等人交往。窦群被任命为御史中丞时，奏请任命羊士谔为侍御史，吕温为郎中、知杂事。李吉甫对窦群恼火，因为他事先没有禀告自己，而请求的官职又是超出规格，于是将窦群的奏章扣押多天，因此两人产生了嫌怨。后来，窦群伺机探知术士陈克明经常出入李吉甫的家中，于是将他秘密逮捕，并上奏宪宗。宪宗审问陈克明，没有发现什么罪状。李吉甫却有些不安，思量裴垍长期在翰林院，受到宪宗的宠信，日后一定会受到重用，于是暗中推荐裴垍代任宰相，自己出任方镇节度使。同年九月，李吉甫充任淮南节度使，皇帝登临通化门的城楼，为他饯行。他在扬州时，每遇朝廷得失或军国大事，都秘密上奏提出建议。他又在高邮县修筑堤坝，灌溉数千顷良田，使百姓大受好处。

【再任相职】

元和五年（810），裴垍因病被免去相职。次年正月，李吉甫再次入朝担任宰相。他奏请削减冗官，并重新核定内外官员的俸禄，此举深受时人的称赞。当时，京城有些寺院的僧侣，广占良田却免征赋税，李吉甫又上奏请求革除此弊，宪宗同意了他的奏议。

元和七年，京兆尹元义方上奏说："按照礼制，应该为永昌公主修建祠堂，请求陛下厘定祠堂的规模。"皇帝诏令元义方将规模削减到前朝的公主祠堂的一半。李吉甫上奏说："永昌公主早年夭折，举国悲伤，何况是陛下呢。但为公主设置祠堂，礼仪的典册中却没有记载。所以，我认为不如酌情安

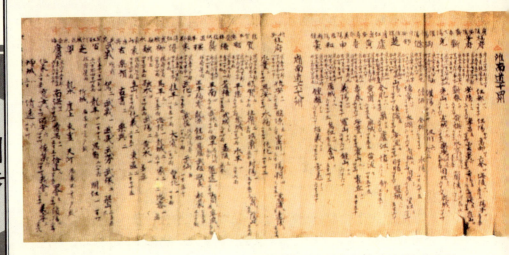

此书发现于敦煌藏经洞，首尾俱缺，现存 160 行。起自陇右道同谷郡，止于岭南道贺水郡。共记载州府 138 个，县 641 个，约占当时中国郡县总数的 40%。

置守墓民户，以充任守奉之职。"次日，宪宗对李吉甫说："你昨天所上奏的罢免祠堂一事，很合我的心意。我最初不知先例，担心此事耗费太大，因此予以削减。见到你的上奏后，才知道此事毫无旧例。但我不想挑选二十户百姓为公主守墓，想派官户任此差使。"李吉甫拜首祝贺宪宗的圣明。宪宗说："这又不是什么难事，即使有关我本人的事情，如果施行起来有弊病，我听说后也会改正！你尽管勤勉为政，匡正我的过失，不要以为我不能实行。"

同年七月，宪宗来到延英殿，对李吉甫说："我最近废弃了畋猎游玩等事，只喜欢读书。今日读到《代宗实录》，见那时朝纲废弛，屡起事端，心中有所警觉。后来看到你家先人的事迹，实在值得赞叹。"李吉甫于是跪伏在地，说："先父侍奉代宗，尽心尽节，然而时运不济，没有能够等到陛下即位，我心中也时常有遗憾。陛下喜欢阅读文史，得知先父对前代皇帝的忠诚，今天又予以褒扬，先父虽在九泉之下，也很欣慰了。"因此俯伏在地，流泪不止，宪宗再次加以安慰劝勉。

【和绥边疆】

后来，回鹘部落越过沙漠，取道西城柳谷路，前去攻打吐蕃。朝廷得到西城防御使周怀义的奏表后，大为惊恐，以

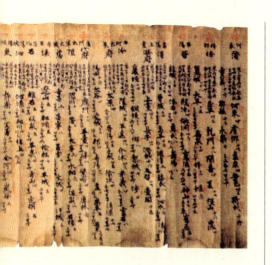

为回鹘声称讨伐吐蕃，实际是想入侵边境。李吉甫上奏说："如果回鹘入侵，按理应当是逐渐断绝双方的友好关系，不会忽然就侵犯边境。我军只需加强边境防守，不必担心。"于是李吉甫请求从夏州到天德，将废置的驿站重新修好，用于通报军情，又调遣夏州士兵，加强防守。此外，他又请求在经略故城设置宥州郡。宪宗答应了他的请求。

淮西节度使吴少阳死后，他的儿子吴元济请求袭封父亲的官职。李吉甫认为淮西属于内地，不同于河朔等地，况且四邻没有援兵，朝廷常年派出几十万士兵用以防守，不如趁机平定此地。他的建议很得宪宗的心意，于是皇帝筹备平定淮西之事。

▶【暴病而亡】

元和九年（814）冬，李吉甫暴病而亡，终年五十七岁。宪宗痛惜了很长时间，又派遣宦官前去吊唁，并追赠为司空。李吉甫最初任宰相时，

处理政务举措得体，等到从淮南被再次召回时，朝廷内外都对他寄予了厚望。然而他执政以后，由于受到小人的蒙蔽，人们都很疑忌畏惧他。当时，那些声望很高的人由于担心受到李吉甫的嫉恨，大多都远避他。宪宗暗中知道此事，不到一年，就擢用李绛。李吉甫和李绛两人不和，李绛为人刚直，两人在宪宗面前争论时，人们大多认为李绛有理。然而李吉甫为人小心谨慎，即使自己不喜欢的人，他也不加以伤害。在日常生活上，他非常奢侈，饮食衣服都极为珍美，但他并不营求财产，除掉京师的一所宅邸外，并没有其他的宅邸，人们因此很敬重他。他的谥号被定为敬宪，后来朝臣讨论时，度支郎中张仲方却出言反对，认为谥号溢美不实，宪宗大怒，贬逐了张仲方，将李吉甫的谥号赐为忠懿。

李吉甫曾经讨论《易象》的义理，附在一行的集注下面。他又编撰了《六代略》《元和郡国图》等书，当时都流行于世。他的儿子是李德修和李德裕。

论赞

史臣曰：李吉甫精通坟典，熟知旧事，引荐裴垍，使朝廷纲纪严明。他知道裴垍善于鉴别人才，裴垍知道李吉甫善于任用贤能，两人互相辅助，互相之间毫无猜忌中伤。他们的确是治国之臣，的确无愧于宰相之职啊。

韩愈 柳宗元列传

韩愈和柳宗元都是唐朝的一代文坛领袖。韩愈出身贫寒，但刻苦好学，文章开创一代风气之先。他为人过于耿直，屡次得罪权臣，因此屡遭贬斥。后来，宪宗迎立佛骨，韩愈上表劝谏，触怒了宪宗，被贬为潮州刺史。他入朝做官后，又奖掖后进，一心以振兴名教为己任。柳宗元出身官宦之家，文采出众，后来因王叔文受到牵连，被贬逐到邵州。他为人很仗义，曾经上表朝廷，请求将好友刘禹锡调到柳州，而自己改任到更偏远的播州。

▶【韩昌黎求学为文】

韩愈，字退之，昌黎（今河南孟县）人氏。韩愈三岁时父亲去世，之后被寄养在堂兄家中。他自认是孤儿，幼时学习非常刻苦，根本不需要别人奖励督促。大历（766～779）、贞元（785～805）年间，他的文字崇尚古学，效法扬雄、董仲舒等人的著作。当时，独孤及、梁肃学问最渊博深奥，为士人所推崇。韩愈跟随他们学习，精心钻研，意欲开创一代风气。他参加进士考试，文章传诵于公卿之间，前任宰相郑余庆十分欣赏他，从此韩愈逐渐出名。不久，他就考中了进士。

▶【为官耿介】

宰相董晋出京镇守大梁，召他到幕府做巡官。徐州张建封又请他担任幕僚。韩愈说话率直，无所畏惧，操行正直，却拙于应付世务。他又转任监察御史。德宗晚年，政令不统一，宰相不能独立掌管政务。官市之弊，谏官论之不听。韩愈曾经上书数千言的文字，极力劝谏。德宗不但不听，反而发怒，将他贬为连州山阳令，后来改任江陵府掾曹。

元和（806～820）初年，韩愈被召为国子博士，迁任都官员外郎。当时，华州刺史阎济美秉公办事，将华阴县令柳涧暂时停职，改任掾曹之职。几个月后，阎济美被免职，柳涧便唆使百姓拦住道路，索要官府欠发的服役工钱。后任刺史赵昌按查明柳涧的罪状，上报朝廷，将他贬为房州司马。适逢韩愈出使华州，听说此事后，认为这是刺史互相偏袒包庇，便上书为柳涧辩解，皇帝没有做答复，却诏令监察御史李宗奭审理此案，查获柳涧曾经贪赃枉法，再次将柳涧贬为封溪尉。而韩愈妄加议论，又降任为国子博士。韩愈自恃才华出众，却屡次被黜斥，于是写了《进学解》一

文。文中以国子监先生自喻，国子监先生虽然学问精深，才气出众，却没有得到重用，然而国子监先生却并不抱怨或懈怠，而是严格要求自己，力求臻于至善。

后来掌权之人，读到他的文章后心生同情，认为他有修史之才，于是改任比部郎中、史馆修撰。过了一年，又转任考功郎中、知制诰，并拜授为中书舍人。

不久有人嫌恶韩愈，搜集他的旧事，说韩愈以前被贬为江陵掾曹时，荆南节度使裴均十分厚待他，裴均的儿子裴锷为人粗鄙无行，最近裴锷回家探望父亲，韩愈为他作文饯行，并亲密地称呼他的字。这件事在朝臣中传得沸沸扬扬，于是韩愈被改任为太子右庶子。

元和十二年（817）八月，宰相裴度被任命为淮西宣慰处置使，兼任彰义军节度使，他上奏朝廷，请求让韩愈担任行军司马。淮、蔡等地平定后，韩愈跟随裴度入朝，因功被授予刑部侍郎。皇帝下诏让韩愈撰写《平淮西碑》，韩愈在碑文中记叙了裴度的很多事迹和功劳。当初平定蔡州，捉拿吴元济时，李愬功居第一，见到碑文后心中愤愤不平。李愬的妻子经常出入宫中，趁机诉说碑文失实，宪宗便下令毁掉韩愈的碑文，让翰林学士段文昌重新撰写碑文，勒石记功。

【谏阻迎佛骨】

当时，凤翔法门寺有护国真身塔，塔内安置有释迦牟尼佛的真身舍利。据说每三十年打开一次，就会五谷丰收，百姓安泰。元和十四年正月，宪宗派遣宦官杜英奇带着三十名宫人，手持香花，前来迎接佛骨。佛骨从光顺门进入宫中，并留在宫中三天，然后送回原寺庙。王公士庶，都争先恐后地前来布施，唯恐落在后面。甚至有百姓废业破产，用火烧灼头顶手臂，用来供养佛骨。韩愈向来不喜欢佛教，因此上书劝谏。大意是说：佛本来是夷狄之人。中原自古就没有佛教，然而黄帝、颛顼等人寿命都很长，国家也太平无事。后来佛教传到中原，信佛的君主寿命都很短，在位时间也不长。梁武帝虔心信佛，结果却被侯景所逼，饿死在台城。由此可见，佛不足信奉。陛下如果迎接佛骨，将会失去君臣之义、父子之情，伤风败俗的事情也会发生。因此，我请求陛下禁绝此事。

宪宗看过韩愈的疏奏后，极其恼火。过了一天，他将奏疏给宰相看，准备将韩愈处死。裴度、崔群等人上奏说："韩愈冒犯了陛下，的确应该被治罪，然而他是出于忠心，请求陛下稍稍减轻对他的处罚。"宪宗说："韩愈说我过分信奉佛教，我还可以容忍。但他说东汉信佛之后，帝王寿命都很短，说得多荒谬啊。他这么狂妄，罪不可赦。"朝臣听说后，都大为震惊惋惜，就连皇亲贵戚都认为处罚太重，纷纷为韩愈求情，于是韩愈被贬为潮州刺史。

韩愈走到潮阳时，向宪宗上表。大意是：自己年老体弱，被流放到极偏远之地，以后很难再见到陛下。我天性愚陋，不通世事，但文章之才，并不逊于古人。陛下为政英明，超过前代的数任皇帝，可惜我被拘禁在海岛，日后难得为陛下效微薄之力了。

宪宗读到他的上表后，对宰相说："我思量韩愈谏阻迎接佛骨之事，的确是出于爱我之心，我怎能不知道呢？只是韩愈作为人臣，不该说帝王侍奉佛就会短寿，我是憎恨他说话轻率。"宪宗原本打算重新起用韩愈，因此这么说，以试探宰相的态度。皇甫镈向来嫌恶韩愈为人耿直，害怕他被再次任用，于是抢先回答说："韩愈为人疏狂，可以调任一郡的长官。"于是宪宗任命韩愈为袁州刺史。

【担任刺史】

起初，韩愈来到潮阳后，开始处理政事，询问民间的疾苦，百姓都说州城西边的水潭中，有条硕大无比的鳄鱼，经常吃掉牲口家畜，使大家生活都很困顿。几天之后，韩愈前往水潭观察，让判官秦济预备好一头猪和羊，投进水潭中，祝咒鳄鱼说：

"前代德行浅薄的君主，丢弃了楚、越等地，那么你藏身于此还情有可原。如今天子圣明，安抚天下。何况扬州是刺史县令的官署所在地，要缴纳贡赋，用以祭祀天地宗庙，你怎么能和刺史同处此地呢？我是天子的封臣，镇守此地，而你却为害乡里，和我较量。我虽然愚弱无能，但怎能俯首臣服，甘居其下呢？潮州南部有大海，你可以前往那里。我如今和你约定，七天之内，如果你还不肯离开，我就选派壮士，带上强弓劲弩，和你一决雌雄！"

当晚，潭中刮起猛风，雷声也轰鸣不停。几天后，水潭就干涸了，鳄鱼迁移到水潭以西六十里的地方。从此，潮州人不再遭受鳄鱼之患。

袁州有一种风俗，为了借钱，常常将子女抵押在出借者家中，为他服役。如果过期没有偿还，子女就成为那家的奴婢。韩愈来到袁州赴任后，设法赎回被没收为奴婢的子女，将他们归还给父母。他又废除这种习俗，不许蓄养奴隶。

【再入朝堂】

元和十五年（820），韩愈被召入

朝，担任国子祭酒，后来转任兵部侍郎。适逢镇州士兵杀死了田弘正，拥立王廷凑为节度使，朝廷诏令韩愈前往镇州安抚。韩愈到达后，召集军民，晓以大义。他言辞恳切，王廷凑畏惧而敬重他。后来，韩愈改任吏部侍郎，又改任京兆尹，兼任御史大夫。他因为没有参谒御史台的官员，被御史中丞李绅所弹劾。韩愈不服，援引敕文，声称御史大夫可以不参谒御史台的官员。李绅和韩愈气量都很褊狭，因此两人争论不休，彼此都不服气。皇帝为平息此事，就让李绅出京担任浙西观察使，韩愈也被免去京兆尹，改任为兵部侍郎。李绅赴任前向皇帝辞别，又流着泪向皇帝诉说。皇帝同情他，于是更改诏书，任命李绅为兵部侍郎，韩愈重新担任吏部侍郎。

长庆四年（824）十二月，韩愈去世，终年五十七岁，被追赠为礼部尚书，谥号为文。

韩愈性情通达，和人交往，无论别人荣辱沉浮，他都视之如一。他幼时和洛阳人孟郊、东郡人张籍友善，当时两人还没有名气，韩愈却不避寒暑，向公卿大臣称赞和举荐他们，最终张籍考中了进士，仕途显达起来。后来韩愈虽然显贵，但在公事之暇，和他们谈诗论文，谈话宴饮，仍然和

🔴 **柳侯祠**

广西柳州市的公园内，有一座为了纪念唐代著名文学家柳宗元而建立起来的柳侯祠。它始建于唐代长庆元年（821），原名罗池庙，因宋代追封柳宗元为文惠侯，遂改为柳侯祠。

以前一样。然而他对待那些权势熏天的显贵们，却不屑一顾，就如同对待奴仆一样。他为官期间，奖掖后进，将很多有才之士延请到家中款待，即使自己没有早饭吃，也和颜悦色，毫不介意。他总是将振兴名教、弘奖仁义当做自己的职责。他又尽心帮助穷困的亲族朋友，由他资助出嫁的亲朋好友的孤女多达十人。

【道德文章】

韩愈认为自从魏晋以来，作文章的人大多拘泥于形式，而经诰的要旨，司马迁、扬雄的风格，都早已势微了。因此韩愈写文章，一反近世的体例，形成独创一家的气象和风格。后辈学者们都争相效法。当时写这种文章的人很多，但没有人超过他，因此被世人称为"韩文"。然而他自恃才学，常常会有些违背孔孟的主张。例如：南方人妄言柳宗元死后，成为了罗池神，韩愈就撰写碑文，证实此事；李贺的父亲名叫李晋，李贺避讳不参加进士考试，韩愈就写了《讳辨》一文，鼓励李贺去考试；他又写了《毛颖传》，极尽讥讽嘲弄之能事，甚至到了不近人情的地步。这些都是他写文章的瑕疵。当时人们说韩愈有治史之才，等到他撰写《顺宗实录》，却繁简取舍不当，受到人们的非议。穆宗和文宗曾经召集史臣进行增改，当时韩愈的女婿李汉、蒋系位居高官，史官们怕得罪他们，都很为难。后来韦处厚干脆另外撰写了《顺宗实录》三卷。

【才华横溢柳河东】

柳宗元，字子厚，河东人氏。他出身官宦之家，幼年时就聪慧异常，尤其精通西汉之文，以及《诗经》和《离骚》。他下笔的构思布局，可以和古人相媲美，写出的文章精当细致，宛若珠贝一样璀璨生光。因此，柳宗元深得同辈的推崇。后来，他考取了进士，被任命为校书郎、蓝田尉。贞元十九年（803），柳宗元担任监察御史。

顺宗即位后，王叔文、韦执谊执掌朝政，两人尤其器重柳宗元。他和监察御史一起被秘密召入宫中，一起商讨大事。不久，他转任尚书礼部员外郎。但适逢王叔文失败，柳宗元等七人一同被贬。柳宗元被贬为邵州刺史，在赴任途中，又再次被贬为永州司马。柳宗元既受贬逐，又遭受瘴疠之苦，心中抑郁悲愤，因此就将这些感情，都寄托在诗文之中。他写了十多篇骚体文，读过的人都为之感伤不已。

元和十年，按照惯例，柳宗元应被内移为柳州刺史。当时，朗州司马刘禹锡被任命为播州（今贵州遵义）刺史，诏书下达后，柳宗元对身边的人说："刘禹锡的母亲年事已高，如今让他到蛮夷之地担任刺史，地处偏远，来往之间有万里路程，不可能和母亲同行。如果母子各处一方，就永远诀别了。我和刘禹锡是知交，怎么忍心见他这样呢？"于是，他就起草奏章，请求让刘禹锡担任柳州刺史，他自己前往播州。适逢裴度亦奏其事，于是刘禹锡改任连州刺史。

柳州的风俗，向人借钱时都用子女做抵押，逾期不还，子女就充作奴婢，柳宗元革除了这种风俗。已经被充作奴婢的，他就自己掏钱将他们赎回，归还给父母。当时，江岭之间想考取进士的，常常不远千里，来跟随柳宗元学习；而在他门下学习的，最终都成为了名士。他著述很多，名气很大，被时人称为"柳州"。

元和十四年（819）十月，柳宗元去世，时年四十七岁。

论赞

史 臣曰：贞元、大和年间，凭借文学之才晋升为士大夫的，只有柳宗元和刘禹锡而已。他们文采出众，又能操办实事，的确是一代大才。如果让他们歌颂帝王的功绩，的确不让于古代的圣贤，胜过了同辈人。然而他们行为不谨慎，亲近小人，因而遭受颠沛流离之苦，而且使平生的事业蒙上污点。因此君子应该合群但不结党，处事小心谨慎。韩愈和李翱两人，生活在仁义衰微的末世，却仍然汲汲于仁义。他们立志要匡正社会风气，用诗文礼乐来教化人们，可惜最终没能如愿。至于他们抵制杨、墨之说，排斥佛教和道教，虽然未能通达大道，却也用心良苦啊。

元稹 白居易列传

元稹和白居易都是唐朝后期的大臣，同时也是诗人。元稹在元和四年（809）担任监察御史，行事雷厉风行，因为触犯宦官权贵被贬。元稹历任通州司马、虢州长史，后来靠宦官崔潭峻援引，擢升为祠部郎中、知制诰。大和五年（831），他在武昌军节度使任上去世。白居易最初受到明主提拔重用，想要尽力报效恩德，但遭人嫉恨，才能得不到发挥，眼见朝政荒纵，他失望之下淡泊名利，转而怡情山水修习佛学，晚年辞官，和香山僧人如满结成香火社，自称"香山居士"，留下诗作无数。他和元稹关系很好，因此互相作诗唱和，两人被合称为"元白"。

【谏官元稹】

元稹，字微之，河南人，后魏昭成皇帝是元稹的十代祖先。元稹八岁时丧父，母亲郑夫人是一位贤良开明的妇人，因为家中贫困就亲自教元稹读书。元稹九岁时就能写文章，十五岁参加经科考试中选，二十八岁时被选拔任命为右拾遗。

元稹生性锋芒毕露，做事雷厉风行。他当了谏官后，事无不言，上任当天就上书议论谏官的职责。以前王叔文、王伾依靠蒙骗太子得到宠幸，永贞年间（805），大肆干扰朝政。元稹因此呈上《教本书》，奏请挑选正人君子，担任教导太子的东宫官员。宪宗看了非常高兴。元稹又上奏议论西北边防，谈的都是朝政中的大事。宪宗召见他，询问治国之道，因此元稹受到宰相的嫉妒，被贬为河南县尉。

🎐 元稹《莺莺传》书影

后来他的母亲去世，他为母亲守丧期满之后，被拜授为监察御史。

元和四年，元稹奉命出使东蜀，上表弹劾剑南东川节度使严砺违反规定擅自征税。当时严砺已死，七州刺史都受到责罚，和严砺交好的宰相都因此厌恶他。徐州监军使孟升去世，节度使王绍用驿站的马车护送孟升的灵柩回京，并让灵柩在邮舍停靠。元积依法弹劾。河南尹房式做了违法的事，元稹予以追究，命令他停止工作，并派人火速奏报皇上，结果房氏被罚一个月薪俸，元稹被召还回京。元稹途中在敷水驿休息，宦官刘士元稍后来到，两人争抢着要住正厅，刘士元大怒，踹开正厅的大门。元稹穿着袜子逃走，刘士元紧追不舍，后来用鞭子打伤了元稹的脸。宰相认为元稹身为后辈，却作威作福，于是将他贬为江陵府士曹参军。

【寄情诗文】

元稹聪明机警，从小就富有才气，他和太原的白居易关系友善。他们都擅长写诗，善于描写花鸟树木，吟咏世态人情，当时诗界的人称他们为"元白"。他的诗号称"元和体"，从权臣贵族到平民百姓，都传抄吟诵。他因为才华出众，性格豪爽为当朝者所不容，流放到荆蛮之地长达十年之久。不久，白居易也被贬为江州司马，元稹被内调为通州司马。通州和江州虽然相隔遥远，但二人一直书信来往，互相赠诗。他们的诗歌被江南的人传抄吟诵，辗转流传到京城，京城的大街小巷也都争相传抄，一时洛阳纸贵。人们从诗中体察到他们遭受流放贬逐的失意之情，都为之伤感叹息。

【人以文贵】

元和十四年（819），元稹从虢州长史任上回京，就任膳部员外郎。宰相令狐楚是一代文人，十分欣赏元稹的才学，于是请求阅览元稹的全部诗作。元稹拿出自己的诗给他看，令狐楚十分赞赏，认为元稹是当代的鲍照、谢朓。

穆宗皇帝在东宫做太子时，妃嫔和左右的人吟唱用元稹的歌诗谱成的乐曲，穆宗知道是元稹所作，大为称赞，宫中的人都称呼元稹为元才子。荆南监军崔潭峻很尊敬元稹，常常吟诵他的诗。长庆（821～824）初年，崔潭峻回朝，将元稹的《连昌宫辞》等一百多篇文章呈给皇上。穆宗十分高兴，得知元稹当时正担任南宫散郎，当天就将他调任祠部郎中、知制诰。朝臣们认为他不是宰相任命的，很轻视他。但他撰写的诰命一公布就广为流传，因此备受恩宠。不久，他被召进翰林院，任中书舍人、承旨学士。宦官们因为崔潭峻的缘故，争相和他交往，而知枢密魏弘简和元稹尤其相好。河东节度使裴度因此连续三次上书，声称元稹和魏弘简是刎颈之交，阴谋搅乱朝政，言辞十分激烈。穆宗为了顾全大局，于是罢免元稹的承旨学士的职位，授任他为工部侍郎，但皇上对他恩宠不减。长庆二年（822），拜授平章事。

【遭嫉被贬】

当时王廷凑和朱克融联军将牛元翼围困在深州，朝廷赦免了他们的罪过，令他们休兵，两人都不服从诏命。元稹因为受到天子的破格提拔，想有所建树回报恩德。有个叫于方的人，是前任司空于頔的儿子，他向元稹谋求官职，于是进言说有两个奇士王昭和王友明，曾经在燕、赵之间旅居，和王廷凑很熟悉，可以用反间计救出牛元翼。元稹答应了。另外有个叫李赏的人，知道元稹和裴度不和，知道了于方的计谋后，密告裴度说："于方受元稹指使，想要勾结刺客王昭等人刺杀您。"裴度隐忍着没有发作。等到神策军中尉上奏于方的事情，皇上诏令三司使韩皋等人审讯，没有找到加害裴度的证据，其他的事却都暴露无遗。于是元稹、裴度都被免去平章事，元稹出任同州刺史，裴度担任仆射。谏官上奏说对裴度的责罚太重，对元稹的太轻。皇上怜惜元稹，只免去他长春宫使的职位。

【纵游越州】

元稹在同州两年后，改任越州（今广东浦北）刺史，兼御史大夫。会稽山水奇秀，元稹擢用的幕府职员，都是当时的文人学士，他们常到镜湖、秦望山游玩，每个月都要去三四次。他们互相唱和吟诗，写出很多优美的诗文。副使窦巩的诗在国内颇有名气，和元稹唱和最多，至今仍被称为兰亭绝唱。元稹既然纵情游乐，渐渐不修品行，因为贪财好物而闻名于世。他在越州共待了八年。

大和（827～835）初年，元稹被任命为尚书左丞。他振兴法纪，贬黜了颇受舆论谴责的七个郎官。但是因为元稹平时操行不检点，人们都不服

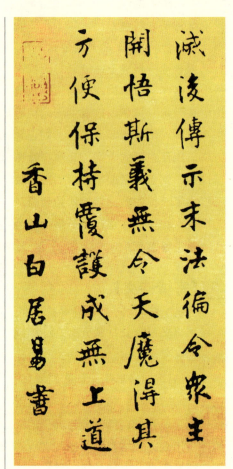

● 白居易手书《楞严经》（局部）

气。当时宰相王播猝死，元稹广求门路，计划谋取相位。大和四年（830）正月，他被任命为检校户部尚书，兼任鄂州刺史、御史大夫。但在大和五年七月二十二日暴病，一天后逝世，终年五十三岁，被追赠为尚书右仆射。他的儿子元道护当时年仅三岁，于是由他的二哥司农少卿元积负责办理丧事。元稹所写的诗赋、论议等杂文共一百卷，名叫《元氏长庆集》。他还著有古今刑政书三百卷，名叫《类集》，当时就广为流传。

【才华横溢的白居易】

白居易，字乐天，太原人。是北齐五兵尚书白建的七世孙。祖辈直至父亲白季庚，都崇尚儒学。白居易少时才华横溢，胸襟宽广，性情豪放。他十五六岁时，带着自己写的一些文章，前去拜见著作郎顾况。顾况颇有文采，但是生性轻浮浅薄，总是对后辈的文章百般挑剔。但是他看完白居易的文章后，却以礼相待，说："我以为没人能写出这样的文章了，现在又得到了你。"

贞元十四年（798），白居易应考进士，考中后被授任为秘书省校书郎。元和元年（806）四月，宪宗当廷策试制举应考者，白居易应考，考中第四名，授任盩厔县尉、集贤殿校理。

【擢升翰林】

白居易的文辞宏富艳丽，他尤其精通写诗。到他担任盩厔县尉时，已经写了一百多首诗歌，内容都是讽喻政事、针砭时弊的，因此正人君子之名广为流传，宫中亦有所闻。宪宗励精图治，渴望听到正直的言论，于是在元和二年召白居易进入翰林院担任学士。元和三年五月，拜任他为左拾遗。白居易认为遇到了知己的君主，想要以平生所学，报答皇上的恩宠任用。

白居易和河南的元稹同年考中举人，交情深厚。元稹从监察御史被贬为江陵府士曹参军，翰林院学士李绛、崔群进言说元稹无罪，白居易也多次上疏，恳切进谏，陈说元稹无罪的理由。奏疏送上去后，皇上没有答复。

淄青节度使李师道进献丝帛，替魏徵的子孙赎回宅院。白居易进谏说："魏徵是先朝宰相，太宗曾将建造殿堂的材料赏赐给他建造正室，其住宅不同于一般住宅。子孙将宅院典当，钱数不多，官府可以替他们赎回来，而让给李师道掠人之美，实在不合时宜。"宪宗深以为然。

皇上又想加封河东王锷为平章事，白居易劝阻说："宰相是陛下的辅臣，非贤良之人不能担当这一职位。王锷剥削百姓的财产，用来换取皇上的恩宠，如果任命他为宰相，对朝廷不利。"皇上于是打消了这个念头。

元和五年（810），白居易按理应该改任别的官职，皇上考虑到他官位卑微，薪俸微薄，但是限于资历和地位，又不能破格提拔，于是征求他自己的意见。白居易说："我听说姜公辅担任内职时，请求做京城的属官，以奉养亲人。我家中也有老母亲，家境贫寒给养微薄，请求和姜公辅一样。"于是被任命为京兆府户曹参军。次年四月，母亲陈夫人去世，他退居下邽为母守丧。元和九年冬天入朝，拜授为太子左赞善大夫。

【进谏遭贬】

元和十年七月，强盗杀死宰相武元衡，白居易率先上奏，请求抓捕强盗以雪国耻。宰相认为东宫的官员不是谏官，不应当先于谏官言事。恰逢

前有十多棵乔松，一千多根细竹，青罗爬满墙壁，白石为桥，流水环绕，飞泉从檐间飞落，红榴白莲，次第生长在池砌。"白居易和凑、满、朗、晦四位禅师，结为世外之交，经常一起游玩吟咏，登上险要之地，或是到达林泉深处，悠然自得，常常忘记了自身的存在。有时过了一个月才返回郡中，郡守也不责备他。当时元稹在通州，两人写诗文互相应答，不曾因为路途遥远而中断。

元和十三年冬天，白居易改任忠州刺史。从浔阳沿江而上三峡。元和十四年三月，他和元稹在峡口相遇，在夷陵停船三天。当时白居易的三弟白行简随行，三人在峡州西边二十里的黄牛峡口石洞中，置酒赋诗，离别的时候依依不舍。南宾郡处在峡路的深险之处，花木繁多而奇异。白居易路过时，撰写了《木莲荔枝图》，寄给朝中的亲友。

🍂 陕西周至仙游寺

白居易正是在这里一气呵成，写就千古名篇《长恨歌》的。

有个向来厌恶白居易的人，指责他，说他华而不实没有德行，他的母亲因为看花落井而死，而他还写下诗歌《赏花》和《新井》，伤风败俗，不宜担任太子左赞善大夫。当权的人也憎恨他上表言事，于是上奏将他贬为江表刺史。诏书下达后，中书舍人王涯又上书说，根据白居易所犯的罪行，不适宜治理州郡，皇上于是追发诏书让他担任江州（今江西九江）司马。

【怡情山水】

除儒学外，白居易尤其精通佛经，他常常勉励自己不计得失，心平气和，对升迁贬谪毫不在意。在溢城的时候，他在庐山遗爱寺建宅隐居，曾经和人通信谈及此事说："我去年秋天开始游览庐山，来到东西二林之间的香炉峰下，看见云木泉石，美不胜收，我对此处恋恋不舍，因此修建草堂。堂

【宦海沉浮】

元和十四年（819）冬天，白居易被召回京师，授任为司门员外郎。第二年，转任主客郎中、知制诰，加朝散大夫，开始穿上绯衣。当时元稹也被召回担任尚书郎、知制诰，两人都在翰林院任职。长庆元年（821）十月，

转任中书舍人。十一月，穆宗亲自主持制举考试，白居易又和贾𫗧、陈岵一起担任考策官。朝廷凡是有和文字相关的公务，都首先考虑让他来处理。但他屡遭排挤，始终不能发挥才能。

当时天子荒淫放纵，宰相职位也不得其人，河朔再次发生动乱。白居易多次上书谈及此事，天子都不采用，于是他请求外任。得到允许，担任杭州刺史。不久元稹被罢免宰相，转任浙东观察使。两人向来交情深厚，现在杭州和越州两地相邻，因此每隔十来天就有诗文往来。任期满后，他又先后担任太子左庶子、苏州刺史。文宗即位后，征用他为秘书监，赐金紫，对他的文采大加赞赏。大和二年（828）正月，转任刑部侍郎。大和三年，他称病东归，请求在东都任职，不久被任命为太子宾客。

【求去自保】

白居易当初被提拔到翰林院，蒙受君主的特别优待，很想奋力报效，心想如果能升任宰相之职，就能为广大百姓谋求福利。后来他的心愿没能实现，又受到当权者的排挤，被贬在南方，差点死掉。从此以后，他便无意做官，只求逍遥自得，吟咏怡情。大和以后，李宗闵、李德裕结党的事情东窗事发，朝中的官员也大起大落，往往朝升暮黜，天子也无可奈何。杨颖士、杨虞卿和李宗闵交好，而白居易的妻子是杨颖士的堂妹，白居易深感不安，害怕被污蔑为同党，于是请求到闲散之地任职，以远离祸患。他所担任的官职，从来没有任满期限，都中途因病请辞。他坚持请求在东都任职，因此很受有识之士赞赏。

大和末年，李训酿祸，不少士大夫都惨遭杀害，白居易也因此更加心寒，没有了做官的兴趣。开成元年（836），他被授任为同州刺史，以生病为由没有接受。不久授任为太子少傅，晋封冯翊县开国侯。开成四年冬天，白居易染上风痹病，卧床数月，于是亲自为自己撰写墓志铭。他病中仍然不停吟咏，写成《病中诗》十五篇。

会昌（841～846）年间，他辞去太子少傅，和香山僧人如满结成香火社，乘坐着轿子你来我往，身穿白衣，手持鸠杖，自称香山居士。大中元年（847），白居易去世，终年七十六岁，追赠为尚书右仆射。

论赞

史臣曰：慕古的人写出来的诗文过于生僻，追求辞藻的人的作品近乎荒诞，过分拘泥的人受到韵律限制，过于放纵的则又变成了靡靡之音。能做到品调适度，谈古论今，雅俗共赏的，只有元稹和白居易。我看元稹的制策，白居易的奏议，极尽文章的深奥和治乱的根由，不像市井歌谣、街头奇闻那样浅薄。从文章可以来考察他们的言行，白居易尤其如此，他晚年放纵心志，寄情山水，悠游终老，不也很贤明吗？

李德裕列传

李德裕是唐朝后期的著名宰相。他是宰相李吉甫的儿子，穆宗朝，他就和牛僧孺结下仇怨，发展成为党争。后来这场党争历经敬宗、文宗、武宗、宣宗，绵延达几十年之久。在穆宗、敬宗、文宗三朝，李德裕虽然偶尔在朝为官，但因为受李宗闵、牛僧孺等人的排挤，都为时极短，被迫出任外官，担任浙西观察使和淮南节度使等职。尽管如此，李德裕却忠心耿耿，屡次上书言事，或者匡正君主的得失，或者规谏朝政。他为官之处，都颇有政绩。武宗朝，他担任宰相，并且深得武宗的重用。在他的辅佐下，武宗击败了回鹘，并且平定了泽路节度使刘稹。宣宗即位后，李德裕再次失势，受到小人排挤，最终被贬逐到崖州，并死于此地。

【初受排挤】

李德裕，字文饶，赵郡人氏。他的父亲李吉甫被封为赵国忠懿公，在元和初年曾经出任宰相。李德裕幼时便志向远大，勤奋好学，尤其精通《汉书》和《左氏春秋》。他耻于和同学一起参加贡举考试，二十岁时，便脱颖而出，崭露头角。贞元年间，他的父亲被贬斥到蛮夷之地，他跟随在父亲身边，心无做官之念。元和初年，他的父亲李吉甫再次出任相职，为了避嫌，他不在朝廷做官，仅仅担任地方节度使的从事。元和十四年(819)，他被正式拜授为监察御史。次年穆宗即位，他被任命为翰林学士。穆宗做太子时，久闻李吉甫的名声，见到李德裕后，尤其器重他。朝廷中凡有重要诏令，穆宗都让李德裕草拟诏书。

不久，穆宗又改任李德裕担任屯田员外郎。

穆宗为政不明，过于宠信皇亲外戚等人，因此外戚和权臣、宦官等人互相勾结，把持朝政，李德裕非常痛恨。长庆元年(821)，他上书请求皇帝诏令宰相，禁止驸马等人和宰相重臣私下亲密往来，今后如果有公事，就到中书省拜谒宰相。穆宗深以为然。不久，李德裕就转任考功郎中、知制诰。长庆二年，他又转任中书舍人，但依旧保留翰林学士的官职。

当初，李吉甫担任宰相时，牛僧孺、李宗闵等人在应试时，直言朝政的过失，李吉甫哭着在皇帝面前谈到此事。因此，考策官都受到贬斥。元和初年，朝廷准备征讨叛贼，李吉甫为皇帝出谋划策，意欲平定两河等地。

正要出兵时，李吉甫就去世了。武元衡和裴度继任宰相。但宰相韦贯之、李逢吉等人百般阻挠，认为不应该用兵，因此相继被免去相职。从此，李逢吉就对李吉甫和裴度怀恨在心。所以，在元和年间，李逢吉、牛僧孺、李宗闵因私怨多次排挤李德裕，使他长久得不到升迁。

当时，李德裕和李绅、元稹都在翰林院任职，才华和学识也不相上下，因此关系非常亲密。李逢吉的同党对此深恶痛绝。不久，李德裕就被罢免了翰林学士之职，出任御史中丞。而元稹则因为巴结宦官，被擢升为工部侍郎、平章事。三月，裴度也从太原入朝辅政。同月，李逢吉从襄阳入朝，他暗中贿赂小人，罗织了于方一狱。六月，元稹和裴度都被罢免了宰相之职，元稹出任同州刺史。李逢吉接替裴度，被任命为门下侍郎、平章事。他掌权以后，就极力报复旧怨。当时，李德裕和牛僧孺都很有声望，李逢吉想要引荐牛僧孺，但害怕李绅和李德裕阻挠此事，就让李德裕出任外官，担任浙西观察使，不久就如愿以偿，引荐牛僧孺为同平章事。从此，彼此之间的仇怨越来越深。

【外官任上】

润州自从遭受王国清的兵乱以后，前任观察使窦易直就拿出官府仓库中的全部财物，用以赏赐军队，因此军中士兵日渐骄横，而官府库藏则消耗殆尽。李德裕到任后，自己的生活非常节俭，朝廷留给地方政府的税收，他全部用来供养军队，因此虽然赏赐的财物并不丰厚，但将士们毫无怨言。两年后，官府库藏再次得以充实。

李德裕正值壮年，因此锐意进取，所有那些有损于百姓的风俗，他统统予以革除。江、岭之地，百姓都迷信巫祝，信奉鬼怪，父母兄弟得上传染病后，人们往往就抛弃了他们。李德裕想要革除这种风气，就挑选百姓中的有识之士，用好言好语劝导他们，同时又用法律惩戒违反命令之人，几年之后，这种风俗就被革除了。他又废掉私邑山房一千多处，用以清除境内的盗贼。百姓都很拥护他的政令，皇帝听说后，下诏予以褒扬。

敬宗即位时年龄尚幼，生活非常奢侈。他即位这年的七

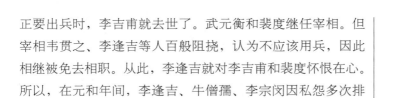

月，诏令浙西制造二十件银器进献到宫中。于是，李德裕就上奏，诉说本州财政不足，请求皇帝停止此事。当时，依照朝廷的敕令，各地不许进献。但一个月之后，朝廷派到各地征收贡物的使者却络绎不绝。李德裕趁机委婉上谏，但朝廷并未对他的奏议做出答复。后来，皇帝又下诏令，让地方进献上等丝织品若干，李德裕再次上表劝谏，这次皇帝特意下诏答复并赞美他，并停止了此事。

自从元和以来，朝廷多次敕令天下州府，不准私自剃度僧尼。徐州节度使王智兴聚敛无度，在敬宗出生的那月，请求在泗州设置僧坛，剃度僧尼，以此来为自己积福，并获取厚利。江、淮等地的民众，便成群结队地渡过淮河，前去剃度。李德裕再次上奏，说很多民众想要逃避赋税，因此冒充出家人，如果朝廷不予禁止，日后将要失去几十万壮年男丁。皇帝收到他的奏折后，诏令徐州停止此事。

敬宗不理朝政，耽于游玩之事；又疏远贤能之人，亲近小人。他每月上朝不过二三次，群臣很少有机会进谏，朝廷内外的人都忧心忡忡，担心国家会被倾覆。李德裕身为观察使，对朝廷忠心耿耿，于是派遣使者进献了六首《丹扆箴》，大意是劝说皇帝勤勉朝政，任用贤臣，疏远小人，并要防微杜渐，杜绝向四方征敛珍玩之物，此外，还应虚心听取大臣的谏言。皇帝亲手写诏书予以答复。尽管皇帝不能完全采纳他的建议，但仍然命令学士韦处厚殷勤复诏，并嘉许他的忠心。李德裕长期在外任职，心中却关注朝廷，希望皇帝能够回心转意，并重新起用他。但适逢李逢吉当权，百般阻挠，李德裕因此始终不能入朝为官。

宝历二年（826），亳州声称涌出了圣水，喝过这种水后，疾病就能痊愈。李德裕上奏指出，这是奸邪之人假借圣水之名迷惑百姓，用以骗取钱财，他请求皇帝派当地观察使令狐

李德裕的塑像

楚禁绝此事。皇帝听从了他的建议。

两街道士赵归真以神仙之术游说敬宗，劝说敬宗四处访求方士，以学习其道术；僧人惟贞、齐贤、正简则劝说皇帝祈祷修福，以延长寿命。这四人都出入宫中，每天进献妖言邪说。道士杜景先上奏，请求到江南访求高人。他来到浙西后，声称遇到隐士周息元，活了好几百岁。敬宗于是诏令高人薛季稜前往润州迎接此人，并诏令李德裕供给车马，打发他们上路。李德裕借宦官返回京师之机，上奏指出此事的虚诞不实，并劝请皇帝与其服用药石，不如寻求守养心志之道。后来，周息元到达京师后，皇帝让他住在山亭，并向他询问道术。周息元自称认识张果、叶静能，皇帝下诏，让宫廷画师李士昉询问张果等人的相貌，然后画好呈献上来。周息元原本是山野庸人，根本不懂道学，谈论事情也荒诞不经，等到敬宗遇害而亡，文宗就将他遣回原地。李德裕见识深远，而且操守正道，类似的例子还有很多。

【再任外官】

文宗即位后，任命李德裕为检校礼部尚书。大和三年（829）八月，李德裕被召入朝，担任兵部侍郎，裴度举荐他为宰相。而吏部侍郎李宗闵因为得到宦官的帮助，当月便出任平章事，他害怕李德裕受到重用。次月，李德裕出任郑滑节度使。当初，李德裕受到李逢吉的排挤，在浙西滞留八

年，虽然远离朝廷，但经常上书言事。文宗知道他的忠心，正准备重用他，然而李德裕很快又被李宗闵贬逐出朝，心中郁郁不平。幸亏郑覃在宫中担任侍讲学士，多次称赞他的才能，因此尽管流言纷纷，皇帝仍然想要重用他。不久，李宗闵又举荐牛僧孺一同担任宰相，两人互相勾结，将李德裕的好友全部斥逐出京，出任外官。大和四年十月，皇帝任命李德裕为检校兵部尚书、成都尹、剑南西川节度副大使、知节度事，并充任管内观察处置、西山八国云南招抚等使。裴度曾经有恩于李宗闵，在征讨淮西时，曾经奏请朝廷，任命李宗闵为彰义观察判官，此后李宗闵日益显达。然而如今，李宗闵因为忌恨裴度举荐李德裕，于是就罢免了裴度的相职，让他出任兴元节度使。一时间，牛僧孺和李宗闵权倾朝野。

西川由于受到蛮寇的剽掠，加上朝廷官员治理无方，当时民不聊生。李德裕到任后，修治关隘等处的防守，并加强军备。此前，朝廷数次图谋攻取吐蕃的维州城，都没有成功。李德裕来后不久，吐蕃的维州守将悉怛谋却请求归降。李德裕怀疑有诈，就派人赠送给他锦袍金带，并假称需要等到皇帝的诏令后，才能决定。于是悉

恽谋率领全郡人来到成都，李德裕于是发兵镇守维州，并上书陈奏此事。然而，牛僧孺一心想阻挠此事，就声称最近刚和吐蕃结盟，不应该背弃盟约。于是皇帝下诏，让李德裕将悉恽谋等人送回维州，吐蕃国王得到悉恽谋之后，对他们全部施以酷刑。

李德裕镇守各地，都政绩卓越。他在蜀地时，向西抵抗吐蕃，向南平定蛮、蜒。数年之内，饱受战争创伤的百姓，都基本得以恢复元气。适逢监军王践言入朝担任知枢密，向皇帝说将悉恽谋遣送回国，让敌人拍手称快，此后再也没有人归降朝廷了。皇帝因此十分怨恨牛僧孺，这年冬天，召李德裕入朝，担任兵部尚书，并罢免了牛僧孺的相职，让他出任淮南节度使。大和七年六月，李宗闵也被罢免了相职，李德裕取代他，担任中书侍郎、集贤大学士。

这年十二月，文宗忽然得病，一个多月不能说话。次年正月，文宗勉强支撑病体，召见群臣。宰相退朝后询问文宗的病情，文宗叹息说缺乏良医。于是，王守澄就举荐了郑注。经过郑注的治疗后，文宗有所好转，于是就善待郑注。王守澄接着又举荐了李训。这年秋天，皇帝想要任命李训为谏官。李德裕上奏说："李训是无德小人，不应该留在陛下身边。他罪恶累累，天下无人不知，如果无缘无故地任用他，

人们一定会非常震惊。"文宗说："人都会有过失，只要改正就好。这是李逢吉所请托的人，我不忍心辜负他。"李德裕说："圣人虽然有改过之意，但李训天性奸邪，不会有悔改之心。"文宗只好任命李训为四门助教。不久，郑注也从绛州来到朝廷。李训和郑注恨李德裕排斥自己，于是将李宗闵召回，任命他为中书侍郎、平章事，代李德裕出任宰相。李德裕出任兴元节度使，辞谢之日，李德裕向皇帝诉说自己留恋朝廷，不愿出任藩臣，于是皇帝改授他为守兵部尚书。李宗闵上奏说，诏书已经下达，不应该随意改变，于是改任李德裕为检校尚书左仆射、润州刺史、镇海军节度、苏常杭润观察等使，代替王璠。

李德裕赴任后，左丞王璠、户部侍郎李汉等人上奏，说李德裕依附漳王，图谋不轨。大和九年四月，文宗在蓬莱殿召见王涯、路随、王璠、李汉等人，商议此事。王璠等人再次大加诬陷，罗织李德裕的罪状，言辞十分激烈。路随上奏说："李德裕不会这样。

大型三彩釉陶制烛台·唐

陶灯主要由座、柄、盘、盏四部分组成，盘心承托起一敞口小灯盏，犹如一个小碗置于盘上。灯柄上细下粗，灯座为覆盆状，给人以稳重大方之感。釉色鲜艳华丽，斑纹交错。整个器物于庄重典雅中又显出颀长秀美。

假如真如王璠、李汉所说的那样，我也应该获罪。"于是，这才平息此事。不久，改授李德裕为太子宾客，同月，又贬为袁州长史。路随因为担保李德裕，也被罢去相职，出京镇守浙西。同年七月，李宗闵因为救护杨虞卿而获罪，被贬到处州。十一月，王璠与李训作乱被处死，文宗深悟前非，知道李德裕受到了朋党的诬陷。次年十一月，再次任命李德裕为检校户部尚书，并任浙西观察使。于是，李德裕共三次出镇浙西，前后长达十多年。

【出任宰相】

开成二年（837）五月，朝廷任命李德裕为扬州大都督府长史、淮南节度副大使，并代理节度使之职，取代牛僧孺的职务。起初，牛僧孺得知李德裕将取代自己，于是将军政事务交给副使张鹭代管，立刻赶回朝廷。当时，扬州官府内贮藏有八十万贯匹钱帛，李德裕赴任后，上奏说只有四十万，其余的一半被张鹭用掉了。牛僧孺上表举报此事，皇帝诏令李德裕重新核查，果如牛僧孺所言。李德裕声称刚刚到任，兼以身患疾病，受到了下属的欺瞒，因此请求处罚，皇帝下诏宽免了此事。补阙王绩等人上奏，弹劾李德裕妄奏钱帛数目，企图陷害牛僧孺，但皇帝并未予以追究。开成五年，武宗即位后，将李德裕从淮南召回朝廷，并在同年任命他为门下侍郎、同平章事。

会昌元年（841），李德裕兼任左仆射。起初，开成末年时，黠戛斯攻打回鹘部落，回鹘战败，部族四散。乌介可汗率众南下，在会昌二年到达唐朝边境，请求接济粮食和援兵，以收复本国。天德军使田牟上奏朝廷，请求趁机联合沙陀、退浑等部落的兵众，击退回鹘。武宗犹豫未决，于是让百官共同商讨此事。大部分人都赞同田牟的意见。李德裕却说："以前朝廷遭遇艰难之际，回鹘立下过汗马功劳。如今他们国破家亡，走投无路，住在边境，却并没有侵犯之事。他因落败前来投靠朝廷，我们派兵征伐，不合道义，不如暂且接济他们粮物，然后静观其变。"宰相陈夷行反驳说："这是借给敌人兵力，又援助他们粮食，不是好办法，不如出兵攻打他们为上。"李德裕说："见到利益就趋之若鹜，遇到强敌就逃散，这是沙陀、退浑等族的心态，他们肯定不会为朝廷守卫边境。天德城守兵很少，如果与强敌结仇，一定会被敌军攻克。不如按道义施以救济，万一他们图谋不轨，再用兵不迟。"皇帝深以为然，于是答应借给回鹘三万石粮食。不久，乌介可汗众叛亲离，又得不到粮食，士卒饥饿难耐，于是逼近振武的杷头峰等地，并进入朔州境内，纵兵大掠，始终没有人出来抵抗。武宗很担忧，于是和宰相商议此事。李德裕建议，不如派出骑兵越过杷头峰以北，出奇制胜。皇帝听从了他的建议，诏令李德裕起草诏书，吩咐代北的各路兵马加强关防的守卫，并将出奇制胜之策

授予刘沔。刘沔派大将石雄在杀胡山攻打乌介可汗，可汗大败。不久，李德裕就被晋升为司空。

【征讨刘稹】

会昌三年（843），李德裕兼任司徒。四月，泽潞节度使刘从谏去世，军士们擅自拥立他的侄子刘稹为留后，并向朝廷请求授予他为节度使。武宗和宰相商议此事，李德裕说："泽潞是国家的内地，和河朔不一样。前后任命的节帅都是儒臣。近来李抱真成立此军，死后，德宗尚且不许他的子孙世袭，命令李绒护送灵柩，回到洛阳。自从刘悟镇守此地以来，专断用事，不服朝廷的节制。后来，刘从谏承袭父职，和郑注、李训等人交好，表面上对朝廷效忠，其实心怀叵测，想要伺机而动。现在如果不加以讨伐，

朝廷的威信将要丧失，陛下怎么能号令四方呢？"而后，李德裕又向武宗呈献讨伐之策。于是武宗听从李德裕的建议，派御史中丞李回出使河朔三镇，宣扬圣旨，诏许河朔三镇的节度使世袭爵位，但下令他们出兵征伐刘稹。何弘敬、王元逵等人接到诏书后，都恭敬地听从了朝廷的命令。起初商议出兵时，百官都相继上表，请求按照旧例，允许刘稹袭封，当朝的四名宰相中，也有反对出兵的。李德裕上奏说："如果出兵无功，我请求自己担当罪过，不要连累李绅、李让夷等人。"等到何弘敬和王元逵出兵以后，李德裕又上奏说："贞元、大和年间，朝廷征讨叛贼，召集各道兵马，耗费大量的粮饷供给，但各路兵马迟留观望，削弱了兵力，甚至暗中和叛贼和谈，攻克一县一栅就谎传捷报。现在请求命令何元逵等人，只让他们攻取州城，不要攻打县邑。"武宗采纳了他的建议。果然如李德裕所料，何弘敬等人很快就攻克了邢州、洺州和磁州，刘稹的党羽分崩离析，很快就被平定了。

朝廷在讨伐刘稹时，太原横水的戍兵发动哗变，驱逐了节度使李石，拥立都将杨弁担任留后。武宗因为还没有平定刘稹，又听说太原发动兵变，心中十分担忧，于是就派遣宦官马元贯前往太原宣达圣旨，以探虚实。马元贯接受了杨弁的重贿，想要庇护杨弁，于是还朝后，极力夸耀杨弁兵力的强盛。李德裕心生怀疑，和马元贯

数番对诘，终于让马元贯无话可说。于是，李德裕上奏说："杨弁不过是个小贼，万万不可宽恕。如果国力不够，宁可宽免刘稹，也一定要讨伐杨弁。"当即请求武宗发下诏书，诏令王逢率领榆社军，王元逵率兵从土门进攻，两支军队在太原会师。河东监军吕义忠听说后，也在当日召集本地的士兵，诛杀了杨弁，然后上告朝廷。

从开成五年（840）冬回鹘军侵犯天德，到会昌四年（844）八月平定了泽潞等地，五年之间，李德裕独自决断，运筹帷幄，选拔将帅，并下达给军中的各种诏书，其他宰相都没有参与其中。他因功兼任太尉，并晋封为卫国公。会昌五年，为武宗进献尊号后，他多次上表乞求辞职，武宗都不允许。宣宗即位后，他被罢免了相职，出任东都留守、东畿汝都防御使。

【贬逐边地】

李德裕深受武宗的宠信，因此被委以重权。他的决策毫无过失，并奋不顾身地纾解国家的祸难，劳苦功高。等武宗去世后，那些不得志的小人都忌恨他的功劳。会昌年间，李德裕不因朋党怀疑白敏中、令狐绹等人，让他们出任要职，厚待他们。等到李德裕失势之后，两人便暗中合谋，想要斥逐他，恰巧崔铉也在会昌末年被罢免了宰相之职，因此对李德裕心怀怨恨。大中（847～860）初年，白敏中举荐崔铉在中书省任职，两人互相勾结，唆使他的党羽李咸揭发李德裕

当宰相时的隐私。于是李德裕连连被贬，最后在大中二年（848），被贬为潮州司户。这年冬天，他到达潮阳后，又被贬为崖州（今海南三亚）司户。大中三年十二月，他在崖州去世了，终年六十三岁。

李德裕自负于才能和功业，卓尔不群。他喜欢著书撰文，扬善弃恶，虽然官至宰相，仍然坚持读书。有个名叫刘三复的人，善于写奏折，李德裕尤为礼遇器重他。从李德裕最初镇守浙西，到后来镇守淮甸之地，李德裕都让他充当幕僚宾客。在军政之暇，李德裕和刘三复终日吟诗咏句。他又在洛阳建造了平泉别墅，别墅内溪水清澈，翠竹林立，环境极为清幽秀美。他又有《花木记》《次柳氏旧书》等书文流传于世。

高力士 鱼朝恩 田令孜列传

高力士、鱼朝恩、田令孜都是唐朝的大宦官。高力士最初随侍武则天，备受器重，后来被临淄王李隆基引为知己。他协助李隆基先后两次发动宫廷政变。玄宗即位后，以高力士为心腹，晋封他为渤海郡公，富可敌国。安史之乱时，他跟随玄宗逃往蜀地。回京后，他被诬获罪，流放巫州。唐代宗即位后，高力士遇赦还京，半路上得知玄宗驾崩，面朝北放声大哭，吐血而死。鱼朝恩在肃宗乾元（758～760）年间，负责监领九个节度使的数十万大军。唐军收复洛阳后，鱼朝恩被封为冯翊郡公，开府仪同三司。后来，吐蕃兵进犯，代宗出逃陕州，鱼朝恩保驾有功，被封为天下观军容宣慰处置使，并统率京师神策军，后掌握朝廷大权，权倾朝野。大臣元载知道代宗对他不满，和代宗共同谋划将他杀死。田令孜小时候和李儇玩得很好，李儇即位后，让他担任左神策军中尉。田令孜恃宠横暴，无所不为。黄巢军进逼长安时，他扶持僖宗逃往四川。到成都后，他继续为非作歹，杀害贤良和有功之臣。后来，田令孜率领义子王建对抗朝廷，而王建要割据西川，与陈敬瑄（田令孜的弟弟）产生矛盾，终将田令孜兄弟二人一起杀死。

▶【高力士】

　　高力士是潘州人，本姓冯，从小就被阉割。圣历元年（698），他被岭南讨击使李千里带入宫中。武则天见他聪明灵敏，让他随身伺候。后来高力士因犯下小错，被鞭打后驱逐出宫。宦官高延福收他为养子。高延福出自武三思家，所以高力士也常常来往于武三思的宅邸。一年多后，武则天重新将他召入宫中，隶属司宫台。高力士身高六尺五寸，性情谨慎，常常传达诏敕，武则天授任他为宫闱丞。

　　景龙（707～710）年间，玄宗为临淄王，高力士尽心侍奉，很受恩宠。玄宗被立为太子后，奏请高力士随侍左右，升任朝散大夫、内给事。先天（712～713）年间，高力士因参与铲除萧志忠、岑义等人有功，被破格提拔为银青光禄大夫。开元（713～741）初年，加授为右监门卫将军，掌管内侍省事。

　　玄宗对内宫的官属十分器重，宦官中办事能让他称意的人，就授为三品将军，所以杨思勖、尹凤祥等人都备受重用，和高力士一样显贵。殿内供奉、监军等重要职务，也都委任他们担当。监军的权力超过节度使，出使的时候各郡都要惊动。其中富足的郡县，宦官一到，花费不止千贯。都城的上等府邸，京郊的良田以及果园湖泊，都被宦官们占了一半。

每当四方有文书表章上奏，都要先交给高力士，然后再呈送皇上，小事情高力士就自己做决定。玄宗常说："高力士当班的时候，我睡觉都安稳。"所以高力士常常住在宫中，很少到宫外的宅邸居住。那些想依附他的，或想让他在皇上面前替自己美言的，都对他竭尽肝胆。李林甫、杨国忠、安禄山、高仙芝等人都通过他谋得了将相高位，谋取其他官职的人更是不可胜数。肃宗当太子的时候，称呼他为"二兄"，诸王、公主们都叫他"阿翁"，驸马们也叫他为"爷"。

高力士向来谨慎，没有犯过大错，但是自宇文融以下，百官互相倾轧，扰乱朝纲，都是由于高力士的缘故。但高力士擅长观察情势变化，关键时刻即使最亲的人面临覆灭，他也不出手营救，以求自保。

开元初年，瀛洲吕玄晤在京城做官，女儿颇有姿色，高力士娶她为妻，擢升吕玄晤为少卿、刺史。吕夫人去世后，葬在城东，葬礼十分隆重。京城内外的官员争相前去吊唁，一路上车马不断，道路拥堵。

🅟 **唐代宦官像**

天宝（742～756）初年，高力士被加授为冠军大将军，晋封渤海郡公。天宝七载，加授骠骑大将军。高力士家产殷实丰厚，富可敌国，王侯将相都不能与之相比。他在来庭坊建造宝寿佛寺，又在兴宁坊建造华封道观，殿堂楼阁雕梁画栋，华丽无比。宝寿寺的大钟铸成后，高力士设宴庆贺，满朝官员都到场了。凡是敲钟的人，敲击一下需交百千钱；有些人想讨好他，竟然敲击了二十下，少的也敲了十下。

后来又有个叫袁思艺的华州人，很受皇上的恩宠。天宝十四载，皇上设立内侍省，需要内侍监两名，官阶正三品，皇上让高力士和袁思艺共同担任。安禄山反叛，玄宗逃亡蜀地，袁思艺逃跑投靠了安禄山，而高力士一直跟着玄宗前往成都，被晋封为齐国公。回到京城后，又被加封为开府仪同三司。

上元元年（760）八月，玄宗移居甘露殿，高力士因为随侍玄宗登上长庆楼，遭到李辅国诬陷而获罪，被流放到黔中道。高力士到达巫州，看见地里很多荠菜没有人采食，因感伤而作诗说："两京作斤卖，五溪无人采。夷夏虽不同，气味终不改。"

宝应元年（762）三月，高力士

因大赦归来，走到朗州时，碰到流民说起京城的事情，才知道玄宗已经去世。高力士面朝北方号啕痛哭，以致呕血而死。代宗顾念他是老臣，侍奉玄宗有功，追赠他为扬州大都督，陪葬泰陵。

【鱼朝恩】

鱼朝恩在天宝末年以宦官的身份进入内侍省，最初担任品官，供奉黄门。他生性狡黠，能言善辩，且精通文字和算学。至德（756～758）年间，常常让他主管军事。九节度使在相州讨伐安庆绪时，没有设立统率，皇上任命鱼朝恩为观军容宣慰处置使。观军容使的名称，就是从鱼朝恩开始的。后来，鱼朝恩因多次立功，被加封为左监门卫大将军。当时郭子仪屡立大功，同朝无人能超过他；鱼朝恩嫉妒

❤ 李白醉酒图

李白与高力士素来不和，一日他醉酒装疯，让高力士为他脱靴，杨贵妃为他磨墨，借此羞辱二人。

他的功劳，多次在皇上面前挑拨离间，而郭子仪全心侍奉皇上，毫不介意。肃宗英明，很能体察郭子仪的心意，所以鱼朝恩的离间终未得逞。自相州战败以后，河洛也被史思明攻陷，鱼朝恩常常统领禁军镇守陕州。鱼朝恩依仗功勋自我夸耀，肆无忌惮。他经常招引一些迂腐儒生和轻薄文人，在一起讲经作文，等到略通文意，就在朝臣中吹嘘自己富有文武才干，以此邀取恩宠。皇上对他十分优待，让他兼任国子监事、光禄等诸多职位。到国子监赴任时，皇上下令宰臣、百官和六军将军为他送行。他肆意横行，贪得无厌，他的每次奏请，皇上都必然应允，所受宠幸无人能比。

大历二年（767），鱼朝恩将皇上赏赐的通化门外的庄园献出，作为佛寺，用来为章敬太后祈求冥福。又扩建翻修，极尽奢华。因为城中木材不够用，于是奏请拆毁曲江的亭馆、华清宫的观楼等建筑，补充木材，耗费超过万亿。次年，又辞让所兼任的国子监事，加封为韩国公。

到了章敬太后的忌日，百官前往兴唐寺进香，鱼朝恩在寺外的车坊置办斋饭，宴请百官。宴

席上，鱼朝恩信口谈论时政，百官惊惧，敛声屏气不敢应答。户部郎中相里造、殿中侍御史李衍正言驳斥他，鱼朝恩很不高兴，中途停止了宴会。

大历五年，鱼朝恩所宠爱的武将刘希暹犯了小错，皇上婉言责备，并下诏罢免鱼朝恩观军容使的职务。鱼朝恩开始生疑，但每次谒见，皇上对他恩宠如常，他便不再以元载为意。寒食节那天，皇上设宴款待近臣，诏令他宴会结束后留下。以前每次宴会完毕，百官都直接出宫回营，鱼朝恩因此心内恐惧，对皇上出言不恭，皇上念及旧恩没有责怪。鱼朝恩回到府邸后，自缢身亡。刘希暹也被关进监狱，后来赐死。

【田令孜】

田令孜本姓陈，咸通（860～874）年间，跟随义父进入内侍省当宦官。他读过很多书，擅长谋略，多次升迁后担任神策中尉。乾符（874～879）年间，关东盗贼群起。田令孜被任命为观军容等，率军前去征讨。京师失守后，他跟随僖宗逃到蜀地。返回京城后，田令孜因匡扶皇上有功，威震天下。

当时关中寇乱刚刚平定，国家财政空虚，军队的给养供应困难。田令孜奏请将安邑、解县两处盐池的食盐专卖税交给神策军。诏令下达后，河中王重荣上表反对，称按照惯例，食盐专卖税隶属于本道。田令孜大怒，任命王处存为河中节度使，王重荣不肯奉诏，田令孜于是率领禁兵前去讨

伐。王重荣率领太原军迎战，两军在沙苑交战，禁军大败。后来，京师又发生变乱，僖宗逃往宝鸡，又逃到山南，各处方镇都怨恨田令孜无端生事。田令孜害怕起来，让前枢密使杨复恭接替自己，跟着僖宗逃到梁州，自请出任西川监军，而西川节度使陈敬瑄是他的弟弟。

昭宗即位后，三川大乱，他下诏宰相韦昭度镇守西川，陈敬瑄拒绝交出权力。田令孜召请阆州刺史王建前来援助，王建平时将田令孜当做义父侍奉，欣然答应。他带领一千多兵士到达汉州时，陈敬瑄担心他难以控制，劝他回去。王建说："十军阿父召我前来，到了门口却被拒，邻藩的人倘若听说，谁还肯收留我？请报告阿父，王建没有其他地方可去。"仍被拒绝。王建于是派遣使者上表，请求讨伐陈敬瑄为国效力。朝廷任命韦昭度为招讨使，进入蜀地讨伐陈敬瑄，陈敬瑄计穷，派田令孜出城和王建讲和。王建竟然自封为蜀帅，顾念田令孜是义父，仍旧让他监督军事。不久，陈敬瑄被毒死，田令孜也被王建所杀。

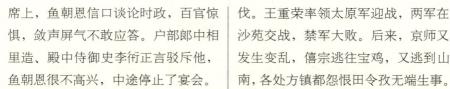

论赞

赞 曰：想要建造高楼大厦，梁柱和基石必须坚固。国家要安内攘外，必须任用明德之人。小人心眼偏偏，不自量力，虽然最终被铲除，但难免损害社稷利益，实在让人叹息。

来俊臣 周兴 吉温列传

来俊臣、周兴、吉温都是唐朝有名的酷吏。来俊臣少时凶险，不事生产，因告密得到武则天的信任，成为武则天政治斗争中的鹰犬。后因得罪武氏诸王及太平公主被诛。周兴年轻时因为通晓法律，担任尚书省都事。武则天垂拱以后，周兴屡兴大狱，被其陷害者多达数千人。后来被捕入狱，武则天免除他的死刑，流放到岭表，在途中被仇家所杀。吉温是玄宗天宝年间有名的酷吏，为权相李林甫的左膀右臂。他与安禄山交好，被杨国忠忌恨告发，最后死在狱中。

【来俊臣】

来俊臣，雍州万年（今陕西西安）人。父亲来操是个赌徒，和同乡人蔡本结为朋友，却私通他的妻子，通过赌博赢了蔡本几十万钱，蔡本无法偿还，只好把妻子送给来操。她到来家的时候已经怀孕，而后生下来俊臣。

来俊臣性情凶狠疏懒，不愿从事劳动，时常残害他人。他曾经在和州犯下奸盗罪，遭到审讯，于是胡乱告密，刺史东平王李续罚他杖刑一百下。李续在天授（690～692）年间被杀，来俊臣于是再次告密，说以前告密豫、博州反叛之事，却被李续判处杖刑，导致没能上报。武则天认为他很忠诚，多次提拔，授任侍御史。他审讯皇上特令监管的犯人时，稍有不合他心意的人，必定要使其受到牵连，前后有一千多家因受牵连而被满门抄斩。

后来，来俊臣擢升左台御史中丞。

朝官见到他都屏息凝气，无人敢和他交谈，路上碰见也只能使眼色打招呼。他和侍御史侯思止、王弘义等人狼狈为奸，召集了几百个流氓无赖，教他们揭发告密，共同罗织事实，相互响应。想要诬陷一个人，就几处同时上告，事实证据都一致，以此迷惑上下，并且都说："请交给来俊臣审问追查，一定能查出实情。"武则天于是在丽景门另外设置推事院，专门让来俊臣等人审讯，也称作"新开门"。所有进入"新开门"的人，没有一个活着出来。王弘义戏称丽景门为"例竟门"，说进入此门的人，照例都活到头了。

来俊臣和同党朱南山等人编写有《告密罗织经》一卷，详细记录条例细节和罗织罪状的缘由头绪。来俊臣每次审讯犯人，不问轻重，常常以醋灌入鼻子，拘禁在地牢中，或装到瓮中，用火围烤，且不给饭吃，以至于有人抽出衣絮充饥。又让犯人坐卧在粪便中，受尽各种苦痛残害，至死不得出去。每当朝廷颁发赦令，来俊臣必定先派狱卒将重囚犯杀光，然后才宣读赦令。

来俊臣又让索元礼等人制成大枷，共有十个名目。还有铁笼头连着枷锁的刑具，在地上如车轮般转动，即刻就能使犯人晕倒。每逢审讯犯人，无论贵贱，他都先将枷棒丢在地上，然后让犯人上前，说："这就是我们干活的工具。"犯人见了吓得魂飞魄散，无不被迫认罪。武则天因其审讯有功，重重赏赐他，于是刑部官吏纷纷效仿，从此告密之徒比比皆是，那些有气节的名流只能惴惴度日。很多朝臣入朝后，被秘密逮捕致死，和家人再无联络。因此，朝臣们每次入朝前，都和家人诀别说："不知道还能不能再见面。"

如意元年（692），地官尚书狄仁杰等六人，同时遭到来俊臣诬陷。来俊臣逼迫狄仁杰等人承认谋反，狄仁杰叹息说："大周革命，万物维新，唐朝旧臣，甘愿被诛杀，谋反是实。"来俊臣这才稍稍放松。判官王德寿对狄仁杰说："既然您已主动承认谋反，根据皇上诏令可以免除死罪。我想谋求一品官阶，通过您牵连杨执柔可以吗？"狄仁杰问如何牵连杨执柔，王德寿说："尚书以前在礼部任职时，杨执柔担任礼部某司的员外，可以此牵连他。"狄仁杰悲愤地说："皇天后土啊，竟然让我狄仁杰做这种事情！"用头撞柱子，血流满面。王德寿很害怕，于是作罢。

狄仁杰既然已经承认谋反，主管部门只等上报后执行刑罚，不再严加防备。狄仁杰从监守的人那里求得笔砚，拆下缠头的布帛，写下冤情，藏在棉衣里，然后把棉衣交给王德寿说："现在天热了，请交给家人让他们拆除其中的棉絮。"王德寿没有怀疑，于是狄仁杰的家人得到了衣服中的书信。狄仁杰的儿子狄光远拿着信，声称有变故，请求觐见武后。武则天看后十分吃惊，找来来俊臣问话："你说狄仁杰等人承认谋反，现在他的儿子诉冤，是怎么回事？"来俊臣说："如果有冤情他怎会自己认罪？他们

真子飞霜纹铜镜·唐

内区以镜为中心，左面竹林前一个人坐着弹琴，右侧一鸾凤闻琴声起舞。"真子"即真孝子简称，飞霜是古琴曲调十二操之一履霜操的别称，纹饰是西周尹伯奇放逐于野的喻义。

坐卧安适，连巾带都没有取下。"武则天下令通事舍人周綝前去探视。来俊臣于是让狱卒赶紧给狄仁杰等人戴上巾带，让他们装扮好之后让周綝查看。周綝惧怕来俊臣，根本不敢细看，只顾唯唯诺诺。来俊臣让周綝稍作停留后，带回事状，又让判官代替狄仁杰等人写下谢死表，代为署名后呈给武则天。凤阁侍郎乐思晦的儿子当时只有八九岁，他家已被灭族，在司农寺服杂役，他声称有人要谋反，见到武则天后，说来俊臣残忍狠毒，所谓谋反罪都是他一手捏造。武则天这才心中有数，于是召见狄仁杰，问他为什么要承认谋反，狄仁杰回答说若不承认，早就被施刑致死。武则天又问他为什么要写谢死表，狄仁杰否认。武则天将他的谢死表拿给他看，才知道是别人代为签名，于是将六人释放。

来俊臣又在洛阳牧院审问大将军张虔勖和大将军内侍范云仙。张虔勖等人不堪其苦，自己向徐有功申诉，言辞激烈，来俊臣命令卫士将他乱刀砍死。范云仙也说自己曾经侍奉前朝皇帝，自己是被冤枉的，来俊臣下令割掉他的舌头。士人百姓都吓破了胆，没人敢说话。

后来，来俊臣因多次贪赃，被御史纪履忠告发而收监。长寿二年（693），他被授任为殿中丞，又因贪赃获罪，被贬为同州参军。他强夺同列参军的妻子，并侮辱那人的母亲。

万岁通天元年（696），来俊臣升任洛阳令、司农少卿。武则天赐给他奴婢十人，可在司农寺领取。当时，西蕃酋长阿史那斛瑟罗家中有个婢女十分美丽，能歌善舞，来俊臣便指使党徒诬告阿史那斛瑟罗谋反，想要借此占有他的婢女。诸蕃酋长来到京城，自割耳朵划破脸面为阿史那斛瑟罗申冤，才免于被灭族。当时綦连耀、刘思礼等人图谋反叛，明堂尉吉顼知道后，告诉来俊臣加以揭发，牵连获罪的有数十家。

来俊臣想独揽其功，又诬陷吉顼，吉顼得到武后召见，才得以幸免。

来俊臣和河东卫遂忠有旧交。有一次，卫遂忠到来俊臣家中求见，来俊臣正和妻子娘家的人宴饮聚会，开门的撒谎说来俊臣不在家。卫遂忠知道他撒谎，闯进院子去谩骂来俊臣。来俊臣觉得在妻子家人面前丢了脸面，于是让人将卫遂忠殴打一顿后赶走，两人从此结下仇怨。后来，来俊臣想要诬陷扳倒武氏诸王和太平公主、张易之等人，卫遂忠于是和他两人相互指责揭发，武则天多次保护他们。而武氏诸王和太平公主心中恐惧，共同揭发他的罪过。来俊臣最终被枭首示众。京城老少都十分痛恨他，争相割他的肉，一会儿就割完了。

开元十三年（725），御史大夫程行谌上奏说："周朝酷吏来俊臣等二十三人，陷害忠良，残杀宗族子孙，情节尤其严重，子孙不许做官。"

【周兴】

周兴，雍州长安（今陕西西安）人。年轻时因熟知法律，担任尚书省都事。多次升迁后担任司刑少卿、秋官侍郎。自从垂拱以来，屡次审讯皇帝授意关押的犯人，被他陷害的有几千人。天授元年（690）九月，武则天改唐为周，任命他为尚书左丞。天授二年十一月，他和丘神勣一同被捕入狱。本来应该处以死罪，但武则天特赦他，只将他流放到岭表，在去往流放地的路上被仇人所杀。

【吉温】

吉温，是天官侍郎吉顼的弟弟吉琚和婢妾所生的儿子。他天性谲诡，善于奉承，因此得以来往于显贵的宦官门下，宦官们对他如同对待亲人。他天性阴险，敢于深究穷追案情。天宝初年，他被任命为新丰丞。当时，太子文学薛嶷备受宠幸，举荐吉温入朝对答。玄宗看了看他，对薛嶷说："他不是个好人，我不想要他。"

当时萧炅做河南尹，河南府有事，京台差遣吉温审查此事，连累到萧炅，吉温仍深究不放，萧炅因为和右相李林甫有交情，才将此事压下得以幸免。后来，萧炅任京兆尹时，吉温被任命为万年县尉，旁人都为他捏了一把汗。当时，骠骑高力士经常住在宫中，偶尔在外宅居住，萧炅必定前去谒见。有一次吉温先骑马赶到，和高力士言谈戏谑，称兄道弟，萧炅十分叹服。他日，吉温在府庭谒见萧炅，表达诚意说："以前我不敢违犯国家法令，多有得罪。从此以后，我全心为你效力。"两人把酒言欢。

李林甫和左相李适之、驸马张垍不合，当时李适之兼任兵部尚书，张垍的哥哥张均任兵部侍郎，李林甫于是派人揭发兵部六十多人参与造假，图谋搞垮兵部长官，皇上下诏交付

鎏金莲花纹五足银熏炉·唐

银熏炉是唐代专为宫廷制造金银器的官廷作坊文思院的产品，外形豪华精美，是晚唐时期宫廷艺术珍品。

给京兆府和司法部门审问。过了几天，也没有查明缘由。萧炅于是派吉温审问嫌犯。吉温于院中设两处审讯，吉温在后庭假装提取两个重罪犯人，施以杖刑，犯人痛苦的叫声，让人不忍倾听，借此威吓嫌犯。随后对嫌犯说："如果想要活命，就在纸上写下全部罪状。"令史等人向来知道吉温残酷，不等施刑，各自违心认罪。后来，李林甫打算兴起刑狱，除掉不愿依附于自己的人，于是把吉温召至门下，让他和罗希奭一同罗织他人罪名。

天宝五载（746），吉温通过宦官，让盛王李琦迎娶他的外甥武敬一的女儿为妃，从而擢升为京兆府士曹。户部侍郎、兼御史中丞杨慎矜违逆李林甫的心意，御史中丞王鉷和杨慎矜虽然亲近却嫉恨他，于是李林甫和王鉷两人共同编造事端，称杨慎矜家中藏有图谶预言，并认为自己是隋炀帝的子孙，伺机兴复皇位。李林甫又奏请交付吉温审讯，杨慎矜于是被捕入狱。

吉温又在东京收捕了杨慎矜的兄弟和他的门客史敬忠。史敬忠颇有学识，经常和朝廷权贵交往，和吉温的父亲吉琚交情深厚，吉温年幼的时候，史敬忠常常抱他。吉温让人将史敬忠捉拿，脖子戴上枷锁，用布蒙住他的脸。吉温在后面驱赶着他前进，不和他说一句话。快到京城的时候，让典吏诱导他说："杨慎矜已经认罪，让你辨识一下。如果你能善解人意，一定能活，否则必死无疑。"史敬忠回过头说："吉七郎，请给我一张纸。"吉温假装不给，史敬忠再次恳求，吉温才给他纸，让他在一棵桑树下写了满满三张纸，全都符合吉温的意思。吉温高兴地说："老爷子别怪我！"缓缓下拜。等到事情准备妥当，到达京城后，吉温这才审问杨慎矜，史敬忠的证词被用来作为证据。但等到搜查杨慎矜家，却找不到图谶。李林甫担心事情败露，于是让御史卢铉去搜查。卢铉将图谶藏在袖子里，走到僻静的地方，拿出图谶假装大骂说："这个逆臣将图谶藏在隐秘的地方，这才找到！"并指给杨慎矜的奴婢们看。杨家全家十分害怕，又遭到棍棒痛打，谁也不敢违抗。于是罪案成立，杨慎矜兄弟被赐死。吉温从此威名远扬，士大夫们都不敢私下交谈。

吉温以严酷狠毒著名，他频频主持审判皇帝特令监禁的犯人，牵连无辜之人，常常还没审讯，就已经写好罪状，算清赃物数量了。等到当事人被审问，常常因恐惧而胡乱认罪。因此不加拷打，罪案就成立了。李林甫欣赏吉温能干，擢升他为户部郎中。吉温又见安禄山受到皇上恩宠，骠骑高力士在宫中掌权，便又依附他们，和他们结为兄弟。他常对安禄山说："李林甫虽然和你十分亲近，但是一定不能让你当上宰相。我吉温虽然受他驱使，也一定不会得到提拔。如果你先奏请皇上让我做宰相，我再上奏让你担当重任，挤掉李林甫，这样我们两人都能当宰相。"安禄山很高兴。

当时，安禄山受到的恩宠，无人能比，他多次在皇上面前夸赞吉温能干，玄宗也就忘记了以前说过的话。后来，安禄山被加封为河东节度使，于是奏请任命吉温为河东节度副使。不久又奏任吉温为魏郡太守、兼侍御史。

杨国忠入朝做宰相后，因为向来和吉温有交情，于是催召他为御史中丞。吉温辞别范阳，到达西京后，朝廷一有动静，他就报告安禄山，两天之内安禄山就能得到讯息。

天宝十三载（754）正月，安禄山入朝，被拜授为左仆射，于是奏请加授吉温为武部侍郎、兼御史中丞。当时，杨国忠和安禄山已经结怨，见吉温亲厚安禄山，十分忌恨。这年冬天，河东太守韦陟进京到华清宫奏事，感到自己将被贬官，于是托付吉温和安禄山建立交情，赠送了很多河东土特产给吉温和权贵们。杨国忠指使大理评事吴豸之让同乡人告发。韦陟等人被召到中书门下审问，韦陟认罪，被贬为桂岭县尉，吉温也被贬为澧阳长史。

第二年，吉温又因为贪赃和强夺他人的奴婢财物，被贬为端州高要尉。吉温走到岭外，拖延时间不再前进，依附张博济，停留在始安郡。八月，皇上派大理司直蒋沇前去审讯，吉温死在狱中。

当初，吉温遭到贬斥，玄宗在华清宫对朝臣说："吉温是酷吏的子侄，我被人迷惑，居然如此重用他。他多次劝朕兴起刑狱，我都没有采纳他的意见。现在他走了，你们都可以安心无忧了！"吉温九月死在始兴县。十一月，安禄山起兵作乱，人们说他是要给吉温报仇。后来，安禄山进入洛阳城，即伪皇帝位。玄宗逃到蜀地后，安禄山找到了吉温的一个儿子，才六七岁，授任为河南府参军，赐给他钱财布帛。

论赞

赞曰：王德衰败时，奸臣掌握政权。鹰犬肆意捕杀，都是由于放纵他们所致。被他们残害的人，实在是痛苦可怜啊。法律使用过度，就会失掉仁慈，酿成祸害。

颜杲卿 张巡 许远列传

旧唐书 ●列传●

颜 杲卿、张巡、许远均是唐朝的忠义之士。颜杲卿，曾是安禄山的部下。安史之乱时，颜杲卿和儿子颜泉明，兄弟颜真卿，设计杀安禄山部将李钦凑，擒高邈、何千年，河北有十七郡响应。后来，安禄山叛军围攻常山，抓到颜季明，借此逼迫颜杲卿投降，但颜杲卿不肯屈服，还大骂安禄山，颜季明被杀。不久常山被史思明所破，颜杲卿被押到洛阳。见到安禄山，颜杲卿瞋目怒骂，也被处死。张巡和许远，在安禄山叛乱时，以几千兵力固守睢阳，遭安庆绪部尹子琦合兵十余万围攻。数月后，弹尽粮绝，只得易子而食，杀妇孺老弱充饥。终因外援不至，城破被俘，张巡被杀，许远被送至洛阳，后来被杀。

【颜杲卿】

颜杲卿是琅琊临沂人，世代在江左做官。他的父亲颜元孙，垂拱（685～688）初年考中进士，考官员外郎刘奇将他的词策张贴在榜上，文采瑰丽，许多士人前去围观。

颜杲卿因祖上的荫庇而被封官，他性情刚直，有做官的才干。开元年间，他担任魏州录事参军，振举纲目，政绩卓越。天宝十四载（755），他摄任常山（今河北正定西南）太守。当时安禄山担任河北、河东采访使，常山在他的管辖范围之内。十一月，安禄山在范阳举兵奔赴长安。十二月十二日，东都沦陷。颜杲卿担心安禄山随后将侵犯潼关，危害社稷。当时他的堂弟颜真卿任平原（今山东陵县）太守，当初一听说安禄山阴谋篡逆，就暗中召集敢死之士，招抚豪强大户，

做好抵抗叛贼的准备，到这时派遣使者前来请求颜杲卿一起发兵，以形成掎角之势，阻断敌兵退路，遏制其向西进犯的势头。颜杲卿于是和长史袁履谦等人，商量要打开土门，背叛安禄山。当时安禄山派蒋钦凑、高邈率领五千部众把守土门。颜杲卿想杀掉蒋钦凑以打开土门。蒋钦凑的军队隶属常山郡，颜杲卿于是召蒋钦凑到郡里来议事。当月二十二日晚上，蒋钦凑到来，酒醉后在传舍中睡去。袁履谦和参军冯虔等人奉命将他杀死，然后带着蒋钦凑的首级来见颜杲卿，众人喜极而泣。夜里，他们又活捉了蒋钦凑的部下高邈以及叛将何千年。颜杲卿派他的儿子安平尉颜泉明等人给二人套上枷锁，将蒋钦凑的首级装在盒子里，一起送往京师。到达太原后，节度使王承业将颜泉明等人留下，又

扣留了颜杲卿的表奏，自己上表献给皇上，声称是自己的功劳。玄宗不知情，擢升王承业为大将军。不久，玄宗得知内情后，加封颜杲卿为卫尉卿兼御史大夫。

颜杲卿杀掉叛将后，随即招收兵马训练士卒，并在河北各郡县广发檄文，说朝廷任命荣王为河北兵马大元帅，哥舒翰为副帅，统率三十万大军，即将从土门出击。各郡县闻讯后纷纷响应，杀掉叛贼的守将，一时之间十五个郡都由国家的将士驻守。安禄山正率军西进，半路上听说河北发生变故，于是想要返回，命令史思明、蔡希德率军渡过黄河。

天宝十五载正月，史思明攻打常山郡。城中兵少，寡不敌众，御敌的装备也都用完了。八日，常山城池陷落，颜杲卿等人被俘获，送往东都。史思明随即进攻各郡，广平等九郡重新被敌兵占领。安禄山见了颜杲卿，指责他说："你出身范阳户曹，我奏请任命你为判官，后来又让你摄任常山太守，我有什么对不起你的，你要背叛我？"颜杲卿瞪着眼回答说："我家族世代都是唐朝臣子，恪守忠义，纵然受到你的推荐任命，也不能跟着你造反！而且你本来不过是营州一个放羊的羯奴，骗取天子的恩宠，天子有什么亏待你的，你要背叛他？"安禄山十分恼怒，下令将他捆在中桥桥柱上，将他肢解。直到断气，颜杲卿仍大骂不止。

当天颜杲卿的幼子颜诞、侄子颜诩和袁履谦，都被砍掉四肢。叛将何千年的弟弟站在一旁，袁履谦将满嘴血水吐在他脸上，于是被割肉而死，路人看见后都流下了眼泪。这年二月，李光弼、郭子仪率军从土门东下，收复常山郡。颜杲卿、袁履谦等人的妻女共几百人当时都被关在狱中，李光弼将她们释放，让她们穿上孝服举办丧礼。

至德二载（757）冬天，广平王收复两京，史思明将河朔归还朝廷。当时颜真卿任蒲州刺史，于是命令颜泉明在河北一代寻访亲属。颜杲卿的妹妹以及她的女儿都流落贼手，颜泉明自己也有一女被敌兵掳去，每人都要赎金三万钱。颜泉明倾尽家财，赎回姑姑母女二人，等到再去赎人的时候，自己的女儿却不知去向。而从袁履谦以下，父亲手下将吏的家属奴隶三百多人，辗转流落在贼人手中。颜泉明让他们都回到蒲州，颜真卿供养了他们很长时间，让他们随意选择去处并提供资助。颜泉明又前往东都找到了父亲和袁履谦的尸首，各置一口棺材，然后扶柩回到长安。

乾元元年（758）五月，皇上下诏表彰颜杲卿据死守节，追赠为太子太保。

【张巡】

张巡，是蒲州河东县（今山西永济）人。他的哥哥名叫张晓，开元年间任监察御史。兄弟两人都以文章德行闻名天下。张巡聪明有才干，考中进士科，天宝年间，调任清河（今河北清河）县令。他十分能干，尚义重节，别人有危急困窘，他必定倾尽所有予以救济。

安禄山叛乱时，张巡任真源（今河南鹿邑）县令。他劝说谯郡太守加固城池，招募士兵，准备抗击叛贼。张巡自己也和单父尉贾贲招募豪杰之士，大兴义举。

当时雍丘（今河南杞县）县令令狐潮想要举城投降叛军，百姓和官吏一百多人反对，令狐潮于是将他们反绑后扔在地上，准备将他们斩杀。恰巧敌兵前来，令狐潮出兵迎击，被绑的人趁机自己解开绳索，关上城门拒绝令狐潮入内，却去召请贾贲。贾贲和张巡率军进入雍丘，杀死令狐潮的妻子儿女，环城守备。吴王李承制授任贾贲为监察御史。几天后，叛军前来攻城，贾贲战死，张巡于是会合贾贲的军队，一起守城。令狐潮引导叛将李廷望围攻了几个月，敌兵死伤大半仍然没有攻克。安禄山于是在雍丘北面修筑城墙，切断粮路，从此雍丘城与外界隔绝。又相持几个月后，叛军锋芒转盛，城中更加困难。

当时叛将尹子奇攻打睢阳（今河南商丘睢阳区），睢阳太守许远率军坚守。张巡考虑到雍丘是个小城，军备不足，早晚会被强敌攻克，于是让士兵结队列阵假装投降，撤退到睢阳。当时是至德二载（757）。玄宗闻讯表示赞许，授任他为主客郎中，兼任御史中丞。

尹子奇围攻睢阳一年多，睢阳孤城无援，后来城中粮食耗尽，大家只得易子而食，劈开人骨当柴烧，人心恐惧。张巡担心军心生变，于是拉出他的爱妾，当着三军杀死，让将士们充饥。将士们都哭泣落泪，不忍心进食，张巡强令大家吃了。随后又搜罗城中的妇人，吃光以后，继续杀老弱的男性充饥，总共吃掉了二三万人，军心始终不曾叛离。

🔴 唐忠臣张巡像

当时，贺兰进明率领重兵把守临淮，张巡派手下南霁云趁夜出城，向贺兰进明求援。贺兰进明每天和将士们一起大摆筵席吃喝享乐，不想出兵。南霁云哭着说："我们已经被强敌包围半年，粮食和武器都已经用尽。当初城中有几万人口，现在妇人和老幼之人，都已经被吃光，张中丞甚至杀死他的爱妾给将士们充饥，现在城里只剩下几千人。一旦睢阳被攻陷，就会危及临淮，唇亡齿寒。我冒死前来，您竟然没有救援之心，我完成不了中丞交付的任务，只好咬下一个指头留给您，表示我已经尽力，也好回去禀告。"南霁云从临淮回到睢阳，用绳子吊进城去。城中的将吏知道没有救兵前来，痛哭了好几天。

十月，城池陷落。张巡和姚訚、南霁云、许远，都被敌兵擒获。以前，张巡神情慷慨激昂，每次和叛军交战，都大呼誓师，眼睛瞪得流血，牙齿都要咬碎了。等到城池将陷，他面朝西方叩拜了两次，说："我智勇已尽，不能抵御强贼，保守孤城。即使做了鬼，也要报答皇上的恩德。"城池陷落后，尹子奇问他说："听说你每次交战都眼眶瞪裂，牙齿咬碎，为什么如此？"张巡说："我想气吞逆贼，但是力气不够！"尹子奇用大刀撬开他的嘴，看见剩下的牙齿不过三颗。张巡大骂说："我为君父守节而死，你依附逆贼怎能长久？"尹子奇觉得他是忠义之人，想劝他归降为自己所用，左右的人说："此人恪守节义，一定不肯为我们效力。

他向来很得军心，不可久留。"于是当天就将他和姚訚、南霁云一同杀害。

【许远】

许远是杭州盐官（今浙江海宁西南）人。祖先世代在江右做官。曾祖父高阳公许敬宗，龙朔（661～663）年间担任宰相。许远清廉能干，最初从军河西，任碛西支度判官。章仇兼琼节镇剑南，征用他为从事，因为仰慕他的门第，想把自己的女儿嫁给他。许远拒绝了，章仇兼琼大怒，伺机中伤他，于是被贬为高要县尉。后来得到赦免才得以返回。

安禄山叛乱后，朝廷破格提拔人才，有人举荐许远，说他熟练军事。玄宗于是召见他，任命他为睢阳太守，多次加授侍御史、本州防御使。后来叛将尹子奇围攻睢阳，许远和张巡环城拒守数月，武器粮草用尽，而外无援兵，城池最终陷落。尹子奇将他押送到洛阳，和哥舒翰、程千里一起囚禁在客省中。后来安庆绪战败，渡过黄河向北逃窜，尹子奇派严庄将他们三人全部杀死。

论 赞

赞曰：烈士为节义而献身，救危难而舍弃圣明。国家有了忠臣，灭亡后还能恢复。为什么丧失国家呢？因为奸邪小人受到恩宠。

白话精编二十四史

第六卷

陆德明 贾公彦列传

陆德明、贾公彦都是唐朝大儒，陆德明历经陈、隋、唐等多个朝代，善于辩难，无人能及。隋炀帝和太宗时期都曾做官。他颇有气节，王世充篡位时，想让他调教自己的儿子，他不屑与之为师。一生留下很多著作。贾公彦官至太学博士，是唐朝著名的儒家学者、经学家、《三礼》学专家。

【陆德明】

陆德明，苏州吴县人。起初在周弘正门下学习，擅长谈论玄理。陈朝太建（569～582）年间，太子征召四方名儒，在承先殿讲经。陆德明当时尚未成年，也前去参加。国子祭酒徐克率先发言，他依仗身份显贵纵意议论，众人都不敢反驳，只有陆德明一人和他辩论，满朝文武赞叹不已，十分欣赏。陆德明出仕伊始，担任始兴王国左常侍，后来迁任国子助教。陈朝灭亡以后，他回到乡里。大业年间，朝廷广召通晓经义的儒士，聚集在门下省，又派遣陆德明、鲁达和孔褒等人前往，众人一起互相辩难，没有人能超过陆德明。王世充僭越称帝后，任命陆德明做他儿子的老师。到了他家，将要行拜师礼时，陆德明因为耻于教他，服下巴豆散，躺卧在东墙下。王世充的儿子进来后，跪在床前，陆德明对着他不停拉稀，始终不和他讲话。随后陆德明转移到成皋治病，断绝世俗往来。

贞观（627～649）初年，陆德明被拜授为国子博士，封吴县男，不久去世。他撰有《经典释文》三十卷、《老子疏》十五卷、《易疏》二十卷，一起流传于世。太宗后来曾经阅读《经典释文》，十分赞赏，赐给他家束帛二百段。

【贾公彦】

贾公彦是洺州永年（今河北永年）人。他师从张士衡，博涉经史，尤其精通《三礼》，著名门生有李玄植。贞观初年，他曾奉诏参与编撰《五经正义》。他为《周礼》《仪礼》撰疏，考证十分精细，释义也取诸家之长，择善而用，并增加自己的见解。撰有《周礼义疏》五十卷、《仪礼义疏》四十卷。

永徽元年（650），贾公彦发现指纹的特征和用途。他将指纹根据纹线长短、形状、粗细、结构，分为弓、箕、斗三种类型，指出个人的指纹终生不变，且不同人的指纹各不相同，因此是确认个人身份的重要方法。永徽（650～655）年间，他官至太学博士。

卢照邻 杨炯 王勃 骆宾王列传

卢照邻、杨炯、王勃、骆宾王因文章齐名，并称"初唐四杰"。卢照邻自小涉猎广泛，擅长写文章。最初担任邓王府典签，邓王称他为自己的"司马相如"。后来卢照邻担任新都尉，因染上风疾辞官，住在太白山。因不堪病痛，投颍水而死。杨炯十一岁时就被举为神童，授校书郎。后来多次做官，最后改任盈川县令，以严酷著称，死在任上。王勃才华早露，小时候被认为是神童。他最初被沛王李贤征为侍读，后来因为戏作《檄英王鸡》一文，被高宗逐出府，随即出游巴蜀。后来担任赣州参军，因擅杀官奴被罢官，他的父亲也受连累被贬为交趾令。王勃南下交趾探亲，渡海时溺水而死。 骆宾王最初担任道王李元庆的属官，后来相继担任武功主簿和明堂主簿。唐高宗时升任中央政府的侍御史官职，之后又被贬为临海县丞。他郁郁不得志，于是跟随徐敬业起兵讨伐武则天，兵败后被诛杀。

【卢照邻】

卢照邻，字升之，幽州范阳（今河北涿州）人。他十几岁时，跟着曹宪、王义方学习《三苍》《尔雅》和经史，涉猎广泛，擅长写文章。最初，被授任为邓王府典签，邓王十分器重他，曾经对群官说："这就是我的司马相如啊。"卢照邻曾被拜授为新都尉，因为染上风疾辞官，住在太白山中，以服食药饵过日子。后来病情加重，于是迁徙到居阳县的具茨山，在那里撰写了《释疾文》《五悲》等诵，颇有文人骚客的风范，很受文士的推崇。

卢照邻因为疾病致残，不堪其苦，于是和亲属们一一作别后，自己投入颍水而死，终年四十岁。他留有文集二十卷，流传于世。

【杨炯】

杨炯是华阴人，他的伯祖父杨虔威曾在武德年间官至右卫将军。杨炯幼年聪敏好学，擅长作文章。唐高宗显庆六年（661），他十一岁，参加神童科举考试，拜授校书郎，任崇文馆学士。

杨炯后来升任詹事司直。武则天初年，因族弟杨神让叛逆受到牵连，降任梓州司法参军。任职期满，选授盈川令。如意元年（692）七月，宫中取出盂兰盆，分送到各个佛寺，武则天驾临南门，和百官一起观看。杨炯进献《盂兰盆赋》，词句十分雅丽。杨炯为政几近残酷，百姓官吏稍有不如意，他就下令将人打死。他所居住的府舍，有很多亭台，他都一一加上匾额，配以美名，远近的人都嘲笑他。不久，他就死在任上。中宗即位后，追赠他为著作郎。他撰有文集三十卷。

杨炯和王勃、卢照邻、骆宾王以文词齐名，海内称为王杨卢骆，也称为"四杰"。杨炯听说后，对人说："我愧在卢前，耻居王后。"当时的人深以为然。后来，崔融、张说等人都很看重四杰的文章。崔融说："王勃文章宏逸，绝尘脱俗，实在是非常人所能及。但杨炯和卢照邻可以与他相媲美，杨炯的话说得对！"张说也说："杨炯的文思如飞流直下，取之不尽，既优于卢照邻，亦不比王勃差。'耻居王后'，的确如此；'愧在卢前'，则是过谦了。"

▶【王勃】

王勃，字子安，绛州龙门（今山西万荣）人。他的祖父王通，隋朝时担任蜀郡的司户书佐。王勃六岁就懂得写文章，思绪流畅，词情豪迈，和哥哥王勔、王勮的才华文采相似。他

们父亲的朋友杜易简常说："他们是王氏的三棵宝树。"王勃不到二十岁，就考中幽素举。乾封初年，到京城献上《宸游东岳颂》。适逢东宫正建造乾元殿，又献上《乾元殿颂》。沛王李贤知道他的名声，召任他为沛府修撰，十分器重他。诸王斗鸡，互有胜负，王勃戏作《檄英王鸡》。高宗看

🅰 王勃塑像

后大怒说："这就是诸王纷争的开端。"当天就赶走王勃，禁止他再进府门。很久以后，补授为虢州参军。

王勃恃才傲物，遭到同僚的嫉恨。有个官奴曹达犯了罪，王勃将他藏匿起来，又担心东窗事发，于是将曹达杀死灭口。事情败露后，王勃罪重当诛，赶上大赦，仅被除名。当时王勃的父亲王福畤正担任雍州司户参军，因为受到王勃的牵累，也被降职为交趾令。上元二年（675），王勃前往交趾探望父亲，途经江中，作《采莲赋》以抒胸臆，言辞很美。后来横渡南海的时候，落水而死，年仅二十八岁。

当初，吏部侍郎裴行俭主持选任官员，他知人善任，见到王勃和苏味道，对人说："这两人也应当执掌吏部。"李敬玄尤其重视杨炯、卢照邻、骆宾王与王勃等四人，认为他们日后必定显贵。裴行俭说："士要致远，先看气质然后才是文艺。王勃等人虽然有文才，但浮躁浅露，怎能封官晋爵！杨炯沉静，应该能做到令长，其他三人能得以善终就算幸运了。"后来果然如他所说。

王勃作文章雄迈快捷，下笔即成，尤其喜好著书。他撰有《周易发挥》五卷，和《次论》等书几部。王勃去世后，很多被遗失，留下文集三十卷。王勃聪明机警，尤其精通推步历算，曾撰写《大唐千岁历》，声称大唐德灵长达千年，不会和隋朝一样短命。

【骆宾王】

骆宾王，字观光，婺州义乌（今浙江义乌）人。他年轻时就善于作文章，尤其擅长五言诗，曾作《帝京篇》，当时的人以为是绝唱。但是他贫困落魄，不修品行，喜好赌博。高宗末年，他担任长安主簿。后来因为贪赃获罪，被降职为临海丞，他郁郁不得志，于是弃官而去。文明年间（684），他和徐敬业在扬州作乱，讨伐武则天。徐敬业军中的檄文，都出自骆宾王之手，其中包括《讨武檄文》。徐敬业兵败以后，骆宾王被诛杀，所写的文章也大多散失。武则天向来看重他的文章，于是派人搜集。兖州人郄云卿共搜集了十卷，流传于世。

卷一百九十一

袁天纲 孙思邈 慧能 一行列传

袁天纲是唐朝著名的相士，曾经准确预测女皇武则天的帝王之命。他为人正直，叱咤于唐太宗年间。孙思邈为唐代著名道士，医药学家。活了一百多岁。七岁时就能"日诵千言"，精通老子、庄子以及佛家学说，被人称为"圣童"。但他不愿做官，多次辞谢朝廷的封赐。他对于治病的论述十分精妙，撰有很多著作。慧能是佛教禅宗祖师，得黄梅五祖弘忍传授衣钵，继承东山法门，为禅宗第六祖。武则天时诏令入宫，他拒绝了，不出岭南而死。唐中宗追谥为大鉴禅师，是中国历史上有重大影响的佛教高僧之一。僧人一行是唐代的天文学家和比丘。青年时期出家当了和尚，拒绝做官，隐居嵩山，玄宗时被强迫出山，编撰《开元大衍历经》，修正了汉历的误差。

▶【袁天纲】

　　袁天纲，益州成都人。尤其擅长相术。隋朝大业年间，他担任资官令。武德初年，蜀道使詹俊用赤牒授任他为火井令。袁天纲在大业元年（605）到洛阳。当时杜淹、王珪、韦挺请他相面，袁天纲对杜淹说："你兰台成器，学堂饱满，必定官近纠察，以文章而受到知遇。"对王珪说："你三亭成器，天地相对，从现在起十年之后，一定能位居五品要职。"对韦挺说："你的面相像是大兽，交友极其诚恳，必然得到朋友的提挈，最初将担任武职。"又告诉杜淹等人说："二十年后，恐怕三位会同时遭到贬黜，不过很快就会再被征用。"杜淹不久迁任侍御史，武德年间任天策府兵曹、文学馆学士。王珪做了太子中允。韦挺在隋朝末年和隐太子友善，后来隐太子引荐他担任左卫率。武德六年（623），三人一起被发配到嶲州。杜淹等人到达益州后，去见袁天纲问他日后的运命，袁天纲说："你们的骨法，大大胜过往日，最终应该都能享受荣华富贵。"武德九年，三人被召入京，一起造访袁天纲。袁天纲对杜淹说："你很快就会担任三品要职，但寿命我无法预测。王、韦二公，以后会担任三品官，且都长寿，但是晚年不甚顺畅，韦公尤其如此。"杜淹到达京城后，果然被拜任为御史大夫、检校吏部尚书。王珪不久授任侍中，出任同州刺史。韦挺先后担任御史大夫、太常卿，后来遭贬为象州刺史。应验了袁天纲的说法。

旧唐书　列传

大业末年，窦轨旅居德阳县，曾请教袁天纲。袁天纲说："你额上伏犀连贯玉枕，辅角又好，一定会在梁、益两州建立大的功业。"武德初年，窦轨担任益州行台仆射，援引袁天纲，对他以礼相待。袁天纲又告诉窦轨说："您的目气赤脉贯通双瞳，一说话赤气就浮上脸。如果担任将军，恐怕会杀死很多人。希望格外谨慎自诫。"武德九年，窦轨因事获罪被征召入京，临行前询问日后的仕途，袁天刚说："您脸上的家人坐仍未移动，辅角右侧有光泽，呈现喜色，您到了京城必然受到恩典，回来后还任此职。"这一年，窦轨果然被重新授任为益州都督。

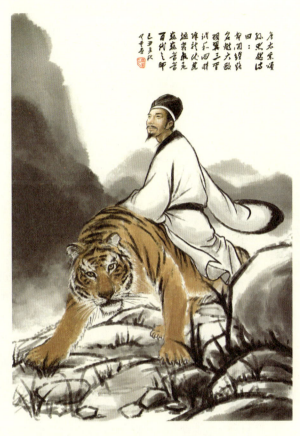

孙思邈像

武则天当初尚在襁褓之中，袁天纲来到她家中，对她的母亲说："看夫人的骨法，必然生出贵子。"武则天的母亲于是找来所有孩子，让袁天纲一一给他们相面。见了元庆、元爽，袁天纲说："这两个孩子是保家之主，官可至三品。"见到武则天的姐姐（即后来的韩国夫人）说："此女也会大贵，但对夫婿不利。"武则天当时由乳母抱着，穿着男孩子的衣服，袁天纲说："这位郎君神色清爽，不容易了解，请让他走走看。"于是让她在床前行走，又让她抬眼，袁天纲大惊道："这个郎君龙睛凤颈，是极贵重之人的面相啊。"再转到侧面看她，又吃惊地说："若是女子，则前途难以观测，以后应当能当天下之主！"

贞观八年（634），太宗在九成宫召见袁天纲。当时的中书舍人岑文本请他相面。袁天纲说："舍人学堂成器，眉毛遮盖眼睛，文才名闻海内，头又生骨，还没有完全长成，若做三品官员，恐怕是损寿的征兆。"岑文本做官做到中书令，不久去世。

这一年，侍御史张行成、马周一起前去拜见袁天纲，袁天纲说："马侍御伏犀贯脑，兼有玉枕，又背如负物，应有大富贵。但您面色赤红，命门颜色暗淡，耳后骨没有隆起，耳朵无根，只怕非长寿之人。"马周后来位居中书令、兼吏部尚书，四十八岁时去世。袁天纲又对张行成说："你的五岳四渎成器，下亭饱满，得官虽晚，最终却会居宰相之位。"张行成后来做到尚书右仆射。袁天纲为人相面，说中的诸如此类。申国公高士廉曾经问他："你自己还会担任什么官职？"袁天纲说："我知道自己的命运，今年四月就到头了。"后来，他果然在四月去世了。

【孙思邈】

孙思邈，京兆华原（今陕西耀县）人。七岁上学，每天诵读上千言。年少时，就爱谈论庄子、老子和百家之说。洛州总管独孤信见了，感叹说："真是圣童啊，只可惜他才能太高，只怕难以有机会施展。"周宣帝时，孙思邈因为王室多变故，隐居在太白山中。隋文帝辅政，征用他为国子博士，他称病不起。他曾经对亲近的人说："五十年后，应有圣人出现，到那时我再帮助他救济世人。"等到太宗即位后，召他到京城，见他容貌气色、身形步态都如同少年一般，十分感叹，说："有道之人真是值得人尊

敬呀！像羡门、广成子这样的神仙人物世上原来竟是有的，怎么会是虚言呢？"授任爵位，孙思邈坚辞不受。显庆四年（659），高宗召见他，拜授谏议大夫，又拒绝了。

上元元年（674），他称病请求返回，皇上特地赏赐给他良马，又把已故鄱阳公主的邑司赐给他居住。当时的知名之士宋令文、孟诜、卢照邻等人，都以对待老师的礼节来侍奉他。卢照邻患有恶疾，医生都不能治愈，于是询问孙思邈说："名医治病，有什么规律吗？"孙思邈回答说："善于谈论天的人，一定以人为根本，善于谈论人的人，也必然以天为根本。天有四季五行，寒暑迭代，天体运转时，和气生雨，愤怒生风，凝结而生霜雪，伸张而产生彩虹，这是天地的正常规律。人有四肢五脏，一醒一睡，呼吸吐纳，精气往来，流动而成气血，显露而成气色，振发而成音声，这是人的正常规律。阳通过形体表现，阴通过精气表现，天和人是一致的。当阴阳失去平衡时，蒸腾则生热，闭塞则生寒，阻塞就成为瘤赘，下陷而成为痈疽，奔跑而造成呼吸困乏，征兆表现在脸上，变动则在形体上。天地也是如此。良医用药物来引导人体，圣人用至德来调和天地，因此疾病可以治愈，灾害可以消除。"

孙思邈自称出生于开皇元年（581），此时已经九十三岁；询问他乡里的人，却都说他有几百岁了。他谈起周、齐年间的事，历历如在眼前。

六祖斫竹图·南宋·梁楷

此图表现的是六祖慧能在劈竹的过程中"无物于物，故能齐于物；无智于智，故能运于智的道理"。

以此推断，他不止百岁。然而他视力听力都尚未衰退，气色也好，可以称得上是古代的聪明博达不死之人。

当初，魏徵等人奉诏编修齐、梁、陈、周、隋五代史，担心有遗漏，多次前去询问他，孙思邈亲口传授，好像亲眼目睹过一样。东台侍郎孙处约带领他的五个儿子孙俊、孙佑、孙佺等人拜见孙思邈，孙思邈说："孙俊最先富贵；孙佑最晚显达；孙佺名声最大，但会因为执掌兵权招致祸患。"后来果如其言。太子詹事卢齐卿童年幼时，向他请教官运，孙思邈说："你五十年后能位登方伯，我的孙子会做你属下的官吏，你自己珍重。"果然，后来卢齐卿担任徐州刺史，孙思邈的孙子孙溥担任徐州萧县丞。孙思邈当初告诉卢齐卿时，孙溥还没出生，孙思邈却能预知他后来的事。他还做了很多类似的奇妙预测。

永淳元年（682），孙思邈去世。他留下遗言让家人薄葬，不陪葬冥器，祭祀的时候不宰杀牲畜。过了一个多月，尸首仍然面色不改，尸骨被抬入棺的时候，轻薄得就像空衣无人，人们为之惊奇。他亲自注释了《老子》《庄子》，撰写《千金方》三十卷，流传于世。又撰有《福禄论》三卷，《摄生真录》及《枕中素书》《会三教论》各一卷。

【慧能】

慧能，俗姓卢氏，河北燕山人（今涿州），生于岭南新州（今广东新兴）。

宗"。当时，六祖慧能的同门师兄神秀，主张"渐悟"，在华北势力颇盛，号称"北宗"。神秀曾经上奏武则天，请求催促慧能到京城，慧能坚持辞谢不来。神秀又自己写信邀请他，慧能对使者说："我形貌矮小丑陋，北方的人见了我，恐怕不尊敬我的道法。而且先师认为我与南方有缘，师命不可违背。"最终不过岭南。唐玄宗先天二年（713），慧能圆寂，世寿七十六。唐宪宗时，追赠谥号为"大鉴禅师"。

【一行】

僧人一行本姓张，起初名叫遂，魏州昌乐（今河北魏县）人，襄州都督、郯国公张公谨的孙子。他的父亲张擅，曾担任武功令。

一行自幼聪敏，涉猎经史，尤其精通历象、阴阳、五行之学。当时道士尹崇十分博学，平日收藏了很多典籍。一行向他借阅扬雄的《太玄经》，几天后还回。尹崇问："这本书意旨深奥，我研究了多年，也没有通晓，你怎么这么快就送还了呢？"一行说："已经探求到它的含义了。"随即拿出自己所撰写的《大衍玄图》和《义决》一卷给尹崇看。尹崇大惊，和他谈论书中的深邃之处，十分叹服，对别人说："这是颜子再生啊！"一行因此

僧一行像

他和神秀同为弘忍大师的弟子。慧能父亲早亡，家境贫穷，以卖柴为生。一次，慧能卖柴回家的路上听到有人读诵《金刚经》，便萌生学习佛法之念。他去黄梅山拜谒五祖弘忍，由此开始了学佛生涯。

弘忍去世后，慧能住在韶州广果寺，弘扬禅宗，主张"顿悟"，在此传法长达三十七年之久。韶州山中，过去有很多虎豹，一时间全部离去，远近的人无不惊叹，都归附于他。他影响华南诸宗派，人称"南

声名远播。武三思仰慕他的学问和操行，请求和他结交，一行躲开了。不久，一行出家为僧，在嵩山隐居，师从沙门普寂。睿宗即位后，敕令东都留守韦安石依照礼节前去征召他。一行以生病为由，拒不接受任命。后来，一行步行到达荆州当阳山，师从沙门悟真学习梵律。

开元五年（717），玄宗命令一行的族叔礼部郎中张洽带着敕书，前往荆州强行请他出山。一行到达京城后，被安置在光太殿，玄宗几次前去那里，询问安国抚人之道，一行言辞恳切直率，毫无保留。开元十年，永穆公主出嫁，敕令有司依照太平公主的旧例，安排此事。一行认为高宗晚年，只有一女，应该特别礼遇。而且太平公主骄横僭越，并最终因此获罪，不应该引以为例。皇上听从了他的话。

一行尤其精于著述，撰有《大衍论》三卷，《摄调伏藏》十卷，《天一太一经》和《太一局遁甲经》《释氏系录》各一卷。当时，用《麟德历经》推算历法渐渐不够精密，皇上敕令一行参考前代的诸家历法，改撰新历，又命令率府长史梁令瓒等人和工人一起创造黄道游仪，用来考察七曜的行度，互相加以证明。于是一行借鉴《周易》的大衍之数，建立起推演之法与之相应，改写成《开元大衍历经》。开元十五年，一行去世，年仅四十五岁，皇上赐以谥号"大慧禅师"。

当初，一行的从祖东台舍人张太

素，撰写《后魏书》一百卷，其中《天文志》没有完成，一行续写完毕。皇上为一行撰写碑文，亲自写在碑石上，又拿出库钱五十万两，为他筑塔。第二年，玄宗前往温汤，路过塔前，停下马匹，让有品级的官员靠近塔前，诉说他秋日出游的本意，又赐绢五十匹，用以在塔前栽种松柏。

当初，一行为了探求大衍之法，求访老师，到达天台山国清寺，看见一个庭院，有古松十几棵，门前有流水经过。一行站在门屏间，听见院僧在庭院中进行推算，又听见他对徒弟说："今天应该有弟子远道而来求教推算之法，现在应该已经到达门前，没有人引他进门吗？"随即又推算一次，又对徒弟说："门前的流水应当倒向西流，弟子也就到了。"一行应声走进庭院，跪拜请求传法，全部学完后，门前的水果然倒向西方流去。道士邢和璞曾经对尹愔说："当初，汉朝的洛下闳编制历法，曾说：'八百年后会误差一天，到时候必定有圣人修正。'今年期限已到，而一行编撰《大衍》修正了洛下闳的误差，那么洛下闳的话就是真的！一行不是圣人又是什么呢？"

论赞

赞曰：术数的精妙，就在于能预知后事。粲然如同上天显露征兆，揭示得准确无疑。一些怪诞之人，爱用占卜欺骗人。而那些庸妄的人，总希望时势艰险。

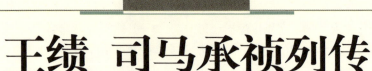

王绩 司马承祯列传

列传

旧唐书

王绩在隋朝末年举孝廉，担任六合县丞。但他不愿做官，于是弃官还乡，在黄河小洲上筑屋居住，以弹琴饮酒自娱。曾经躬耕东皋，人称"东皋子"。司马承祯是唐代著名的道士，是道教上清派第十二代宗师。他自小笃学好道，无心仕宦之途。师从潘师正，学到上清经法及符箓、导引、服饵之术。后来遍游天下名山，隐居在天台山，自号"天台白云子"。文学修养很深，擅长书法。八十九岁时去世，被追赠为银青光禄大夫，号真一先生。

【王绩】

王绩，字无功，绛州龙门（今山西河津）人。年轻时和李播、吕才成为莫逆之交。隋朝大业年间，应考孝悌廉洁科，授任扬州六合县丞。后来认为做官不是他所好，于是辞官回到乡里。王绩原先在黄河小洲中有田地数顷，邻近的小洲上住着隐士仲长子先，常常服食丹药涵养本性，王绩十分尊重他，愿意和他相邻而居，于是在小洲上盖房，以弹琴饮酒自娱。他曾经畅游北山，并以此作《北山赋》表达心志，文辞大多已经失传。

王绩曾经在东皋躬耕，因此当时的人都称他东皋子。他有时候路过酒肆，在那里题壁作诗，好事之人争相吟诵。他于贞观十八年（644）去世。临终前，他预知自己的死期，留下遗嘱让人将自己薄葬，又事先给自己写好墓志铭。他共有文集五卷，还撰写过《隋书》，但是没写完就去世了。

【司马承祯】

道士司马承祯，字子微，河内温县（今河南温县）人。他是北周晋州刺史、琅琊公司马裔的玄孙。他自幼好学，不屑于做官，于是当了道士。他侍奉潘师正，得到他传授的符箓及辟谷导引服饵之术。潘师正特别欣赏他，对他说："我跟着陶弘景学习道教法术，到你已经是第四代

司马承祯像

了。"司马承祯曾经遍游名山，最后留在天台山。武则天听说他的名声，将他召到京城，亲手下敕书褒奖他。他将要返回时，又敕令麟台监李峤在洛桥之东为他饯行。

景云二年（711），睿宗下令他的哥哥司马承祎到天台山，将他追召到京城，并向他问询阴阳术数等事。司马承祯回答说："道经的主旨是'为道日损，损之又损，以至于无为'。"睿宗问："治理自身直至无为，就会清高，治理国家而无为，会怎样呢？"司马承祯回答说："国家就如同身体。《老子》说：'游心于淡，合气于漠，顺物自然而无私焉，而天下理。'《易经》上说：'圣人者，与天地合其德。'以此知道天不说话而有信，不为而有所成。无为就是治国之道。"睿宗感叹说："广成子的话，就是这个意思啊！"司马承祯坚持要告辞返回山中，睿宗于是赐给他宝琴一张和霞纹帔，放他回去，朝中词人赠诗给他的有一百多人。

开元九年（721），玄宗又派人将他请进京城，厚加赏赐。次年，玄宗到达西都，司马承祯又请求返回天台山，玄宗赋诗给他送行。开元十五年，又召他到京城。玄宗命令司马承祯在王屋山自己选择一处好地方，置建坛室来居住。司马承祯上奏说："现在五岳的神祠，都是山林之神，并非真正的神。五岳都有洞府，各有上清真人降任其职，山川风雨阴阳气序由此得到治理。请求为他们另立斋祠之所。"玄宗听从了他的建议，于是敕令在五岳各山建筑一座真君祠，祠庙的形象制度，都由司马承祯按照道经创意而成。

司马承祯十分擅长篆隶书法，玄宗令他用三种字体抄写《老子经》，他于是订正文句，抄写后进献给玄宗。玄宗将司马承祯在王屋山的住所命名为阳台观，亲自题写匾额，派使者送给他。又赏赐给他绢三百匹，作为补充药饵的费用。

这一年，司马承祯在王屋山去世，终年八十九岁。他的弟子上奏说："他去世的那天，有双鹤绕坛飞翔，还有白云从坛中涌出，缭绕上升直至与天相接，而师傅的面色就和活着的时候一模一样。"玄宗甚为感叹，于是下诏说："已故王屋山道士司马子微，内心依从高超之道，理解玄妙悠远之事，遍游名山和各个神仙洞府。他在世时逍遥得意，死后返回其根本，长眠在空无所有的地方。他高尚坚贞，应给予褒奖，以光耀道教名册。特追赠他为银青光禄大夫，号真一先生。"并为他亲自书写碑文。

白话精编二十四史 ◉第六卷◉

回纥列传

回纥是匈奴的后裔，唐太宗时兴起。太宗亲临灵武收降，设置州府安置他们，厚加赏赐。高宗时回纥派兵帮助朝廷攻打高丽。玄宗时期，回纥强盛。唐肃宗时，回纥帮助收复京畿，代宗时又出兵帮助平定河朔叛乱，解除了朝廷祸患，却从此恃功骄横，索求无度，朝廷无计可施，只好忍辱和亲。后来，回纥内部争斗而分裂，部分部众进逼中原，被打败，于是逐渐消亡。

【反叛突厥】

回纥，祖先是匈奴的后裔。在后魏时，号称铁勒部落。回纥部众很少，却勇猛彪悍，臣属于突厥，人们称之为特勒。回纥没有君长，居无定所，逐水草而放牧。其民众勇猛，擅长骑射，以四处劫掠为生。突厥建国后，东征西讨，全都靠回纥效力。隋文帝末年，晋王杨广北征突厥，大破步迦可汗，特勒于是离散。大业元年（605），突厥处罗可汗攻打特勒各部，向他们重敛财物，又猜忌薛延陀，担心生变，于是召集特勒首领几百人，将他们全部杀死，特勒因此反叛，兼并仆骨、同罗、回纥等，后来改称回纥。回纥居住在娑陵水畔，距离长安六千九百里，拥有强兵五万，人口十万。

【太宗时期】

贞观初年，回纥首领菩萨和薛延陀入侵突厥北部边疆，突厥颉利可汗派他的儿子欲谷设率领十万骑兵前去征讨。菩萨率领骑兵五千人迎战，在马鬣山攻破欲谷设，乘胜向北追击到天山，再次打败欲谷设，俘获了他的部众，回纥因此声势大振。菩萨于是率领部众归顺薛延陀，并派遣使者前往朝廷进贡。

贞观年间，朝廷降伏突厥颉利等可汗以后，北房中唯有菩萨、薛延陀最为强盛。太宗册封北突厥莫贺咄为可汗，统领回纥、仆骨等部落。回纥首领吐迷度大破薛延陀多弥可汗，吞并其武装，并占领了他的土地。

贞观二十年（646），吐迷度派遣使者入朝进贡，太宗驾临灵武，接受回纥归降，回纥请求在回纥以南设置驿站，以便往来通行。太宗于是设置六府七州，在回纥部设置瀚海府，拜授吐迷度为怀化大将军，兼瀚海都督。当时吐迷度已经自称可汗，所有官职一律按照突厥旧例设置。

贞观二十二年，吐迷度被他的

侄子乌纥杀死。燕然副都护元礼臣派人对乌纥说："我将奏请任你为都督，接替吐迷度。"乌纥于是轻骑前去向元礼臣致谢，却被元礼臣擒获斩杀。太宗担心回纥部落叛乱，十月派遣兵部尚书崔敦礼前去安抚，追赠吐迷度为左卫大将军，并将他厚葬。又任命吐迷度的儿子婆闰为左骁卫大将军，让他主持回纥部落的军务，又诏令西突厥可汗阿史那贺鲁统领回纥等部。回纥不肯归附突厥。

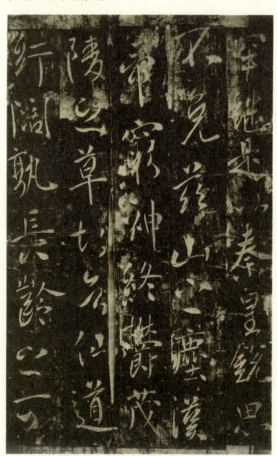

【高宗时期】

永徽二年（651），阿史那贺鲁攻破北庭，高宗诏令将军梁建方、契苾何力率兵二万，并调发回纥五万骑兵，大破阿史那贺鲁，收复北庭。显庆元年（656），阿史那贺鲁再次进犯。高宗又诏令程知节、苏定方等人领兵，会同回纥军队，在阴山和金牙山两次大败阿史那贺鲁，占领其全部土地，在此设置州县，向西直达波斯。婆闰被加授为右卫大将军兼瀚海都督。

永徽六年，回纥派兵跟随萧嗣业讨伐高丽。龙朔年间，婆闰去世，他的侄子比粟毒主领回纥，和同罗、仆固进犯唐朝边境。高宗命令郑仁泰讨伐，比粟毒战败逃走，于是在铁勒本部设置天山县。

【玄宗时期】

开元年间，回纥逐渐强盛，杀死凉州都督王君㚟，切断安西各国通往长安的道路。玄宗下令郭知运等人前去讨伐驱逐，回纥退守乌德健山，向南距离西城一千七百里。西城与北边的碛石口相距三百里，本来有九姓部落，加上拔悉密、葛逻禄，统称十一部落。官军收复一个部落，就设置都督一人。

天宝（742～756）初年，回纥酋长叶护颉利吐发派遣使者入朝，朝廷封他为奉义王。天宝三载，叶护颉利吐发攻破拔悉密，自称骨咄禄毗伽阙可汗，又派使者入朝，朝廷封他为怀仁可汗。

【肃宗时期】

至德元载（756）七月，肃宗在灵武即位，派遣燉煌王李承采出使回纥，和回纥讲和并请求它出兵援助平定叛贼。可汗将女儿许配给李承采，并派遣首领入朝，请求和亲，朝廷封回纥公主为毗伽公主。九月，朝廷加封李承采为开府仪同三司，娶回纥公主为妃。回纥派遣太子叶护率领部将四千多人，前来援助朝廷讨伐叛逆。

回纥大首领达干等人不久到达扶风，拜见仆射郭子仪。郭子仪设宴款待三天。叶护太子说："国家有难，我们特地前来相助，哪有时间吃饭？"郭子仪坚持让他们留下，宴请完毕立即出发。叛军在香积寺以东埋伏精兵，等到元帅广平王率领郭子仪等人路过时，从背后发动袭击。回纥快马救援，叛军全军覆没，于是收复西京。十月，广平王、副元帅郭子仪率领回纥兵马，和叛军在陕西交战。

肃宗返回西京，十一月癸酉那天，叶护从东京（洛阳）前来，百官在长乐驿迎接，皇上亲临御宣政殿设宴慰劳他，赏赐各酋长金银刺绣无数。叶护辞归，皇上说："能为国家成就大事的人，就是你们了。"叶护回奏说："回纥的战士留在沙苑，我现在返回灵夏取马，回来再收复范阳，消灭残余的敌兵。"肃宗下诏授任叶护为司空，并封为忠义王，朝廷每年给朔方军供给二万匹绢，叶护派使者受领。

乾元元年（758），回纥使者八十人前来朝见。七月，皇上下诏将幼女宁国公主下嫁回纥。出嫁那天，肃宗在咸阳磁门驿为宁国公主送行，公主哭着说："国事为重，我死且无憾！"皇上流着眼泪回去了。八月，回纥派遣王子骨啜特勒和宰相帝德等骁将三千人援助朝廷讨伐逆贼。肃宗赐宴感谢他们远道而来，让朔方行营使仆固怀恩统领他们。

乾元二年，骨啜特勒等人率领兵众，跟随郭子仪和九节度在相州城下交战，失利。三月，骨啜特勒和帝德等十五人从相州逃奔西京，肃宗在紫宸殿赐宴。后来，回纥特勒告辞返回行营，皇上又在紫宸殿设宴，赏赐给他们很多财物。不久，授任回纥王为银青光禄大夫。

四月，回纥毗伽阙可汗去世，他的小儿子被拥立为登里可汗。六月，朝廷任命左金吾卫将军李通为试鸿胪卿、摄御史中丞，充任吊祭回纥使。毗伽阙可汗刚死不久，他的牙官、都督等想让宁国公主殉葬，公主没有依从，但是也依照回纥礼法，划破脸面哭丧。后来因为没有生子，得以回到中原。

【代宗时期】

宝应元年（762），代宗刚刚即位，因为史朝义仍在河洛作乱，于是派遣

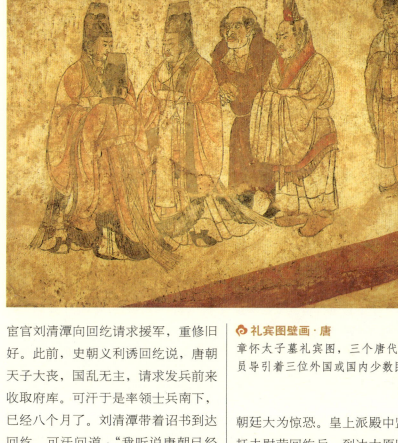

宦官刘清潭向回纥请求援军，重修旧好。此前，史朝义利诱回纥说，唐朝天子大丧，国乱无主，请求发兵前来收取府库。可汗于是率领士兵南下，已经八个月了。刘清潭带着诏书到达回纥，可汗问道："我听说唐朝已经没有国君，怎会有敕书？"唐使回答说："天子虽然去世，但是广平王已经即位，他天生英武，往年和回纥叶护兵马一同收复两京，攻破安庆绪，和可汗您是旧交。而且每年赠给您缯绢几万匹，您忘记了吗？"然而回纥军已经到达三城北面，见城池荒芜没有守兵，州县都是空城，有轻视唐朝之意，于是派遣使者在北方收取单于兵马粮仓，又对刘清潭大肆侮辱。刘清潭上奏说："回纥登里可汗倾国自来，有兵众十万，羊马不计其数。"

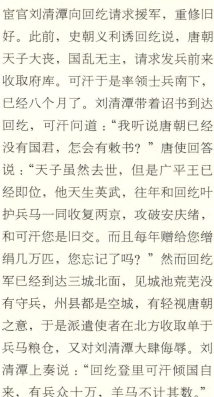

🌀 礼宾图壁画·唐

章怀太子墓礼宾图，三个唐代鸿胪寺官员导引着三位外国或国内少数民族宾客。

朝廷大为惊恐。皇上派殿中监药子昂赶去慰劳回纥兵。到达太原以北忻州以南，只见壮丁四千人，加上老少妇孺共一万多人。

皇上任命雍王李适为兵马元帅，仆固怀恩为中书门下平章事，率军东进，在陕州黄河北登里可汗的营地和回纥兵会合。后来，仆固怀恩和回纥担任先锋，和各节度使一起攻打叛军，史朝义大败，率领残兵溃逃。元帅雍王退回灵宝。回纥可汗继续进兵河阳，在那里驻扎了几个月。等到各节度使收复河北州县后，仆固场和回纥军队追赶史朝义两千多里，在平州石城县

黑釉彩斑瓷腰鼓·唐

将他斩首后返回，至此河北全部平定。仆固怀恩和可汗回师，经过太原，上表庆贺收复东京，并进献史朝义的旌旗等物。辞行的时候，代宗在内殿接见可汗，赐给他彩绢二百段。

代宗加封可汗为登里颉咄登密施含俱录英义建功毗伽可汗，可敦加封为婆墨光亲丽华毗伽可敦。朝廷派遣散骑常侍王翊前往可汗的行营，宣示册命。又封左杀为雄朔王，右杀为宁朔王，胡禄都督为金河王，各都督十一人并封国公。

不久仆固怀恩反叛，投靠灵武，朔方旧将任敷等人召集残余部将，聚集了几万人。广德二年（764）秋，他们引领几万吐蕃兵到达奉天县，朔方节度使郭子仪率兵抵抗，打退了他们。永泰元年（765）秋天，仆固怀恩又引诱回纥、吐蕃、吐谷浑等兵众二十余万人，进犯奉天等地。朝廷下令郭子仪驻守泾阳，浑日进屯守奉天，他们数次挫败敌人的锋芒。后来，仆固怀恩死去，吐蕃将领马重英等人在十月初撤退，取道邠州返回。回纥首领罗达干等人率领两千多骑兵，到泾阳请降。郭子仪接受了他们，并相互约好一起攻打吐蕃。

五天后，朔方先锋兵马使白元光和回纥合兵，在泾州赤山岭打败吐蕃等十多万兵众，斩杀五万多人，生擒一万多人，获取驼马牛羊无数，并解救了被俘的唐兵五千多人。仆固怀恩的侄子仆固名臣，也率领一千多骑兵前来投降。不久，回纥宰相护地毗伽将军等一百多人进京朝见。皇上在延英殿设宴款待，并厚加赏赐。闰月，郭子仪从泾阳带领仆固名臣进京，回纥进献马匹，皇上赏赐十万匹彩色的丝织物。当时国库空虚，朝官没有俸禄，却连续三月纳税，以供给回纥。

大历六年（771）正月，回纥从鸿胪寺擅自进入坊市，劫掠百姓子女，殴打官吏，然后派三百名骑兵冲犯金光门、朱雀门。当日，皇城所有城门被迫关闭，皇上派宦官刘清潭前去安抚，方才罢休。此后于次年七月再次进入坊市胡作非为，相关部门不能制止。大历十年九月，回纥白天在东市杀人，市民将他抓起来，拘禁在万年县。回纥首领赤心听说后，劫出囚犯，砍伤狱吏。

大历十三年正月，回纥侵犯太原，经过榆次、太谷，河东节度留后鲍防率兵和回纥在阳曲交战，结果大败，死去一千多人。后来，代州都督张光晟在羊武谷打败回纥军，回纥撤退。

【德宗时期】

德宗即位后，派宦官梁文秀前往回纥告哀，并请求重修旧好，可汗移地健不仅不以礼相待，还想趁着唐朝有丧，举国南下发动进攻。回纥宰相顿莫贺达干进言说："唐朝是大国，而且没有对不起我们。前年进军太原，获取的羊马数以万计，可称得上是大捷。但因为道途艰阻，回来的时候已经所剩无几。这次出兵如果不胜，怎么办呢？"可汗不听从他的意见。顿莫贺达干于是将可汗杀死，自立为合骨咄禄毗伽可汗，派遣酋长建达干跟随梁文秀入朝觐见。朝廷封顿莫贺达干为武义成功可汗。贞元三年八月，回纥可汗派首领墨啜达干等人前来进贡，并请求和亲。德宗诏令咸安公主下嫁回纥可汗。贞元五年，回纥汩咄禄长寿天亲毗伽可汗去世，朝廷停止朝会三天，三品以上文武官员到鸿胪寺吊唁回纥来使。

贞元六年（790）六月，朝廷派鸿胪卿郭锋前去回纥，册封回纥可汗为忠贞可汗。当年四月，忠贞可汗被他的弟弟杀害并篡位。当时回纥大将颉干迦斯攻打吐蕃还没返回，回纥次相率领国人杀死篡位者，拥立忠贞可

汗的儿子为可汗，他当时只有十六七岁。次相等人担心朝廷因此废立可汗，不想让唐朝使臣知道，于是将郭锋扣留几个月后，才让他返回。等到颉干迦斯返回时，可汗等人到郊外迎接。次相等人告诉他变故的来龙去脉，颉干迦斯于是对新可汗行臣子之礼。从此回纥国内逐渐安定，便派遣达比特勒梅录将军向唐朝报告忠贞可汗之哀，请求册封新君主。朝廷下令停止朝会三天，仍下令三品以上官员到鸿胪寺吊唁回纥使者。同年，吐蕃攻陷北庭都护府。

贞元七年五月，朝廷任命鸿胪少卿庾铤兼御史大夫，册封回纥可汗和吊祭使。八月，回纥派遣使者前来，奏报回纥在北庭打败吐蕃和葛禄，并献上俘获的牲畜。贞元九年九月，回纥派遣使者入朝纳贡。

贞元十一年六月，朝廷册封回纥腾里逻羽录没密施合禄胡毗迦怀信可汗。

【末日余晖】

元和四年（809），回纥更名为回鹘，取意"回旋轻捷如鹘"。元和八年四月，回鹘请求和亲。元和十二月二日，皇上宴请即将回国的回鹘摩尼八人，让他们到中书会见

宰相。此前，宪宗让有关官员筹算，和亲礼金共需要约五百万贯，当时国内正值征战，不能负担这笔费用。因为摩尼被回鹘信奉，因此让宰相告诉他们不能和亲。皇上又诏令宗正少卿李孝诚出使回鹘，向回鹘解释不能和亲的原因。

长庆元年（821），毗迦保义可汗去世，朝廷和以往一样吊祭。四月，皇上在前殿册封回鹘君长为登罗羽录没密施句主录毗伽可汗。五月，回鹘宰相等五百多人入朝，迎娶公主。皇上下诏太和公主下嫁回鹘为可敦，左金吾卫大将军胡证检校户部尚书，送公主前往回鹘。吐蕃随即进犯青塞堡，盐州刺史李文悦出兵击退了吐蕃军。

长庆二年，朝廷共赐给回鹘马价绢十二万匹。三月，裴度率军讨伐幽、镇之乱，回鹘主动请求派兵援助。朝中大臣们认为，当初回鹘收复两京，依仗有功骄横放纵，难以控制，所以不应再让其出兵。于是诏令宦官阻止回鹘出兵。而回鹘兵已经到达丰州北界，抗命不从。皇上下诏拿出七万匹缯帛赏赐回鹘，回鹘这才退兵。五月，朝廷册立登啰骨没密施合毗伽昭礼可汗，派遣品官田务丰携带国信十二车出使回鹘，赐给可汗和太和公主。

大和七年（833）三月，回鹘可汗去世，册立他的弟弟萨特勒为可汗。开成（836～840）初年，回鹘宰相安允合密谋篡夺萨特勒可汗之位，萨特勒可汗发觉后，将他杀死。另一位

🔴 **行道天王图·唐**

宰相掘罗勿，当时拥兵在外，他对安允合被杀心怀怨恨，于是杀死萨特勒可汗，另立可汗。将军句录末贺随后率领黠戛斯攻破回鹘城，杀死新可汗和掘罗勿，又将全城付之一炬，回鹘人四散奔逃。其中一部分由宰相馺职率领，向西投奔葛逻禄，一支投靠吐蕃，一支投奔安西，又有靠近可汗牙帐的十三部，拥立特勒乌介为可汗，南下归顺唐朝。

当初，黠戛斯攻破回鹘，俘获太和公主。黠戛斯自称李陵的后代，和唐室同姓，于是下令将太和公主送到边境，途中却遭遇乌介。乌介可汗于是以太和公主为人质，向南越过大漠，到达天德军边界，奏请把天德城让给太和公主居住。回鹘宰相赤心和特勤那颉啜拥兵自重，不顺从乌介。乌介用计策将赤心杀死，那颉趁机占有了赤心的部下，

东面俯视振武、大同，占据室韦、黑沙、榆林，又向东南进入幽州雄武军西北界。幽州节度使张仲武派遣他的弟弟张仲至率兵大破那颉，得到全部七千帐，杀死擒获老小近九万人。那颉中箭，被乌介杀死。

乌介大军驻扎在大同军北面的闾门山，频繁劫掠东陕以北地区，天德、振武、云朔等地常常遭到洗劫杀戮。皇上诏令各道兵马全部前去抵御。会昌二年冬至三年春，回鹘三万兵士，相继在幽州投降，皇上下诏将降兵发配各道。又有回鹘宰相爱耶勿弘顺等部在振武投降，三部首领都被赐姓李氏，充任归义使。剩下有的部落投奔吐蕃等国，特勒荷勿啜向东进军讨伐契丹时战死。

会昌三年（843），回鹘尚书仆固怿来到幽州，约定将太和公主送回幽州，乌介在距离幽州边界八十里的地方扎营。夜里，河东刘沔率兵突袭乌介的军营，乌介仓皇逃走。太和公主被丰州刺史石雄迎接回国。乌介的部众在大中元年（847）在幽州投降，留下的人颠沛流离，饥寒交迫，最后剩下不足三千。乌介归附室韦，后来在金山被杀，他的弟弟特勒遏捻被拥立为可汗，聚集部众五千多人，他们的食用给养全部由奚王硕舍朗提供。

同年春天，张仲武大败奚王，回鹘此后得不到供给，逐渐离散。到大中二年，只剩下王臣贵族不足五百人，依附于室韦。张仲武趁室韦入朝庆贺路过幽州时，下令将他们驱赶回本土，并将遏捻等人遣送到幽州。遏捻等人十分害怕，连夜带领妻子儿女等九人骑马逃走，其余的人追不上，老幼失声痛哭。三天后，黠戛斯的宰相阿播统领各蕃军队，从西南进攻，大败室韦。在室韦的回鹘人，都被阿播俘回大漠以北。回鹘还有几帐，散藏在深山老林，靠盗劫各蕃为生，他们一心期盼西面的安西庞勒到来。而庞勒已经自称可汗，拥有沙漠西边各城。其后嗣君弱臣强，不像往时那样强盛，已经派遣使者入朝纳贡。

吐蕃列传

吐蕃是古代藏族建立的政权。唐太宗时开始和中原建交并通婚。唐高宗时，吞并邻国和其他部族，进发中原，扩展疆域，空前鼎盛。此后和中原屡和屡战，广德（763～764）年间一度攻占长安。但两国往来密切，前后两次通婚，促进了经济和文化的交流。由于频繁征战，吐蕃国力削弱，开始由盛转衰，王室内部互相争权夺位，吐蕃陷于分裂。

【吐蕃建国】

吐蕃，在长安以西八千里，本来是汉西羌的所在地。其种族不知从何处而来，有人说他们是南凉秃发利鹿孤的后裔。利鹿孤去世的时候，儿子樊尼还年幼，因此由他的弟弟傉檀即位。后魏神瑞元年（414），傉檀被西秦乞佛炽盘消灭，樊尼于是召集余众，投奔沮渠蒙逊。蒙逊被灭后，樊尼率领部众向西渡过黄河，越过积石，在羌中建国，开拓疆域上千里。又因为樊尼威武仁爱，羌人纷纷归顺，于是改姓为窣勃野，以秃发为国号，汉语中误将秃发叫做吐蕃。樊尼子孙繁盛，疆域也日渐拓展。到周朝和隋朝时，仍然和中原没有交往。

吐蕃人称呼他们的国王为赞普，宰相叫做大论、小论，统理国事。他们没有文字，结绳约定时刻。虽然设有官职，但官员不常到职，只临时统领。吐蕃领地气候严寒，只能种植青稞麦、小麦等。吐蕃人有时随牲畜游牧，没有固定的居住地，但是境内有很多城郭。其都城叫逻些城（今拉萨）。

【太宗时期】

贞观八年（634），吐蕃赞普弃宗弄赞首次派遣使者到朝廷进贡。弄赞二十岁即位，天性骁勇，富于谋略，邻国羊同和其他羌族部落都归顺了他。太宗派使者冯德遐前去吐蕃抚慰。弄赞见到冯德遐非常高兴。他听说突厥和吐谷浑都娶了公主为妻，于是派人跟随冯德遐入朝，献上很多金宝，奉表求婚，太宗没有答应。使者回去后，告诉弄赞说："皇上本来已经答应将公主嫁给吐蕃，恰好吐谷浑王入朝，离间我们，皇上就改主意了。"弄赞于是和羊同联兵，出击吐谷浑。吐谷浑不能阻挡，逃到青海旁边避其锋芒，国人的牲畜全部被掠走。吐蕃随即进军攻破党项和白兰诸羌，率领部众二十多万，在松州西境屯兵。然后又派使者进献金帛，说是前来迎娶公主，再次遭拒后，吐蕃进攻松州，都督韩威战败，边民大乱。太宗派遣左武卫将军牛进达等人，率领步骑兵五万人前去讨伐。牛进达的先锋军夜袭吐蕃军营，斩杀一千多人。弄赞惊惧而退，派遣使者前来谢罪，并再次请求通婚，太宗答应了。弄赞派人进献黄金五千两，以及珍玩几百件。

贞观十五年，太宗将文成公主下嫁弄赞，弄赞率众在河源迎亲，他以娶到大国公主为荣，回国后专门为文成公主建造了一座城池。为迎合公主，弄赞下令全国暂停将脸涂成赤褐色，自己也脱去毡裘，穿上丝绢，仰慕唐风。又派遣首领们的子弟入国学学习《诗》《书》。并请唐朝文人主持吐蕃的表疏。

太宗讨伐辽东返回，弄赞派遣使者前来祝贺，并献上黄金铸成的大鹅，身高七尺，里面可以装三斛酒。

贞观二十二年，右卫率府长史王玄策出使西域，遭到中天竺（今印度）抢掠。吐蕃派出精兵和王玄策一起大败天竺。

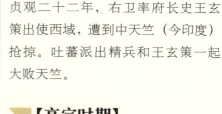

【高宗时期】

高宗即位后，授任弄赞为驸马都尉，封西海郡王，赐物二千段。弄赞写信给司徒长孙无忌等人说："天子刚刚即位，如果有人怀有不忠之心，我一定带兵讨伐。"并献上金银珠宝十五种，请求放置在太宗灵座前面。高宗十分赞许，晋封弄赞为宾王，赐杂彩三千段。弄赞又请求蚕种和各种工匠，高宗都答应了。又下令雕刻弄赞的石像，陈列在昭陵玄阙下方。

永徽元年（650），弄赞去世。高宗为他举哀，派遣使者持节前去吊祭。弄赞的儿子早死，由孙子即位，也称赞普，因为当时还很年幼，国事都委托给禄东赞。禄东赞虽然不识字，但聪明果敢，性情庄重，治军严明，是吐蕃吞并诸羌的功臣。禄东赞死后，

步辇图·唐·阎立本

他的儿子论钦陵等人又专擅国政。

后来，吐蕃和吐谷浑不和，争相上表控诉对方，朝廷迟疑不决。吐蕃很愤怒，于是率兵进攻吐谷浑。吐谷浑大败，河源王慕容诺曷钵和弘化公主逃到凉州（今甘肃武威），派遣使者前来告急。咸亨元年（670）四月，皇上诏令右威卫大将军薛仁贵等人率领十万大军征讨吐蕃。军队到达大非川，被吐蕃大将论钦陵打败，薛仁贵等人全部被革职。吐谷浑全国陷落，慕容诺曷钵和他的亲信请求内附，皇上许他们迁往灵州。从此吐蕃连岁进犯边境，当州、悉州等地的羌族部落全部投降吐蕃。

上元三年（676），吐蕃进犯鄯、廓等州，朝廷先后派出尚书左仆射刘仁轨、中书令李敬玄镇守洮河，抗击吐蕃。仪凤三年（678）秋天，李敬玄和工部尚书刘审礼，率兵和吐蕃在青海交战。官军大败，刘审礼陷入敌阵，李敬玄不敢前去营救。不久官军撤退，屯驻在承风岭，被泥沟阻截不能行动，吐蕃屯兵在高冈，威胁官军。偏将左领军员外将军黑齿常之率领敢死队夜袭吐蕃军营，吐蕃军混乱中互相践踏，死了三百多人。前去援助的剑南兵募，在茂州溪边建造安戎城，以逼近敌境，却不久就被攻陷。至此，吐蕃占领了羊同、党项诸羌的领地，东面和凉州等地接壤，南到婆罗门，向西又攻占了龟兹、疏勒等四镇，北面抵达突厥，疆土绵延一万多里，空前强盛。

高宗召集侍臣们商讨应对之策，中书舍人郭正一建议严加防守，积蓄力量，过几年后再一举歼灭吐蕃，给事中刘齐贤等人也都附和。不久，黑齿常之在良非川攻破吐蕃大将赞婆，吐蕃于是退兵。皇上诏令黑齿常之担任河源军使，防御吐蕃。

仪凤四年，赞普去世，他的儿子器弩悉弄即位，复号赞普，

陶乐舞群俑·唐

当时年仅八岁，国政又交付给论钦陵。赞普派遣使者前来告丧，并请求和好。高宗于是派郎将宋令文前去吊丧。永隆元年（680），文成公主逝世，高宗又派使者前往吐蕃吊祭。

【武周时期】

武则天临朝后，前后两次派兵征讨吐蕃，都没能成功。如意元年（692），吐蕃大首领曷苏率领部众请求归降，武则天令右玉钤卫大将军张玄遇率领精兵两万前去受降。官军到达大渡水时，曷苏因为事情败露被吐蕃国王拘禁。随后，大首领昝捶率领羌族部落八千多人请求归降，张玄遇将他们安置在叶川州，任命昝捶为刺史，然后回朝。长寿元年（692），武威军总管王孝杰攻破吐蕃大军，收复龟兹等四镇，于是在龟兹设置安西都护府，派兵镇守。万岁登封元年（696），王孝杰再次和吐蕃将论钦陵、赞婆在素罗汗山交战，官军失利。不久，吐蕃四万军队突然逼近凉州城下，都督许钦明被杀。此时，吐蕃又遣使求和，武则天准备应允。论钦陵却请求朝廷撤去安西四镇的军队，并且要求分占十姓的土地，武则天最终没有答应。

圣历二年（699），赞普器弩悉弄已经长大成人，于是和大臣论岩等人密谋铲除论钦陵兄弟。当时论钦陵在外，赞普谎称要打猎，将论钦陵的亲党两千多人捕杀。又派遣使者召见论钦陵、赞婆等人，论钦陵起兵拒召，

赞普于是亲自率军前去征讨，论钦陵不战而败，随后自杀。赞婆率领部众一千多人请求归顺朝廷，武则天派遣羽林飞骑在郊外迎接他们，授任赞婆为辅国大将军、行右卫大将军，封为归德郡王，厚加赏赐，令他率领本部在洪源谷讨击吐蕃。不久赞婆去世，被追赠为特进、安西大都护。

久视元年（700），吐蕃又派将领莽布支进犯凉州，围逼昌松县。陇右诸军州大使唐休璟和莽布支在洪源谷交战，斩杀吐蕃两个副将和两千五百军士。长安二年（702），赞普率领一万多人进犯悉州，被都督陈大慈打败。于是吐蕃派遣使者论弥萨入朝求和，武则天在麟德殿设宴款待，在殿庭演奏百戏。第二年，吐蕃又进献马一千匹、黄金两千两求婚，武则天答应了。

当时，吐蕃南方的属国泥婆罗门等国全部反叛，赞普亲自征讨，死在军中。他的儿子们抢着即位，过了很久，国人将器弩悉弄年仅七岁的儿子弃隶蹜赞立为赞普。中宗神龙元年（705），吐蕃前来告丧，中宗下令停止朝会一天。不久，吐蕃请求和亲，中宗将收养的雍王李守礼的女儿封为金城公主，许配给赞普。从此吐蕃年年进贡。景龙四年（710），金城公主

出嫁吐蕃，赞普另外修建一座城池，给她居住。

【睿宗时期】

睿宗即位后，摄监察御史李知古上奏，请求带兵攻打姚州蛮族，蛮酋长傍名于是引领吐蕃攻打李知古，将他杀死。当时，张玄表任安西都护，和吐蕃接邻，互相攻掠，吐蕃虽然内心怨恨，外表上仍然友善和睦。吐蕃派遣使者送了很多礼物给鄯州都督杨矩，借此请求将河西九曲作为金城公主的封地，杨矩便上奏将九曲给了吐蕃。九曲土地肥沃，适于驻兵畜牧，又接近唐朝边境。吐蕃自从得到九曲之后，又开始反叛，率军进犯。

【玄宗时期】

开元二年（714）秋天，吐蕃大将坌达焉、乞力徐等人率领十多万大军侵犯临洮军，并劫掠兰州、渭州等地。杨矩十分悔恨，服毒自杀。玄宗诏令摄左羽林将军薛讷、太仆少卿王晙率兵截击。不久，王晙等人和吐蕃军在渭源的武阶驿交战，大破吐蕃，斩杀几万人，收复了吐蕃掠走的羊马牲畜。吐蕃兵尸横遍野，阻塞了洮水。吐蕃派遣大臣宗俄因子到洮河祭奠死去的将士，并请求和好，皇上没有答应。从此吐蕃连年犯边，朝廷先后任命郭知运等人担任河西节度使，抵御吐蕃。

吐蕃自恃兵力强盛，每次上表奏疏，言词轻慢，皇上对此十分愤怒。

恰逢王君㚟请求率兵攻打吐蕃。开元十五年正月，王君㚟奉诏率兵在青海西侧打败吐蕃，缴获其军需和羊马而返。这年九月，吐蕃大将悉诺逻恭禄攻陷瓜州城，俘获刺史田元献和王君㚟的父亲王寿，将城中的军资和粮食抢劫一空，然后毁城离去。又进攻玉门军和常乐县，县令贾师顺据城坚守八十天，吐蕃军终于撤退。不久王君㚟被回纥余党杀死，朝廷随即任命兵部尚书萧嵩为河西节度使，修筑州城，招抚百姓。当时悉诺逻恭禄威名大振，萧嵩使用反间计，声称他和中原暗中往来，赞普听说后将他处死。

第二年秋天，吐蕃大将悉末朗又率军攻打瓜州，张守珪出兵击退。随后，官军又多次打败吐蕃军。当初，皇上听说吐蕃再次入侵，对侍臣说："吐蕃骄纵，恃强而来，朕要亲自部署将帅，一定能打败吐蕃！"数日后，捷报频传。开元十七年，朔方大总管信安王李祎又率兵赶赴陇右，攻克石堡城，斩杀吐蕃军士二百多人，便在石堡城设置振武军。吐蕃接连派遣使者请求和好，忠王的朋友皇甫惟明也上奏陈说征战的弊处，主张通和。皇上因此诏令皇甫惟明前去访问吐蕃。开元十八年十月，吐蕃使者论名悉猎等人来到京师，皇上驾临宣政殿接见他们。论名悉猎通晓书籍文章，先前曾经到长安迎接金城公主。皇上在内殿宴请他，和他谈话，赏赐给他紫袍金带。随后皇上下诏御史大夫崔琳充任使者回访。双方约定，在赤岭树立

旧唐书·列传

唐高宗书《矛江叙帖》
唐高宗的书法颇具其父李世民遗风，有"天纵之才"之誉。

界碑，彼此再不互相侵犯。

吐蕃使者又上奏说："公主请求赐予《毛诗》《礼记》《左传》《文选》各一部。"皇上下令秘书省抄给他们。正字于休烈上书劝阻，说这些书中多有用兵谋略，被吐蕃知晓恐怕对中原不利。皇上没有采纳他的建议。

同年，吐蕃西击勃律，勃律派遣使者前来告急。朝廷勒令吐蕃停兵，吐蕃不听从诏命，随即攻破勃律国，皇上大怒。当时，散骑常侍崔希逸担任河西节度使，镇守凉州。吐蕃和中原本来竖立栅栏为界，设置守捉使。崔希逸对吐蕃将领乞力徐说："两国既然和好，何须再设置守捉使，妨碍耕种。"于是双方杀白狗为盟，各自撤去守备，吐蕃人放牧的牲畜开始遍及田野。不久崔希逸的随从孙诲入朝奏事，想要独自邀功，便上奏说："吐蕃没有防备，如果出兵偷袭，必然获胜。"皇上派遣内给事赵惠琮和孙诲急忙前去探查实情。赵惠琮等人到了凉州，却假传圣旨，让崔希逸偷袭吐蕃，崔希逸迫不得已只好出兵，在青海打败吐蕃，乞力徐逃走。吐蕃从此停止朝贡。崔希逸因为失信而闷闷不乐，不久迁任河南尹，后来和赵惠琮

相继死去。孙诲也因罪被诛杀。皇上诏令岐州刺史萧炅代替崔希逸担任河西节度使；鄯州都督杜希望担任陇右节度使；太仆卿王昱为剑南节度使，分道筹划，以便征讨吐蕃。又下令毁掉界碑。

开元二十六年（738），杜希望率军攻下吐蕃新城、河桥。王昱又率领剑南军攻打安戎城。吐蕃调用全部精锐部队援救安戎城，官军大败，王昱逃走，几万将士和军粮资仗统统落入敌军手中。开元二十七年七月，吐蕃又进犯白草、安人等军，皇上下诏令临洮、朔方等军分兵救援。当时吐蕃在半路上屯兵，截断临洮军退路。白水军守捉使高乘于据守几十天后，吐蕃军才退去，萧炅趁机派偏将从后面袭击，打败了吐蕃军。

开元二十八年春天，益州长使章仇兼琼暗中和安戎城中吐蕃翟都局，以及维州别驾董承宴等人通谋。崔都局等人越城归降，带领官军入城，将吐蕃将士全部杀死。监察御史许远率兵镇守，皇上听说后十分高兴。这年十月，吐蕃率兵进攻安戎城和维州，章仇兼琼下令副将率众抵抗，又派遣

155

关中骁骑前去救援。时值气候严寒，叛军后来自行撤退。皇上下诏将安戎城更名为平戎城。

开元二十九年春，金城公主去世，吐蕃派遣使者前来告哀，并请求和好，皇上不答应。六月，吐蕃四十万大军攻打承风堡，到达河源军后，西入长宁桥，到达安仁军时，浑崖峰骑将盛希液率军五千人将之打败。十二月，吐蕃又袭击石堡城（今青海西宁西南），节度使盖嘉运守卫失利，玄宗大怒。天宝初年，皇上先后任命皇甫惟明、王忠嗣、哥舒翰为陇右节度使，率军攻打石堡城，到天宝七载终于攻克，于是把石堡城改名为神武军。

天宝十四载（755），赞普乞黎苏笼猎赞死，他的儿子婆悉笼猎赞被立为赞普。玄宗派遣京兆少尹崔光远前去吊祭。等崔光远回到京城时，安禄山已经窃据洛阳，令哥舒翰为将，屯守潼关。河陇、朔方的全部将领都奉诏率兵前来平定国难，以往的边防军营于是失去守备。乾元以后，吐蕃趁机进犯边城，或为掳掠烧杀，或转死沟壑。几年后，凤翔以西、邠州以北，全部变成蕃戎的疆域，几十个州落到他们手中。

【代宗时期】

代宗即位后，吐蕃派遣使者前来求和，皇上诏令宰相郭子仪等人在中书设宴。宝应元年（762）六月，吐蕃使者烛番、莽耳二人入朝进贡，皇上派遣左散骑常侍兼御史大夫李之芳、左庶子兼御史中丞崔伦出使吐蕃，两人到达吐蕃以后即被扣留。

广德元年（763）九月，吐蕃攻陷泾州，随即又进犯邠州，攻陷奉天县。中书令郭子仪奉诏西进抗击。吐蕃调集吐谷浑、党项羌二十多万兵力，从龙光度

武后行从图

156

向东进军。郭子仪撤退，皇上逃往陕州，京师失守。降将高晖引吐蕃进入上都城，拥立已故邠王的儿子广武王李承宏为帝，设置百官，不久任命司封崔瑰等人为宰相。郭子仪退军守卫商州。吐蕃在都城停留十五天后退兵。后来官军收复上都，郭子仪被任命为留守。

吐蕃退到凤翔，节度使孙志直闭城抵抗，吐蕃围攻了好几天。恰逢镇西节度使马璘率领精锐骑兵从河西返回，引兵进入城中。黎明时分，马璘率领一百余骑冲向叛军，所向披靡，叛军溃败而逃，再次回到原、渭等地。

随后，皇上返回上都。吐蕃放还李之芳。九月，叛将仆固怀恩的同党带领吐蕃、吐谷浑的兵众前来进犯京城。十月，仆固怀恩的军队到达邠州挑战，节度使白孝德和副元帅先锋郭锋据城抵抗，挫败其锋芒。叛军于是逼近奉天县以西二十里扎营，郭子仪驻军奉天，也按兵不动。后来，郭锋在邠州以西三十里袭击仆固怀恩的营垒，斩杀一千多人，降伏大将四人。十一月，仆固怀恩率领吐蕃军撤退。

广德二年，凉州再次沦陷。永泰元年（765），吐蕃请和，朝廷派遣宰相元载等人在兴唐寺和吐蕃结盟。这年九月，仆固怀恩引诱吐蕃、回纥军南下，侵犯京畿。二十万吐蕃军到达奉天，邠州节度使白孝德抵抗不住，京城戒严。皇上又下诏亲征，在京城搜罗马匹，设置团练。

吐蕃移营到醴泉县九崚山以北，趁势劫掠醴泉。京城人心大骇，纷纷逃走。逆党任敷随即带兵五千多人侵犯白水县。朔方军浑日进立即赶到，屯驻在奉天马嵬店。随后几天，两军交战二百多次，打败吐蕃一万多人，斩杀五千人，缴获牲畜器械不计其数。

吐蕃撤退到永寿以北，遇到回纥军。此时，仆固怀恩已死，但将领们都隐瞒部众，利诱他们再次进犯。到达奉天后，两军互相猜疑，于是分别筑造营垒。吐蕃军来到马嵬店，四处打家劫舍，焚烧民居。后来，回纥三千骑兵来到泾阳归降郭子仪，并请求攻打吐蕃为朝廷效力，郭子仪答应了他们的请求。于是朔方先锋兵马使开府南阳郡王白元光和回纥在泾阳合兵，在灵台县东面五十里打败了吐蕃。皇帝于是停止亲征，京师也解除戒严。

大历三年（768）八月，吐蕃军十万人侵犯灵武、邠州等地，官军打败吐蕃军。十二月，朝廷在西部增修镇守，马璘改镇泾州，并担任泾原州节度使。大历五年五月，又下令将安州等迁移安置在山上险要之处，以防御吐蕃。

几年后，吐蕃再次进犯灵武，被打败。大历九年四月，皇上下诏加强边防，以防吐蕃进犯，做好迎击的准备。大历十一年正月，剑南节度使崔宁大败吐蕃故洪等四节度和突厥等二十余万军队。大历十二年，吐蕃入侵坊州，将党项羊马掠走。十月，崔宁攻破吐蕃的望汉城。大历十四年十月，吐蕃率领南蛮二十万大军进犯，分兵多路，连连攻陷郡邑。朝廷调集禁兵四千人，加上幽州兵五千人共同征讨，大破吐蕃。

【德宗时期】

自大历（766～779）年间以来，朝廷将吐蕃的来使全部扣留，给养所需的费用朝廷难以承受。德宗即位后，下令将吐蕃俘虏五百人送还吐蕃，每人发放一套衣服。建中元年（780）四月，韦伦奉诏统领吐蕃俘虏回到吐蕃。五月，他被任命为太常卿，再次出使吐蕃。这年冬天，吐蕃派宰相论钦明思等人跟随韦伦入朝，进献土产。

建中三年四月，吐蕃放沦落在吐蕃的唐朝将士僧尼八百人，作为朝廷送回吐蕃俘虏的报答。次年，张镒和吐蕃次相尚结赞在清水结盟。

兴元元年（784），吐蕃主动请求帮助平定朱泚叛乱，朝廷于是派遣右散骑常侍于颀前往泾州沿途安抚吐蕃。四月，浑瑊和吐蕃将领论莽罗，率军在武功的武亭川打败朱泚的将领韩旻、张廷芝等人。

贞元二年（786），吐蕃侵犯泾、陇等几道，西部边境骚乱。诸道节度使和军镇都闭城自守，京师戒严。九月，吐蕃游骑到达好畤，皇上再次派

遣张献甫等驻军咸阳，又诏令左监门将军康成出使吐蕃。此前，吐蕃大相尚结赞多次派遣使者请求会盟议定边界，此次尚结赞派使者跟随康成一同前来。

同月，凤翔节度使李晟派遣其将领王佖夜袭吐蕃军营，大败吐蕃军。吐蕃进犯凤翔城，被李晟打退。十月，李晟派兵袭击摧沙堡（今宁夏固原西北），大破吐蕃军，斩杀蕃酋扈屈律设赞等七人，首级传送到京师。十一月，盐州沦陷，刺史杜彦光不战而逃。吐蕃军随后轻取夏州（今陕西横山县西）、银州，尚结赞各派遣一千多人驻守，大军驻扎在鸣沙。后来，粮饷渐渐不足。恰逢此时，朝廷下令马燧等人率军征讨。尚结赞听说后，大为惊恐，于是请求讲和，朝廷不应允。尚结赞又派遣大将论颊热央求马燧请求会盟，并送上厚礼。马燧于是带领论颊热入朝，力劝皇上结盟，皇上听从了他的建议。尚结赞带领所有兵士，抛弃夏州返回。但是等到夏季在平凉会盟时，吐蕃竟然背弃盟约，马燧也因此被罢免兵权。朝廷命令崔浣前去鸣沙，追问为何背约。四月崔浣返回，并带回刺探到的吐蕃实际兵力，吐蕃可以作战的仅三万人。

后来，朝廷派浑瑊和尚结赞在平凉结盟。浑瑊的将领梁奉贞带领的六十个骑兵，刚到达吐蕃军中就被扣留，而浑瑊浑然不觉。尚结赞又假意让浑瑊等人穿衣戴帽准备仪式，将他们诱骗下马，然后等他们入帐中时，

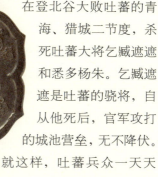

飞天凤鸟纹镜·唐

派伏兵突袭。浑瑊侥幸逃脱，他的判官韩旻等人被杀，将领、宦官等六十多人被俘。另有四五百将士和夫役被杀，一千多人被俘，他们的衣服都被脱下来拿走。

浑瑊逃回后，重新镇守奉天。六月，盐、夏二州的吐蕃焚烧了城门和庐舍，又毁坏城壁后离开。朝廷派遣决胜军使唐良臣率领六百人戍守潘原堡，又派神策副将苏太平率领五百士兵镇守陇州。九月，皇上下诏神策军将石季章、唐良臣等人分别镇守武宫、百里城。这一月，吐蕃劫掠汧阳、吴山等地一万多男女，全部送到安化峡西面，打算将他们分别赐给羌、浑为奴。不久，吐蕃军队再次来犯，分别屯驻在丰义和华亭。陇州刺史韩清沔和苏太平趁夜在大像龛设下埋伏。等到半夜，和城中军队举火相应，叛军大惊而逃。

贞元四年五月，吐蕃三万多骑兵侵犯边塞，分路进入泾、邠等州，焚烧彭原县府衙，掳掠百姓牲畜。韩游瑰向来不懂军事，而且因病卧床，只好闭城自守，不敢出兵抵抗。九月，吐蕃侵犯宁州，节度使张献甫率军抵抗，斩杀一百多人，吐蕃转而侵犯麟坊等州，大肆劫掠一番后离开。

贞元五年十月，剑南节度使韦皋

派遣将领王有道等人率兵在登北谷大败吐蕃的青海、猎城二节度，杀死吐蕃大将乞臧遮遮和悉多杨朱。乞臧遮遮是吐蕃的骁将，自从他死后，官军攻打的城池营垒，无不降伏。就这样，吐蕃兵众一天天退却，几年之间，嶲州全境都被收复。

贞元六年，吐蕃攻陷北庭都护府。本来，北庭因借道回纥朝奏，因此依附回纥。但是由于回纥大肆掠夺，不胜其苦。葛禄部、白服突厥本来和回纥往来交好，但也怨恨回纥掠夺，又受到吐蕃利诱，于是跟随吐蕃屡屡侵犯北庭。回纥大相颉干迦斯率军前去救援，多次战败。北庭人于是举城投降吐蕃。北庭节度使杨袭古和麾下两千多人逃往西州。

贞元七年秋，回纥又出动全部壮丁五六万人，图谋收复北庭，并召杨袭古一同前往，但很快被吐蕃、葛禄击败，死伤大半。颉干迦斯将杨袭古骗回牙帐，将他扣押，最后将他杀害。从此安西隔绝，不知存亡。只有西州之人还在坚守。颉干迦斯既战败后，葛禄之众又乘胜攻陷回纥的浮图川，回纥大为震恐，将西北部落的羊马全部转移到牙帐以南躲避。

贞元八年四月，吐蕃进犯灵州，皇上诏令河东、振武军分兵救援，又分神策军三千余人在定远、怀远镇守。

吐蕃撤退。六月，吐蕃
数千名骑兵从青石岭入
侵泾州，到了连云堡，
守捉使唐朝臣派兵出战，
大将王进用战死。九月，
西川节度使韦皋攻打吐蕃
的维州，俘获大将论赞热，
献给京师。十一月，山
南西道节度使严震在芳
州和黑水堡打败吐蕃。

贞元九年（793）二
月，皇上下诏建造盐州城，
二十天后完工，又诏令兼御史大夫纟
干等人统兵镇守盐州城。次年，南诏
蛮蒙异牟寻在神川大败吐蕃。贞元
十一年八月，黄少卿攻陷钦州等四州，
吐蕃首领论乞髯荡没藏悉诺律携带家
属前来投降。贞元十二年九月，吐蕃
进犯庆州和华池县，杀伤很多。贞元
十三年正月，邢君牙奏请在陇州以西
七十里处筑城，防备西戎，名叫永信城。
吐蕃赞普又派遣使者前来求和，皇上没
有接受。五月，吐蕃逼近台登城。嶲
州刺史曹高任率军迎战，大破吐蕃。
贞元十四年十月，夏州节度使韩全义
在盐州西北大败吐蕃。

贞元十七年七月，吐蕃进犯盐州，
又攻陷麟州，杀死刺史郭锋，毁掉城池，
驱逐党项部落。皇上下诏韦皋分派偏
将带领步骑兵共二万人，从成都西山
出兵，南北九路齐头并进，以解除北
边的边患。九月，韦皋在维州大败吐
蕃。不久，又擒获大首领论莽热献给
朝廷。贞元十九年五月，吐蕃和中原

降三世明王像·唐

又开始交好，互派使者，直
至贞元二十一年德宗驾崩。

【宪宗时期】

元和元年（806）正
月，朝廷放还吐蕃俘虏
十七人，元和五年五月，
吐蕃派遣使者论思耶热
前来，并送还郑叔矩、
路泌两人的灵柩，以及
郑叔矩的儿子郑文延等十三人。郑叔
矩、路泌都在平凉之盟时被扣押，往后
二十多年，始终不肯投降，最终在吐蕃
去世。六月，朝廷令宰相杜佑等人和吐
蕃使者谈判，要求吐蕃归还秦州等三州。
此后多年，双方来往不断。元和十二年
四月，吐蕃赞普去世，派遣使者前来告
哀。右卫将军乌重兼御史中丞，充任吊
祭使，前去吊祭。

元和十三年（818）十月，吐蕃
围攻宥州、凤翔。同月，灵武在定远
城攻破吐蕃军二万人。平凉镇遏使郝
玼攻破吐蕃二万多人，收复原州城。
夏州节度使田缙在灵武也打败三千吐
蕃军。十一月，盐州上奏说：吐蕃进
入河曲，夏州打败五万多人。随后，
灵武攻破长乐州罗城。西川节度使王
播也攻破峨和、栖鸡等城。

元和十四年正月，尽管吐蕃背信
弃义，皇上仍然下诏说放还吐蕃使者。
十月，吐蕃节度使论三摩等人领军约
十五万，围攻盐州。党项首领也派兵

相助。敌军架起飞梯，四面攻城，有很多次盐州城差点被攻陷。刺史李文悦率兵据城奋战，昼夜防守，并伺机偷袭敌营，前后杀死敌军一万多人。各道的救兵都没有到来。二十七天之后敌军方才撤退。

元和十五年二月，朝廷派遣秘书少监兼御史中丞田洎到吐蕃告哀，并通报册立事宜。七月，吐蕃派遣使者前来吊祭。十月，吐蕃进逼泾州。皇上任命右军中尉梁守谦充任左右神策，统率神策兵四千人，并调发八镇全军前去救援。朝廷派遣太府少卿邵同持节前往吐蕃，充任答请和好使，将以前的使者田洎贬为郴州司户。

当初，田洎充任吊祭使前往吐蕃，吐蕃请求在长武城下会盟。田洎性情怯懦，担心被扣押，于是对吐蕃唯唯诺诺，导致吐蕃再次入侵，而吐蕃还声称："田洎应允我统率兵马前来盟誓。"边将郝玼多次袭击吐蕃军营，邠州李光颜又率领全军赶到，吐蕃军感到害怕，于是撤退。十一月，夏州节度使李佑、灵武节度使李听也都奉诏讨伐吐蕃。

【宪宗之后】

长庆元年（821）六月，吐蕃不满中原和回鹘和亲，进犯青塞堡。盐州刺史李文悦出兵攻打。九月，吐蕃请求结盟，皇上答应了。十月十日，朝廷和吐蕃使者结盟，宰相和右仆射等官员全部参与盟誓，相约不再进犯。参加会盟的官员十七人，都在盟约上一一署名。皇上诏令刘元鼎等人出使吐蕃，令吐蕃宰相以下官员也都签名。

宝历元年（825）三月，吐蕃派遣使者尚绮立热请求和好。此后，直到开成初年，吐蕃朝贡不绝，朝廷也经常派遣使者回访。

会昌二年（842），吐蕃赞普去世，朝廷派遣将作少监李璟前去吊祭。大中三年（849）春天，吐蕃宰相尚恐热斩杀东道节度使，献出秦州等三州以及石门、木硖等七个关塞要地投降，朝廷命太仆卿陆耽恰去慰劳。这年七月，河、陇老少一千多人来到京师，皇上前往延喜楼看望他们，并下令选择好的地方安置他们，众人欢欣鼓舞。

论赞

史臣曰：戎狄为患已经很久了！自秦、汉以来，我衰弱他就强盛，我强盛时他就衰落。他强盛时进犯京畿，衰弱时就归顺。吐蕃在西部边境建国，侵吞邻国的土地，扩大疆域。高宗时，吐蕃方圆万里，和中原抗衡。等到幽陵逆贼生乱，河、湟失陷，对其真是天赐良机。吐蕃军在京郊，纵兵劫掠，虽然经常派遣使者前来求和，却玉帛刚扛回国，就又挑起战火，背信弃义。孔子说："夷狄有君主，还不如中国没有君主。"这话太对了！

南诏蛮列传

南诏是中国西南边陲的一个少数民族部落。唐朝初年，南诏首领前来入京朝见，归附唐朝。天宝年间，由于云南太守张虔陀的无礼举措，南诏首领举兵反叛，朝廷派兵征讨失败。此后，南诏向吐蕃称臣。后来，大历年间，由于剑南西川节度使韦皋的招抚，南诏首领异牟寻再次归顺唐朝，此后一直和唐朝交好。宝历（825～827）年间，南诏举兵入寇，当时朝廷软弱无力，只好实行怀柔政策。

【入朝称臣】

南诏，本是乌蛮部落的一支，姓蒙氏。蛮人将"王"称作"诏"，最先他们有六个首领，号为"六诏"，兵力相当，但没有统率。三国时，诸葛亮派兵征服了他们。唐朝初年，南诏有首领叫蒙舍龙，他的孙子细奴逻在高宗时入朝。细奴逻的儿子逻盛也到京师朝见皇帝，朝廷赐予他锦袍金带，将他遣送回国。

开元年间，逻盛的孙子皮逻阁即位。开元二十六年（738），玄宗授予他为特进，并封为越国公，赐名为归义。后来，蒙归义打败洱河的部落，因为战功被封为云南王。他逐渐变得强大，同时其余五诏逐渐衰落，于是他吞并了五诏，又打败了吐蕃，兵力更加强大。每次入朝，朝廷也以殊礼相待。

【反叛唐朝】

蒙归义去世后，朝廷诏立他的儿子阁罗凤承袭云南王。不久，鲜于仲通被任命为剑南节度使，张虔陀被任命为云南太守。鲜于仲通为人急躁，缺乏智谋，而张虔陀非常狡诈，两人对阁罗凤不肯以礼相待。按照旧例，南诏常常和妻子儿子一同谒见都督，张虔陀趁机和阁罗凤的妻子私通。张虔陀又向阁罗凤索求钱财，被拒绝后，就派人辱骂阁罗凤，还暗中向朝廷告状。阁罗凤心怀怨恨，于是在天宝九载（750）发兵反叛，杀死了张虔陀。

次年，鲜于仲通出兵攻打阁罗凤。阁罗凤派遣使者，前来谢罪，并请求归还官军抢劫的财物，又扬言说："吐蕃大兵压境，如果不满足我的请求，我就将云南献给吐蕃，向他归顺称臣了。"鲜于仲通拒绝了，并囚禁来使，进兵攻打大和城（今云南大理），被南诏打败。从此，阁罗凤向吐蕃称臣。吐蕃国王称阁罗凤为弟，号为东帝，并赐给他金印。天宝十二载，剑南节度使杨国忠再次上奏朝廷，征集十余万兵马，前来攻打南诏。官军再次大败，加上瘴气盛行，死伤大半。适逢安禄山反叛，阁罗凤趁机攻克了嶲州（今四川西昌市一带），向西征服了寻传蛮。

【接受招抚】

大历十四年（779），异牟寻即位。他知书达理，富有才智，善于安抚部众。当时，吐蕃对南蛮征收重赋，又派兵夺取了险要之地，并连连向南蛮征兵，协助防守吐蕃的边境，异牟寻深受其苦，日益不满。当时有个人叫郑回，他本来是唐朝嶲州西泸县令。嶲州沦陷后，被南蛮俘获。阁罗凤因为郑回通达儒学，十分信任他。异牟寻即位后，也很信任他，让他教导自己的儿子寻梦凑。异牟寻又任命郑回为清平官，军国大事都要和他商量，而后实行。于是郑回游说异牟寻，说唐朝是仁义之邦，如果背弃吐蕃归附唐朝，则免去了徭役之苦和戍守之劳。异牟寻深以为然，于是图谋归附唐朝。适逢剑南西川节度使韦皋招抚蛮族，听说异牟寻有归附之意，就在贞元四年（788）写信招抚他。

贞元七年，韦皋再次派遣使者，携带书信前来招抚异牟寻。后来，吐蕃知道了此事，就派人责问异牟寻。异牟寻心怀恐惧，就欺骗吐蕃说："唐朝的使者本来就是蛮人，他想要归家，韦皋

答应了他，此外并没有其他的意图。"但吐蕃更加怀疑，于是将很多南诏大臣的儿子召到吐蕃作为人质，异牟寻更加怨恨。

贞元九年四月，异牟寻便与酋长商定派遣使者，总共三批使者，致信给韦皋，并送上生金丹砂作为见面礼，以生金比喻归顺的决心坚贞如金，而丹砂则表明其赤心。使者相继来到京师，表达归顺之意。皇帝嘉许异牟寻，并赐给他诏书，又让韦皋派遣使者前去探察真相。于是，韦皋命令巡官崔佐时来到南蛮的国都阳苴咩城（今云南大理西部）。此时，吐蕃有数百名使者，在崔佐时之前来到了南诏。异牟寻召集大小部落的首领前来商议此事，人还没有到齐，异牟寻不敢公开此事，暗中让崔佐时自称是牂牁的使

崇圣寺千寻塔

崇圣寺是国内外闻名的南诏名胜之一，建于唐朝中晚期，如今寺已不在，徒留寺前三塔。

者，穿着牂牁的衣服入内。崔佐时说："我是大唐的使者，怎么能穿小国的衣服呢？"异牟寻迫不得已，只好在晚上迎接崔佐时。崔佐时却取出诏书，大声宣读。异牟寻害怕被吐蕃使者知道，大惊失色，但既已归顺唐朝，便俯伏于地，接受诏命，歔欷不已。

次年正月，异牟寻派儿子寻梦凑和清平官郑回等人和崔佐时在点苍山的神祠中会盟。盟书共有四份，一份藏在神室中，一份沉入西洱河中，一份放在祖庙里，另外一份呈献给唐朝皇帝。郑回见到崔佐时，交谈了很多，因此崔佐时得以探清南诏的实情。崔佐时于是请求异牟寻杀死吐蕃使者，以此表明诚心归附唐朝。崔佐时又获得吐蕃任命南诏王的金印。异牟寻于是废掉吐蕃所立的帝号，并请求崔佐时恢复南诏旧名。会盟结束后，崔佐时回到了京师。

吐蕃想要与回纥交战，于是向异牟寻征召一万士兵。异牟寻既决意归附唐朝，想借征兵之际，袭击吐蕃。于是他声称自己国小兵寡，请求仅仅派遣三千士兵。吐蕃觉得太少，于是异牟寻将士兵增加到五千。士兵出发后，异牟寻亲自率领数万士兵紧随其后，日夜兼程，奇袭吐蕃，在神川大败吐蕃的军队。异牟寻又毁掉铁桥，派遣使者向朝廷报捷。异牟寻又请求韦皋检阅俘获的战利品和城堡，以获得韦皋的信任。于是韦皋上奏朝廷，朝廷派遣使者册封南诏，并赐给异牟寻金印。贞元十年（794）八月，异

牟寻派遣弟弟凑罗栋和尹仇宽等人，前来向朝廷进献贡物。朝廷重重地封赏了凑罗栋，并封尹仇宽为检校左散骑常侍。此后，南诏又多次派遣使者前来朝贡，朝廷也以优礼相待。

【重起纷争】

宝历三年（827），杜元颖镇守西川，他以儒士自命，对军事一无所知。南蛮乘唐朝防备懈怠，大举派兵入寇。地方官多次呈报情况，杜元颖都不相信。十一月，官军与南诏交战失利，南诏攻克了邛州（今四川蒲江、大邑一带），并进逼成都府，进入梓州西边的外城，掠夺了大量的玉帛和民众，然后离开。皇帝听说后，大为愤怒，将杜元颖贬为循州司马。次年正月，南诏王蒙嵯颠向朝廷上表请罪，同时也列举了杜元颖的过失。当时朝廷衰弱，只好施行怀柔政策，便宽免了他的罪过。此后，南诏再次派遣使者前来朝见。

论赞

史 臣曰：大禹划分九州后，西周将天下分为六服，当时疆土方圆仅仅七千里。西南地区蛮夷众多，虽然和唐朝语言不通，嗜好也有所不同，但他们也能仰慕大唐的风教，远来朝见进贡。贞观、开元年间，入朝归附者很多。由此可以验证这句话：只怕自己无德，不怕别人不来归附。这的确是至理名言啊。

安禄山列传

安禄山是唐朝历史上有名的叛臣。他原本是胡人，出身卑微，后来在张守珪帐下效力，偶尔立下小功，被任命为平卢兵马使。他用重金贿赂玄宗身边的近臣和宦官，逐渐骗取了玄宗的信任，被委以平卢等地的节度使之职。后来，玄宗又让他统管马牧。他手握重权，早就怀有谋反之心，适逢宰相杨国忠和他互相猜忌，于是借机起兵谋反。起初，叛军连连获胜，攻克了京师，安禄山僭位称帝。后来，在郭子仪、李光弼等人的进攻下，安禄山陷入窘迫之境。晚年，他身患疾病，脾气很暴躁，心腹严庄和安庆绪等人合谋，将他杀死。

【少年卑微】

安禄山，是营州柳城（今辽宁朝阳）的混血胡人。他原本没有姓氏，名叫轧荦山。他的母亲阿史德氏，是突厥的巫师，以占卜谋生。突厥人将斗战称为轧荦山，于是就以此给他命名。他幼时丧父，跟随母亲在突厥生活，将军安波至的兄长安延偃娶他的母亲为妻。开元初年，他和将军安道买的儿子一起逃出突厥。安道买的次子安贞节当时担任岚州（今山西岚县）别驾，收留了他。他当时年仅十多岁，安贞节很感激他，就让他与安思顺等人结拜为兄弟，并改姓为安氏。长大成人后，他通晓六蕃的语言，被任命为互市牙郎。

羽人瓦当·唐
此瓦当上有羽人像，颇有胡人特征，应是唐代中外交流下的产物。

开元二十年（732），张守珪担任幽州（今河北涿州）节度使，安禄山因为偷羊被发觉，张守珪将他革职查办，想要将他乱棒打死。情急之下，安禄山大呼说："您不想消灭蕃人吗？为何要将我安禄山打死呢？"张守珪见他长得又白又胖，言语又很豪壮，于是将他释放，并任命他与同乡史思明一起在战争中活捉俘虏。每次出战，安禄山都有收获，于是被张守珪提拔，担任偏将。但张守珪嫌他过于肥胖，因为张守珪的声威极高，安禄山心怀畏惧，从此不敢吃得太多。后来，张守珪欣赏他的骁勇，将他收为养子。

【玄宗重用】

开元二十八年（740），安禄山担任平卢（今辽宁朝阳）兵马使。他足智多谋，受到人们的称赞，于是被任命为营州都督、平卢军使。他用重金贿赂往来的朝廷官员，请求他们代为美言，因此玄宗更加信任和器重他。天宝元年（742），玄宗下令设置平卢节度使，让安禄山以御史中丞的身份任此职。他入朝奏事迎合玄宗的心意，玄宗因此更加宠信他。

天宝三载（744），安禄山代替裴宽被任命为范阳节度使，并保留河北采访、平卢军使等原职。采访使张利贞经常接受安禄山的贿赂；几年之后，黜陟使席建侯又称赞安禄山公直无私；裴宽被替代后，和李林甫一起

迎合玄宗的旨意，称赞安禄山的品德才能。这几个都是玄宗宠信的大臣，因此玄宗更加宠爱安禄山，对他深信不疑。后来，安禄山请求做杨贵妃的养子，入宫应对时，他都先拜杨贵妃。玄宗觉得奇怪，就问他，安禄山回答说："我本是蕃人，蕃人的习俗，是先敬拜母亲，而后敬拜父亲。"玄宗很高兴，于是下命，杨氏家族自杨铦以下，都和他结为兄弟姊妹。

天宝六载，安禄山被加授为御史大夫，他经常派刘骆谷入朝奏事，当时王𫟆也担任御史大夫。宰相李林甫权势熏天，群臣都很畏惧他，对他卑躬屈膝。安禄山倚仗皇帝的宠爱，谒见李林甫时不很恭敬。李林甫于是传命王𫟆，王𫟆急忙跪拜，礼节极为卑

❋ 华清池

华清池位于陕西西安东约三十千米的临潼骊山西北麓。唐玄宗时将它扩建为一个以温泉为中心的"陪都"，改名为"华清宫"。因宫殿建在温泉之上，又称华清宫。

恭。安禄山见状惶恐不安，知道李林甫的权势炙手可热，因此变得很恭敬。每次安禄山和李林甫谈话，李林甫都能揣摩到他的心思，安禄山还没说出口，李林甫就说出来了。安禄山畏为神明，每次见李林甫都惶恐不安，即使在隆冬季节，也会汗流浃背。李林甫对他非常亲切，领他到中书省坐下，又脱下自己的衣袍给他穿。安禄山心怀感激，对李林甫无所不谈，并称呼李林甫为十郎。刘骆谷回来后，安禄山总是先问："十郎说了什么呢？"如果李林甫说了好话，他就非常欢喜，如果李林甫说"御史大夫需要检点约束自己的行为"，他就反手撑床，说："哎，我要死了。"李龟年曾经模仿他的言行，被玄宗引为笑谈。

安禄山晚年长得更加肥胖，腹部下垂到膝盖，重达三百三十斤，每次出行，要让身边人架着肩膀，才能迈开脚步，然而在玄宗跟前，他表演胡旋舞却疾速如风。玄宗为他修建了极其豪华的府邸，家具器物都是用金银制作的。玄宗登临勤政楼，在座位的东面为他安设了一面金鸡帷帐，前面放着一张坐榻，并将帘子卷起。天宝十载，安禄山入朝时，又请求担任河东节度使，玄宗答应了。

安禄山有十一个儿子：长子安庆宗是太仆卿，娶郡主为妻；小儿子安庆绪是鸿胪卿。

【图谋反叛】

安禄山暗中怀有谋反之心，他在范阳的北部筑建了雄武城，表面上是用以防御敌寇，里面却贮藏着兵器和粮食，为守城做打算。他又饲养了一万五千匹战马，牛羊无数。安禄山既已兼任三道节度使，无论上奏何事，无不得到皇帝的应允。他又任用张通儒、李庭坚等人为幕僚，刘骆谷留在西京，充当他的耳目。另外，他又从士兵中提拔了安守忠、崔乾祐、田承嗣、田乾真等人。每月，他都向朝廷进献无数的牲口以及驼马鹰犬之类，使得辖境之内民不聊生。他因为身体肥胖，无法打仗，就前后十多次引诱欺骗契丹人。他设宴款待契丹人，但在酒中放入天仙子，又预先掘好坑，等契丹人酒醉昏迷后，将他们斩首埋掉，不被任何外人知道。天宝十一载八月，安禄山率领河东等地的五六万大军，号称十五万，前往讨伐契丹，结果官军惨败，死伤大半。安禄山也被箭射中，头上的玉簪也断掉了。他率领二十多个侍从逃到山中，不慎跌入坑中，幸亏儿子安庆绪等人赶来，将他救出，趁着黑夜逃到平卢城。

杨国忠屡次上奏，说安禄山必定会谋反。天宝十二载，玄宗派遣宦官辅璆琳前往探察虚实，辅璆琳受到安禄山的贿赂，就极力在玄宗面前夸赞他的忠诚。杨国忠又说，如果召见安禄山，他一定不会前来。于是玄宗召见安禄山，安禄山却马上就来了。天宝十三载正月，他在华清宫拜谒玄宗，流着泪说："我本是蕃人，不识字，陛下破格擢用我，杨国忠却想要杀死我。"玄宗于是更加信任重用他，并任命他为左仆射，让他返回。同月，安禄山又请求担任闲厩、陇右群牧等都使，举荐吉温担任武部侍郎、兼任御史中丞，做他的副手。他担任闲厩、群牧等使之后，将上等的良马都暗中挑选出来，又夺取了楼烦监牧和张文俨的牧马。三月，他急行出关，日夜兼程，每天走三四百里，回到了范阳。如果有人说安禄山反叛，玄宗就会勃然大怒，捆绑起来送给安禄山。天宝十四载，玄宗再次召见安禄山，安禄山推托有病，不肯前来。玄宗又赐宗室女和他的儿子成婚，令他前来参加婚礼，安禄山再次推辞不来。

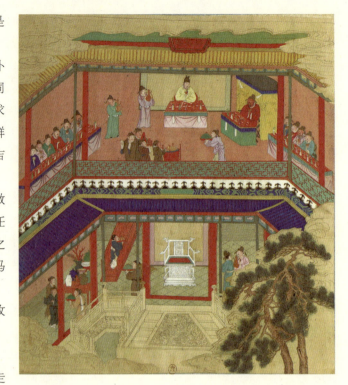

● 唐玄宗宠幸番将·唐

国库的锦帛，用以招募士兵，并相继任命高仙芝、封常清等人为大将，攻打安禄山。然而安禄山军令严明，士兵也都拼死效力，以一当百，所到之处，官军屡屡败北。

十二月，安禄山渡过黄河，进入陈留（今河南开封）郡。安禄山的儿子安庆绪在陈留的城门上看到诛杀安庆宗的文告，哭着告诉了安禄山。安禄山在车中痛哭道："我的儿子有什么罪过呢，以至于被杀死？"当时，投降的官军站在路两旁，安禄山暴怒之下，让士兵举刀乱砍，将投降者杀死了六七千人，然后才进入陈留郡。此后，他一路进军，连连攻克了荥阳

【举兵称帝】

十一月，安禄山在范阳谋反，矫诏称奉玄宗之命，率兵讨伐叛贼杨国忠。他率领十五万士兵，夜间赶路，天亮后吃饭，每天前进六十多里。当时天下久享太平，大家都不懂战事，听到安禄山叛乱的消息后，朝廷大为震惊。禁卫军都是市井之众、商贩子弟，难以御敌，于是玄宗诏令，拿出

等地，并进入东京。封常清战败，逃跑到陕郡，高仙芝的部卒也丢盔弃甲，向西逃跑到潼关，一路伤亡惨重。各地的唐军守将，闻讯纷纷弃城而逃，或者向叛军投降。

天宝十五载（756）正月，安禄山僭位称帝，国号为燕，并任命达奚珣等人为丞相。五月，南阳节度鲁炅率荆、襄等地的十万兵力，再次在叶县城北的滍河被叛军打败，全军覆没。次月，战局却发生了扭转，李光弼、郭子仪从土门路出兵，在常山郡的东嘉山一带大败敌军，于是河北的十多个郡县再次归附朝廷。安禄山处境危急，意欲退守范阳。适逢哥舒翰从潼关率领八万兵马，与叛将崔乾祐在灵宝以西交战，官兵惨败，哥舒翰逃跑到潼关，被部下捉拿，送到敌军营中。潼关失守后，玄宗逃亡到蜀地，太子在灵武召集兵马，准备重振旗鼓。

【死于变故】

安禄山因为身体肥胖，身上长期长疮。他起兵反叛时，两眼已经昏花，现在越来越严重，已经看不清东西了。他又患上疽疾。很快就到了至德二载（757）正月，他因为疮病发作很厉害，就罢掉了朝会之礼。因为疾病，他的脾气变得非常暴躁，动辄杀人，连严庄也受到他的捶打。严庄因此心怀怨恨，日夜图谋除掉他。严庄让安庆绪站在门外，自己手持利刃，领着宦官李猪儿一同进入安禄山的营帐。李猪儿用大刀砍向安禄山的腹部。安禄山

眼睛虽然看不见，但他在床头放有一把刀，以备不虞。他摸索床头，却找不到刀，于是摇动帷帐，大声叫喊："这是家贼谋反！"此时，他的肠子已经流出来，说完就死了。于是严庄等人在床下挖掘了一个数尺深的土坑，将尸体用毡毯包裹起来，埋在坑里。严庄就向外宣布，说安禄山将帝位禅让给了晋王安庆绪，尊奉安禄山为太上皇。

起初，李猪儿出身于契丹部落，十多岁开始服侍安禄山，非常聪慧。安禄山亲手将他阉割，让他做了宦官，并对他宠爱之极。安禄山肚子肥硕，每次穿衣服，都要三四个人帮忙，两个人托起肚子，李猪儿用头顶住，才能帮他系好腰带。玄宗宠爱安禄山，赐他在华清宫洗浴，并允许李猪儿等人入内帮他脱穿衣服，然而最终杀害安禄山的，正是李猪儿。

白话精编二十四史

◉第六卷◉

论赞

史臣曰：唐朝建国以后，国家安定，异族也都前来归顺。期间虽然时常有人割据反叛，但往往谋反不久，就被诛灭掉了。其中，势力强大、持续较久的叛贼有三人：安禄山、朱泚和黄巢。安禄山的母亲是巫师，他自己担任牙郎，偶然立下小功，就受到重用，统管马牧，并被授予兵权。他觊觎天子的尊贵帝位，与杨国忠互相猜忌，不能遵守礼仪，以忠义之心侍奉君王，怀着非分之想，这就是他作乱的原因啊。

朱泚列传

朱泚是唐朝安史之乱后的一个叛臣。他最初为朱希彩效力，朱希彩被士兵杀死后，他被拥戴为节度使。后来，他主动入朝观见皇帝，并派兵守卫京师等地，因此深得皇帝的信任和重用，被委以幽州节度使、凤翔尹等要职。因为弟弟朱滔谋反，他受牵连被剥夺实权，闲居在家，心怀怨恨。适逢泾州兵变，群龙无首，他被拥戴为主帅，并僭位称帝。皇帝逃到奉天后，他率兵攻打，大败。在朝廷各路兵马的攻击下，朱泚兵败逃跑，后来被身边的心腹杀害。

【最初发迹】

朱泚，幽州昌平（今北京昌平西南）人。他依靠父荫从军，年轻时长得魁梧高大，然而武艺并不出众。他外表宽厚，内心却十分残忍。然而他轻财好施，每次征战后得到的赏赐，都分给部下的将士，因此深得将士们的推崇。起初，他是李怀仙的部将，后来改任经略副使。朱希彩杀死李怀仙后，自任节度使，因为和朱泚同姓，十分信任他。然而朱希彩为政苛酷无情，众人都不堪其苦。

大历七年（772）秋，朱希彩被部下杀死，由于事起仓促，将士们都不知所措。当时朱泚的军营在城北，他的弟弟朱滔掌管着衙内兵，也深得军心。朱滔为人狡诈多端，暗中派出上百人，在众人中喧哗道："节度使一职非城北朱副使不能担任。"众人既群龙无首，于是就共同

推举朱泚。朱泚于是代理之后事情，并派遣使者上表朝廷。十月，朝廷拜授他为幽州卢龙节度使等职。同年，朱泚上表朝廷，让弟弟朱滔率领两千多士兵，前去防卫京师西部。代宗亲自写诏书予以褒扬。

【委以要职】

大历九年（774），朱泚被加授为检校户部尚书。当时，幽州和河北各镇，自从天宝末年来，便屡屡发生叛乱，李怀仙、朱希彩与邻近

🔥 素面双提把银锅·唐

的节度使，名义上虽然归顺朝廷，却从来不入朝谒见。朱泚率先上表朝廷，请求亲自率领三千士兵入京朝见皇帝，代宗下令为他修建豪宅以接见他。九月，朱泚来到京师，代宗在内殿接见他，并重重地赏赐他和士兵们。朱泚又请求留在京师，被代宗所允许。于是拜授他的弟弟朱滔兼任御史大夫、幽州节度留后，同时让朱泚统领汴宋、淄青等地的士卒。两年后，朱泚被加授为同平章事。大历十二年，他代替李抱玉，被任命为陇右（今青海乐都）节度使，并掌管河西、泽潞等地的兵权。

德宗即位后，加授朱泚为太子太师、凤翔尹。建中元年（780），泾州将领刘文喜拥兵作乱，朝廷任命朱泚为四镇北庭行军、泾原节度使，率军讨伐。叛乱平定后，朱泚被加授为中书令，镇守凤翔，而让舒王李谊代任泾原节度使。次年，朱滔想要谋反，暗中使人和朱泚商议，使者携带的密函被河东节度使马燧搜获，并奏报给朝廷。朱泚惶恐不安，叩请皇帝，请求将自己治罪。皇上安慰他说："你们远隔千里，无法合谋，你并没有罪过。"次年，朝廷让张镒接替朱泚的凤翔陇右节度留后的官职，将朱泚留在京师。

【僭位称帝】

建中四年，泾原兵变，皇帝逃跑到奉天。叛乱士兵因为朱泚曾经担任泾州（今甘肃泾川北）节度使，知道

他如今闲居在家，心怀怨恨，图谋作乱。叛兵没有主帅，而朱泚为政宽厚，于是叛军合谋，想要迎立朱泚。姚令言于是率领上百名骑兵去迎接朱泚。朱泚被众人簇拥着乘马向北，途中围观者数万人，他入宫住在含元殿内。次日，朱泚移居到白华殿，仅称太尉。有些朝臣谒见朱泚，劝他迎接皇帝回朝，因为不合朱泚的心意，很快就退下来了。后来源休到来，朱泚于是让身边的人退下，和他密谈很久。源休劝他僭越称帝，朱泚十分高兴。李忠臣、张光晟等人也陆续到来，都因闲职在家，心怀怨恨，也奉劝他称帝。张廷芝等人也率领三千士兵赶来。朱泚自认众望所归，于是决心称帝。他任命源休等人为官，段秀实因为久失兵权，深得朱泚的信任重用。

朱泚又派遣三千精兵声称迎接皇帝，其实图谋作乱。段秀实和刘海宾密谋诛杀朱泚，然而因为担心叛卒危害皇帝，于是暗中伪造兵符，追回了出发的士兵。段秀实和刘海宾一同入宫见朱泚，为他陈说效忠朝廷之理。这时刘海宾从靴中取出匕首，却被朱泚发现，因此不能靠近。段秀实知道不能以义理说服朱泚，于是突然夺过源休的象牙笏板，举起来向朱泚打去，口中大呼："反贼应该被碎尸万段！"朱泚举手护头，段秀实奋勇搏斗，顿时朝堂陷入一片混乱。这时，李忠臣急忙赶来援救朱泚，朱泚原本很有力气，又仅仅被打破了脸，于是叛贼一拥而上，将段秀实和刘海宾杀死。

次日，朱泚声称拥立宗室亲王，暂时主持国政，官民纷纷前往观看。几天后，朱泚却自称大秦皇帝，众人无不心怀愤恨。他下诏书辩白说："我本来被幽禁，皇位从天而降，这岂是德行浅薄的人所能办到的呢？"他又任命百官，并封朱滔为冀王，不久又号为皇太弟。

【兵败身死】

几天后，朱泚亲自率兵，浩浩荡荡地进逼奉天，军势强盛，并任命姚令言为元帅，张光晟为副帅。朱泚在城下会兵，浑瑊、韩游瑰率兵抵抗，打败朱泚，死者数万。朱泚略略退后扎营，并修造攻城的器械。次日，朱泚又派兵驻扎在乾陵，居高临下，城内大为恐慌。官军据城而战，后来西明寺僧人法坚为朱泚修造云梯，朱泚搭起云梯，攻打城门的东北面。浑瑊派人挖掘地道，焚掉了云梯，这时刚好刮起西风，火借风势，云梯和敌军士兵很快就烧成灰烬，官军趁势出城攻击敌兵，朱泚大败。这时，李怀光也率领五万援军赶到，朱泚军心大溃，突围而去。

朱泚夜间逃回到京师。当时，姚令言让人在城中修造战格抛楼，又将百姓编成军队的建制，弄得人心惶惶。朱泚回来后，下令全部取消，说："我自有攻守的计谋。"此前，每隔三五天，朱泚就派人假装从城外来，四处传言说："奉天已经陷落了。"百姓听到后无不落泪，道路上也静悄悄的，没

唐大明宫遗址

一个人影。当时，官署的官吏只有十几人，朱泚下令，依旧像往年一样考选官吏。朱泚将自己的宅第命名为潜龙宫，将内库的珍宝全部运进去，人们都说这是败亡之兆。不久，百姓趁机抢夺这些珍

宝，朱泚却无力制止。次年，朱泚改国号为汉，称天皇元年。李怀光既有反叛之心，朱泚就派遣使者和他交好。皇帝前往梁、洋等地避难，此后，有些士大夫就接受了朱泚封赏的官职。最初，朱泚和李怀光关系亲密，并互相赠送钱物。朱泚给李怀光写信，称他为兄长，并和他约定说："等平定关中后，我们彼此割地分治，永为邻国。"等到李怀光决意反叛并逼走皇帝后，朱泚于是下诏书，以臣礼相待李怀光。李怀光被朱泚出卖，感到羞惭愤怒，于是率兵回到河中。

在李晟、浑瑊、骆元光、尚可孤等人的率领下，官军多次打败了朱泚的军队。后来，官军进入京师，叛兵大溃。朱泚与姚令言、源休等人率领数千残兵，向西逃窜，其余的叛军有的溃散，有的向朝廷归降。朱泚的部众一路溃散，等到达泾州时，只剩下上百名骑兵。田希鉴关闭城门，登上城墙，朱泚对田希鉴说："我任命你为节度使，你为什么要背恩负德呢？"田希鉴于是派人将朱泚授予他的旌节从城上扔到城外，并命人投火焚烧。朱泚只好继续向前逃窜，逃跑了数里路后，在旅馆中休息。他的部将梁庭芬来到泾州，游说田希鉴说："你前些日子杀死冯河清，背叛了朝廷，如今即使归降，朝廷也必然不会长久宽免你。你不如打开城门，接纳朱公，与他共同成就大事！"田希鉴深以为然。梁庭芬于是追上朱泚，将此事告诉朱泚。朱泚很高兴，就派梁庭芬返回泾州。梁庭芬请求授任自己为尚书、平章事，被朱泚拒绝。梁庭芬于是不肯前往泾州，而是跟随朱泚来到宁州彭原县（今甘肃庆阳西南）西城屯，又与朱泚的亲信朱惟孝一起放箭，想要射死朱泚。朱泚逃走，不慎失足坠入旧窨中。朱泚身边的韩旻、薛纶等人一起斩杀了朱泚，派宋膺将首级献给朝廷。朱泚死时年仅四十三岁。

朱泚最初谋反时，宦官朱重曜受到他的宠信重用，朱泚称他为兄长。适逢朱泚的辖境内在腊月天降大雨，星官对朱泚说："请用宗族中年长的人来祭祀，才能除掉灾祸。"朱泚于是毒死了朱重曜，用亲王的礼仪将他埋葬。

论赞

赞曰：朱泚本是渔阳人，生性凶狠狡诈，耳闻目睹的都是篡夺叛乱等事，原本就没有忠贞之心。等到弟弟朱滔作乱，他被留在京师，因为稍不如意，就心怀怨恨，图谋反叛。他心存侥幸，因为幽州节度使的职位是在混乱中意外获得的，于是他就觊觎帝位，最终败亡，也是理所当然的啊。

旧五代史

旧五代史

首都师范大学历史学院教授 博士生导师
阎守诚

　　《旧五代史》是记述后梁、后唐、后晋、后汉、后周五代（907~960）54年历史的纪传体史书。全书150卷，包括《纪》61卷，《志》12卷，《传》77卷。因系五代各自为书，所以原名《梁唐晋汉周书》，宋太祖开宝六年（973）命宰相薛居正监修，卢多逊、扈蒙、张澹、李穆、李昉等同修。后来，为区别于欧阳修撰的《五代史记》，称为《旧五代史》。其编次先后为梁、唐、晋、汉、周五书，每书中先《本纪》后《列传》，五书后以割据诸国为世袭列传和僭伪列传，契丹等为外国列传。《志》在全书之末，有天文、历、五行、礼、乐、食货、刑法、选举、职官、郡县10《志》。

　　本书取材于各朝实录及范质《五代通录》等书。如五代诸帝都有《实录》，《本纪》即据以成书。修史时五代结束不久，编撰人对当时情况易于了解，所以编撰顺利，历时一年即修成。本书是目前保存五代史料最全面、最丰富的纪传体史书。特别应提及的是，本书还记录了大量唐代史事，尤其是晚唐的史事。如梁太祖朱温，原为黄巢部将，其《本纪》就从唐僖宗时写起。唐太祖李克用也是晚唐时期的重要人物，他们的《本纪》多所涉及晚唐的重大政治军事活动。晚唐人物在两本《唐书》中事迹不详的，往往在本书中可以找到《列传》。因此，本书既是研究五代史的重要史籍，也是研究唐史的重要史籍。

后梁太祖本纪

朱温是后梁政权的创建者。朱温幼时父亲早丧，随母在萧县刘崇家当佣工。他先是参加黄巢领导的起义军，后又投降唐河中节度使王重荣，与李克用等联兵镇压黄巢起义军。朱温势力日盛，诛尽宦官，废神策军，将昭宗变为傀儡。后又迫使昭宗迁都洛阳，将他杀死，拥立哀帝。不久自立为帝，国号为梁，史称后梁。晚年因皇位继承人未定，皇室内部矛盾尖锐，最终被次子朱友珪所杀。

【天降红蛇】

后梁太祖神武元圣孝皇帝，姓朱名温，宋州砀山（今安徽砀山）人。他是父亲朱诚的第三个儿子，母亲是文惠王皇后。

唐朝大中六年（852），朱温出生在砀山县午沟里。这天，他家的房顶升起红烟。邻居们远远望见，以为他家着火，都赶来救火，却发现他家安然无恙，只是刚有孩子出生。众人都觉得奇怪。后来，朱温的父亲去世，兄弟三人都尚未成年，母亲只得带他们寄居在萧县的刘崇家中。朱温长

大后，不愿意从事生产，常以英雄豪杰自诩，乡里的人大多都讨厌他。刘崇因其懒惰，常常打他。但刘崇的母亲很宠爱他，亲自为他梳头，还告诫家人说："朱三不是普通人，你们应该好好待他。我曾经看见他熟睡的时候，变成了一条红蛇。"但众人都认为荒诞。

【投奔黄巢】

唐僖宗乾符（874～879）年间，关东饥荒，盗贼成群。黄巢随即在曹、濮起兵，依附他的饥民有几万人。朱温于是离开刘崇家，和二哥刘存一起加入黄巢的军队。他奋力作战，屡次获胜，补任为队长。

广明元年（880）十二月，黄巢攻陷长安，派朱温领兵驻扎在东渭桥。当时，夏州节度使诸葛爽率部在栎阳屯军，黄

朱温像

巢派朱温前去招降他，诸葛爽于是投降黄巢。中和元年（881）二月，朱温被任命为东南面行营先锋使，攻打南阳，顺利攻克，随后返回长安，黄巢亲自在灞上慰劳他。次月，朱温又奉黄巢之命在兴平抗击邠州等四州的唐军，所到之处都立下大功。

中和二年，朱温被任命为同州（今陕西大荔）防御使，攻打同州。于是他从丹州出发向南进军，攻破左冯翊，占领其郡。当时河中（今山西永济西）节度使王重荣屯兵数万，纠集诸侯，图谋恢复唐朝。朱温和他毗邻，多次被他打败，于是向黄巢请求援兵。他前后上表十次，都被伪左军使孟楷压下，没有交给黄巢。朱温又听说黄巢军威不振，将士离心，猜想他终必失败。于是，和左右的人议定，斩杀伪监军使严实，献上全郡投降王重荣。王重荣即日飞马上奏。当时唐僖宗在蜀地，看完奏表后十分高兴，下诏任命朱温为左金吾卫大将军，充任河中行营副招讨使，并赐名全忠。从此，朱温率领部将和河中的兵士一同进军，所向无敌。

【降唐攻巢】

中和三年三月，僖宗授任朱温为宣武军节度使，并下令一旦收复京城，即可赴任。四月，黄巢从蓝关向南逃走，朱温和诸侯的军队收复长安，随即率领部众，带着符节向东进军。七月，军队进入梁苑。这时，朱温年仅三十二岁。当时，蔡州刺史秦宗权和

黄巢的余党联合包围了陈州。过了很久，僖宗任命朱温为东北面都招讨使。十二月，朱温领兵到达鹿邑，与黄巢的军队相遇，大败黄巢军，随后进入亳州，占领了谯郡的土地。

次年春，朱温和许州田从异等人的军队共同收复了瓦子寨。这时，陈州四面的敌军营寨一个连着一个，他们驱掳百姓，杀人充饥，号称"舂磨寨"。朱温多次派兵前去攻击，前后打了四十多仗。四月，终于收复西华寨，贼将黄邺单骑奔逃往陈州。朱温乘胜追之，进入陈州，刺史赵犨亲自前来迎接。不久，朱温听说黄巢的余党还在陈州北面的故阳垒，于是返回大梁，途中和奉诏前来的河东节度使李克用会师，在中牟以北拦腰截击敌军，贼军大败，很多人主动投降，其中包括敌将葛从周、张归霸等人。朱温将他们全部赦免，然后继续追击敌寇，向东直到冤句。

五月甲戌，朱温和李克用的军队回到汴州（今河南开封），朱温让李克用住在上源驿，并隆重宴请他。李克用借酒放纵，出言不逊，朱温很不高兴，于是命令士兵深夜围攻李克用。适逢雷鸣电闪，李克用借着闪电光翻墙逃走，他部下几百人全部被杀。

【平定秦宗权】

黄巢死后，蔡州秦宗权继任首领，他率领部众几万人，攻陷附近的郡县，掠杀官员百姓，残忍更胜于黄巢。朱

温十分忧心，于是和陈州人一同在溵水攻打蔡州敌军，斩杀数千人。僖宗加封他为检校司徒、同平章事，封为沛郡侯。

光启元年（885），蔡州军进掠亳、颍二郡。朱温率军前去救援，在焦夷打败敌军几千人，生擒敌将殷铁林，将其枭首示军。二月，僖宗从蜀地回到长安，改元光启，并加封朱温为检校太保。十二月，河中、太原的军队进逼长安，僖宗逃往凤翔。

后来，蔡州军势力日渐嚣张。唐室微弱，各道的州兵都不为皇室效力，汝州等八州接连陷落，幅员几千里渺无人烟，只有宋州等少数几州闭垒自守。朱温多次出兵和敌军交战，或胜或负，大家都很担忧。

三月，僖宗封朱温为沛郡王，随后转移到兴元。五月，嗣襄王李煴在长安篡位称帝，改元建贞。他派使者携带伪诏书到达汴州，朱温下令当场将其焚毁。不久，襄王果然失败。七月，蔡州军逼近许州，节度使鹿宴宏派人前来求救，朱温于是派葛从周等人率军救援。而救兵还没到达，许州已经陷落，鹿宴宏被杀。十一月，滑州节度使安师儒被部下杀死，朱温趁机派朱珍、李唐宾等人发动袭击，夺得滑台。十二月，僖宗下诏加封朱温为检校太傅，改封吴兴郡王。

这一年，蔡州军攻陷郑州，朱温派遣偏将在金隄驿巡逻，和贼兵相遇，大败贼军。朱温常常和蔡州军在四郊作战，出奇制胜。秦宗权众不敌寡，

以之为耻，发誓一定要攻取夷门。朱温得知消息后，谋划增加援军。不久，任命朱珍为淄州刺史，让他在东道招兵。朱珍到达淄、棣后，很快就召集了上万人，又袭击青州，缴获上千马匹。朱温十分高兴。当时，敌将张晊屯兵在北郊，秦贤则在版桥驻扎，各有几万兵众，营栅相连二十多里，兵势强盛。朱温出其不意，亲自率军袭击秦贤的营寨，斩杀敌军一万多人，敌人还以为是神兵降临。不久，敌将卢瑭率军沿着汴水两岸，建营筑桥，把守要道。朱温又挑选精兵，前去偷袭。从此蔡州军中惊惧不已。朱温随即回军休整，犒劳军士，军中因此群情激奋，无不奋勇杀敌。

光启三年五月，朱温率军在酸枣门打败蔡州军队，随即亲自率领猛将，从郑州直奔张晊的营寨。当天夜里，有星星坠落在敌军营垒，声如惊雷。兖、郓、滑州的军士也都赶来助战，在汴水边摆阵，旌旗招展。蔡州军远远望见，不敢出寨。次日，朱温分派各军，一起攻城，斩杀敌军二万多人。秦宗权逃到郑州，烧杀抢掠后离去，陕州等州的秦宗权守军都弃城而逃。

【消灭朱瑄、朱瑾】

九月，朱温亲自率军在太清宫驻扎，派霍存平定濠州。此前，朱温抵御蔡州军的时候，郓州朱瑄、兖州朱瑾都领兵前来救援。秦宗权战败后，朱温都用厚礼送他们回去。两人却用重金利诱朱温的将士，朱温派人送信

加以谴责。朱瑄回信言词傲慢，朱温于是派朱珍征讨他们。不久，朱珍攻克曹州，又进军包围濮州。十月，朱温在范县攻破朱瑄的援军，攻陷濮州。十二月，僖宗派遣使者赏赐给他铁券，又命翰林承旨刘崇望为他撰写德政碑。

文德元年（888），朱温率军向东前往淮海，到达宋州时，听说杨行密已攻陷扬州，于是回师。李璠奉诏前往扬州任职淮南留后，在徐州遭到阻拦。朱温大怒，决定讨伐徐州。

三月，昭宗即位。朱温派遣朱珍擒获蔡州军石璠。四月朱珍又率军渡过黄河，接连收复黎阳、临河。同月，河南尹张全义在河阳攻克李罕之。李罕之单骑逃往太原请求援兵，李克用派出一万骑兵，和他一起攻打河阳。李全义于是派人到汴州求救。朱温派遣丁会等人领兵，在温县打败李罕之。于是河桥解围，张全义回到河阳。

朱温随即整顿大军，准备讨伐蔡州军。刚好蔡州赵德谭献出汉南之地归顺朝廷，请求一同讨伐秦宗权。朝廷于是任命赵德谭为蔡州四面副都统。朱温和赵德谭会合，逼近蔡州，环绕城池修筑了二十八寨。与敌军交战时，朱温亲临战场，一次被飞矢射中，鲜血浸透了衣裳，他嘱咐左右的人说："不得泄露。"

九月，因为粮草供应不足，朱温班师。不过，至此他知道秦宗权的残余部众不足为患，于是移兵讨伐徐州。不久，朱珍率军在吴康镇大败徐州时溥，收复丰、萧二邑。几个月后，秦

🔖 行道天王图·五代

宗权被部将捉拿，押解到长安献给朝廷，蔡州于是平定。昭宗加授朱温为检校太尉兼中书令，晋封东平王。

随后，朱温奉诏前去攻打太原，派人向魏人借路，魏人不答应，且暗地和太原通好。朱温于是派丁会、葛从周率军渡过黄河攻取黎阳、临河，又下令庞师古、霍存攻下淇门、卫县，朱温率领大军尾随在后。后来，朱温和魏军作战，从内黄到永定桥，连续五次将其打败。罗宏信很害怕，于是派人请和。朱温下令军士停止进攻，并归还魏军俘虏，罗宏信十分感激，从此听从他的命令。朱温于是收军屯驻在黄河边。

八月，朱温率军平定宿州。十一月，曹州投降。不久，徐州刘知俊率兵两千人前来投降，从此徐军不振。十二月，兖州朱瑾领军三万进犯单父，朱温派遣丁会在金乡界将其打败。

景福元年（892）二月戊寅，朱温亲自征讨郓州，先派遣朱友裕在斗

门屯兵。夜里，郓州朱瑄率军偷袭斗门，朱友裕撤退。朱温前去援救，追击郓军直到孤河，随后在村落间屯兵。后来，遇上朱瑄将回郓州，前来冲击。朱温策马逃跑，被贼兵追得很紧，仓皇中跳过浚沟，加上张归厚跟在后面奋力还击追兵，他才得以脱逃。李璠和部将都被郓军杀死。

乾宁十一月，朱友裕率兵攻下濮州。随后，庞师古攻下彭州，随即奉命移兵进攻兖州，驻扎在曲阜，多次打败朱瑾。次年十二月，庞师古派遣先锋葛从周率军攻打齐州，刺史朱威向兖州、郓州告急。不久朱瑄的援兵到来。

乾宁元年（894）二月，朱温亲领大军在鱼山和朱瑄交战。天上突然刮起西北风，当时两军都处在草莽之中，朱温下令放火，一瞬间火焰冲天。官军趁机进攻，朱瑄、朱瑾大败。

乾宁二年，朱友恭再次奉命讨伐兖州，挖掘壕沟将其包围。不久，朱瑄带着援兵和粮饷想要进入兖州，朱友恭设下伏兵将其打败。八月，朱温亲自率军征讨郓州，在梁山设下埋伏，擒获番将史完府。朱瑄脱逃。十月，齐州投降。十一月，朱瑄又派出军队一万多人袭击曹州，以图解救兖州之围。朱温于是率军赶赴钜野，将他们打败，杀戮殆尽，生擒贺瑰、柳

存、何怀宝及贼党三千余人。当天，狂风暴起，沙尘沸涌，朱温说："这是因为杀人不够。"于是下令杀光所有俘虏，随后班师。

乾宁四年正月，朱温以洹水的军队平定郓州。朱瑄在汴桥下被斩杀。随后朱温进入郓州，令朱友裕担任郓州兵马留后。当时，朱瑾在丰、沛二县间搜索粮饷，只留下康怀英镇守兖州，朱温于是乘胜派遣葛从周袭击兖州。康怀英听说郓州已经失守，便献城投降，朱瑾逃往淮南投奔杨行密。至此，兖、海、沂、密等州都已平定。不久，朱友恭上奏说收复了黄、鄂二州。九月，朱温率军大举南征，下令庞师古直奔清口，葛从周赶赴安丰。朱瑾率军迎击庞师古，放水冲灌他的军队，庞军战败，庞师古战死。当时，葛从周刚行进到濠梁，听到消息后，也下令班师。

光化二年（899）正月，淮南杨行密率领精兵五万，进逼徐州，朱温

人物故事图砖·五代

亲自率军抵抗。杨行密不战而退。朱温随后连续攻下沧、德、镇、定等州。从此河朔都很恐惧，尽皆归顺。

这一年，唐左军中尉刘季述将昭宗幽禁，拥立皇子德王李裕为帝，并派人告诉朱温，愿意将唐朝政权交给他。朱温立即从河朔回到汴州，并派遣李振出使长安，和当时的宰相谋划恢复帝位。

【挟持昭宗】

天复元年（901），昭宗复位，晋封朱温为梁王。朱温随后攻下绛州、晋州，不久又平定河中。三月，他又派遣大将贺德伦等人率领大军进攻太原，泽州刺史李存璋弃城逃往太原，潞州节度使孟迁、辽州刺史张鄂迎降。军队来到晋阳城下，与城中敌军对垒，后来由于粮草供应不够，只得班师。

十月，宰相奉密诏赶赴长安。当时，朝廷任命韩全诲、张弘彦为两军中尉，袁易简、周敬容为枢密使。军国大事，都由宰相崔胤监管，崔胤压制宦官，遭到宦官怨恨。崔胤还掌管三司的财物，韩全诲等人于是趁着崔胤外出的时候，煽动士兵们在昭宗面前诉苦，说冬衣不够等等，昭宗只得罢免了崔胤的宰相职务。崔胤大怒，因此召请朱温带兵入京。朱温带军行进到零口时，听说昭宗被宦官韩全诲劫持到凤翔，于是下令回师，驻扎在赤水。不久又前去迎接皇上，驻军在岐山。昭宗派遣使者带着他的亲笔信赐给朱温，让他收军返回本道。朱温不奉诏。

天复二年二月，晋军大举南下，声援凤翔，朱温派遣朱友宁和晋州刺史氏叔琮抵御。三月，朱友宁等人大败晋军，生擒李克用的儿子李廷鸾。五月，朱温再次西征，岐州军坚守壁垒，不肯迎战。众人一筹莫展之时，有一人名叫马景请求前去诈降，诱骗李茂贞打开城门，岐州军死伤无数。李茂贞吓破了胆，更是只敢坚守。十一月，朱温攻破鄜州，李茂贞失去了鄜州的援助，十分恐惧，因此商议让昭宗回京，诛杀宦官以保全自己。

三年，唐昭宗回到长安，拜谒太庙后，对朱温说："我能活着回来，是你的功劳。"随即拉着他的手，哭泣不止。次日，在内侍省将五百多名宦官斩杀。又下诏授任朱温为守太尉兼中书，并赐以回天再造竭忠守正功臣的称号。几个月后，护驾都指挥使朱友伦打球的时候堕马，死在长安。朱温大怒，认为唐室大臣阴谋背叛自己，才致使朱友伦暴死。

天祐元年（904），朱温想将昭宗迎到洛阳，担心唐室大臣反对，于是让朱友谅假传圣旨，诛杀了宰相崔胤、京兆尹郑元规等人。朱温上表坚决请求昭宗移驾洛阳，昭宗迫不得已，只得听从。二月昭宗暂住在陕州，朱温前来觐见。何皇后对他说："此后我们夫妇就委身于你了。"泪如雨下。次日，朱温告辞返回洛阳，之后又接连上奏，催促昭宗到洛阳去。昭宗回话说，皇后将要生子，过几个月才能前往洛阳。朱温以陕州地方狭小不可久留为由，让昭宗在次月以内到洛阳。昭宗于是赶紧从陕州出发。他身边本来仅有小黄门等二百多人，朱温却仍然心存猜忌，暗地下令将他们全部杀死，全部换成梁人，昭宗很久之后才发觉。昭宗到达洛阳后，任命朱温为宣武、宣义、护国、忠武四镇节度使。八月，昭宗在皇宫被杀，辉王李柷继任帝位。天祐二年十一月，朱温登上宰相位，总揽朝政。以宣武、荆南等二十一道为魏国。朱温又晋封为魏王，入朝不用下跪，上殿无须摘剑脱鞋，天下州县名和其名讳相同的，都需避讳。

▋【登位称帝】

开平元年（907），朱温即位，改名为晃，随即安抚群臣，按等赏赐。武安军节度使马殷晋封为楚王。太府卿敬翔，因曾参与内部谋划，率先被擢升总管崇政院。又追封三代祖庙，赐名各殿。

开平二年，因为上党尚未平定，朱温准备前去巡视安抚，顺便到西都举行郊裡祭祀。三月，他亲自统率六军，巡视泽、潞二州，之后路经郑州，到达东京。五月，梁军围困潞州已近两年，攻克李进通指日可待。而太原李存勖利诱北方各族前来相助。梁军在潞州战败。

朱温下令各地严防蝗虫灾害。由于天上屡次呈现异象，他下令官吏整顿军事，减少诉讼，周济百姓，以祈福消灾。又下令崇尚节俭，兵器上不

得有奢华装饰。秋天，霖雨不停，庄稼受灾，朱温下令停止宰杀牲口两个月，又下令举荐寻访人才。九月，太原军从阴地关向南征战，进犯郡县，朱温担心各地将领轻视贼寇，亲自前去巡视。幽州都将康君绍等十人前来投降。不久，太原军攻陷平阳，随后进逼晋、绛，但十多天没有攻克，后来听说梁军到来，烧掉营寨逃走。

开平三年六月，同州节度使刘知俊占据本郡反叛朝廷，朱温下令征讨。不久，刘知俊的弟弟刘知浣被部下活捉，进献给朱温。刘知俊逃往凤翔，同州平定。随后，襄州收复。十一月，朱温在南郊祭天。不久，凤翔贼将刘知俊率领邠州等州的军队进逼凤翔城。朱温派遣陕州康怀英、华州寇彦卿率兵逼近邠、宁，以牵制敌军。

开平四年四月，湖州平定。五月，魏博节度使、邺王罗绍威去世，朱温大恸，追赠他为尚书令。七月，刘知俊进逼夏州。朝廷任命宣化军留后李思安为东北面行营都指挥使，陕州节度使杨师厚为西路行营招讨使。八月，朱温西征。为了激励士兵们奋勇杀敌，颁布夺马令，称战争缴获的马匹不用上交。不久，王师在夏州打败敌军。敌军分路逃遁，夏州解围。十一月，镇州王熔、定州王处直反叛，勾结太原晋军，朱温任命宁国军节度使王景仁为北面行营都招讨使，前去征讨。

开平五年，朱温下诏改年号为乾化元年（911），大赦天下。正月初二，梁军被晋军和镇州、定州的军队打败，

都将十多人被擒，其余的人纷纷逃窜。朱温在崇勋殿召见陕州镇国军节度使杨师厚，指授方略，让他充任北面都招讨使，督军进发。六月，镇州、定州的军队袭击汤阴。朱温下诏说，若投降，镇州只问罪李宏规一人，其余一概赦免。又下诏维修天宫佛寺，并赏赐潭州法思和尚等人紫衣。

乾化二年，朱温封授保义节度使王檀为琅琊郡王。将先前扣押的定州进奉官崔腾等十四人全部释放。二月，朱温将巡视北部边境，朝廷内外全部戒严，诏令河南尹、守中书令张宗奭为大内留守。工部尚书李皎等人随行。御驾随即从洛阳出发，路经温县、新乡、黎阳等地，四月到达魏州。一天晚上，月亮遮掩心宿大星。于是朱温下令暂停屠宰牲畜，在各佛寺开建道场，祈福消灾。几天后，到达东都，加封博王朱友文为特进、检校太保。随后继续前行，路经荥阳、汜水等地，到达东京。五月彗星出现异变，朱温下令两京的犯人都罪减一等。

【遭子诛杀】

不久，朱温病重。其长子郴王朱友裕早死，郢王朱友珪担任左右控鹤都指挥使，均王朱友贞为东都马步都指挥使。养子朱友文深受他的喜爱，常留守东都。朱温虽然没有册立朱友文为太子，但心中十分属意他。六月，朱温让朱友珪出任莱州刺史。当时，遭贬的人多被追诏赐死，朱友珪十分恐惧，于是和统军韩勍合谋发生政变。

韩勍派遣牙兵五百人趁夜冲进朱温的寝殿，左右的人仓皇逃窜。朱温惊恐地问："是谁造反？"朱友珪回答说："就是我。"朱温说："我早就怀疑你，可惜没早点杀了你！"朱友珪的仆人冯廷谔随即将剑刺向朱温腹部，刀刃从背部而出。朱友珪亲自用毡毯将尸体裹住，藏在寝殿中。他又派遣供奉官丁昭溥快马前往东都，让朱友贞杀掉朱友文。又假拟遗诏，声称由朱友珪继位。不久，丁昭溥从东都回来，禀告朱友文已死，于是发丧，宣读遗诏，朱友珪登上皇位。朱友珪将朱温埋葬在伊阙县（今河南洛阳以南约两公里处的龙门），其陵墓被称作宣陵。

🔖 朱温杀唐昭宗

天祐元年（904）八月十一日夜，朱温派人突然闯入宫中，杀害了唐昭宗，为他进一步篡唐称帝扫清了障碍。

罗绍威列传

罗 绍威是梁的开国功臣。他在梁为官，深谙为官之道，官至太师，兼中书令。他擅长写文章，通晓音律，在字画方面也有过人之处。三十四岁时病逝。罗绍威生时与罗隐交好，常有诗作往来，部分诗作现今仍被人传诵。

【年少得志】

罗绍威，字端己，魏州贵乡（今河北大名）人。罗绍威的父亲罗弘信起初追随唐节度使乐彦贞，后因牙军作乱，乐彦贞被废，罗弘信被拥立为节度使，并被朝廷授职，官至检校太尉，封为临清王。其父病逝后罗绍威继任，封长沙郡王，后也因牙军作乱而投效梁太祖。

文德元年（888），罗绍威被授官左散骑常侍，不久，出任天雄军副节度使。从龙纪（889）到乾宁（894～898）年间，十年之中多次迁升。罗弘信死后，罗绍威袭父位出任留后，被正式授予节度使旄钺，加封为检校太尉、兼侍中，封为长沙郡王。唐昭宗东迁时，命各道修整洛邑，唯独罗绍威修建了太庙，昭宗下令加授侍中，晋升罗绍威为邺王。

【计除牙军】

起初，在至德（756～758）年间，田承嗣割据相、魏、澶、博、卫、贝等六州。他招募军中子弟，

把他们作为自己部下，取名"牙军"，给他们的供给很丰富，赏赐也优厚，宠信有加。年代既久，这些牙军世代相袭，势力很强大，他们骄纵不法，地方官吏无法禁止。而"牙军"主帅的变换就如同儿戏，全是被牙军拥立的无能之辈。只要奖励稍不如意，主帅就会全族被杀。罗绍威鉴于以往的弊端，暂时赐给牙军财物，姑息他们，但心中却对此耿耿于怀。

罗绍威继位的第二年正月，幽州的刘仁恭拥兵十万，阴谋在河朔作乱。

刘仁恭攻陷了贝州，长驱直入攻打魏州。罗绍威向梁太祖求援，梁太祖派李思安前来援助，在洹水屯军。太祖大将葛从周从邢、洺引军进入魏州。燕将刘守文、单可及和王师在内黄作战，大败他们并乘胜追击。适逢葛从周出军袭击，又打败了燕军，斩杀了三万多人。天祐三年（906），罗绍威派兵与太祖会师，一同攻打沧州，以报答梁太祖的援救之恩。从此之后，罗绍威死心塌地归附梁太祖。

罗绍威见唐朝国运日渐衰微，各地豪杰交相作乱，而梁太祖的兵力在当时强于其他诸侯，知道梁太祖一定有取而代之的打算，因此倾心结附梁太祖，助太祖完成他的霸业，但是他一直担心牙军变乱，心中不安。天祐初年，州城的地面无缘无故陷下去，不久，小校李公佺阴谋作乱，罗绍威更加害怕，于是设计谋取牙军，派使者告诉梁太祖并请他做外援。梁太祖同意了，并再次派李思安会合魏博军攻打沧州。在此之前，罗绍威的长子罗廷归娶了太祖的女儿安阳公主，罗廷归为魏博节度使。如今安阳公主去世了，太祖借此机会派长直军校马嗣勋挑选了一千士兵，把武器藏在大袋中，抬在肩上进入魏州，声称为女儿办理丧事。天祐三年正月初五，太祖亲自率大军渡过黄河，声称在沧州、景州视察行营，而牙军对此事心存怀疑。正月十六，罗绍威率领几百家奴和马嗣勋共同攻打牙军，当时住在牙城的有一千多人，黎明时分即被他们全杀了，共八千多家，全部灭族，州城为之一空。第二天，梁太祖从内黄飞驰到邺，当时魏军有两万人，正和王师共同围攻沧州，听说城中有变，

董源（？～约962），为南唐画家，他发展了王维的水墨一脉，对宋、元两代士大夫的文人山水画兴起起了重要作用。此图画江南景色，山峦连绵，云雾显晦，山脚平林洲渚，平淡幽深，苍茫浑厚。

于是簇拥大将史仁遇保守高唐。一时之间，六州之内都是劲敌，梁太祖分别派将领讨伐，半年后终于平定。罗绍威虽然除掉了牙军的忧患，但也后悔削弱了自己的势力。

【尽忠事主】

自天祐三年牙军事件之后，绍威倾心投效太祖。没过几月，有浮阳之战，罗绍威急速运送军需，从邺到长芦五百里，车马不绝于路。他在魏州建立元帅府，沿路设置亭侯，供给牲口、酒类、军需、器物，上下数十万人，什么都不缺。到梁太祖从长芦返回时，途经魏州，罗绍威趁机对太祖说："邠、岐、太原始终有狂妄奸诈之心，各自以复兴唐室为借口，大王应该自己取代帝位，以便打消他们的奢望。上天给予而不接受，这是古人所不赞同的。"梁太祖因此很感激他。到太祖登基时，加封罗绍威太傅，兼中书令，赐号扶天启运竭节功臣。梁太祖将入洛城，罗绍威奉诏重修五凤楼和朝元殿，当时没有巨大的木材和良匠，但他还是很快就在地面上筑起楼殿，溯流西立于旧址之上。张彩结绣，都有备用的。太祖很高兴，赐给他宝带和名马。在这之前，河朔三镇管理府库钥匙的人和杂役都是宦官，罗绍威说："这种人都是在宫中使唤的，哪是臣子家能使唤的呢？"于是他搜出三十多个宦官全部献上，太祖嘉奖了他。开平（907～911）年间，加封为守太师，兼任中书令，拥有食邑一万户。

【文才风流】

罗绍威形貌魁梧英俊，有英雄气概。他又擅长写文章，而且通晓音律，喜好招罗文士。他还开学馆，建书楼，藏书万卷。每逢歌酒宴会，就与宾客赋诗，很有情致。江东人罗隐，在钱镠军中任职，写的诗闻名天下。罗绍威派遣使者馈赠他财物以表达敬意。罗隐于是就搜集自己所作的诗寄给罗绍威。罗绍威酷爱罗隐的诗词，因而把自己所作的诗集取名《偷江东集》，到现在邺那里的人还在吟咏。罗绍威曾在宴会上作诗："帘前淡泊云头日，座上萧骚雨脚风。"即使是善于写诗的人也很叹服。

罗绍威少年得志，创下不少功勋，为梁的开国立下大功。后来他生病了，就派信使向太祖请求辞职，太祖为之动容，对信使说："赶快回家告诉你主人，为我努力进餐，保重身体，如果发生不测，我会让他的子孙世代富贵来报答他。"罗绍威的死讯传来后，太祖停止上朝三天，追封他为尚书令。

论赞

臣曰：罗绍威是唐朝奸雄，占据魏地，趁唐朝式微之时，建议梁太祖强行登位，对梁来讲，他是佐命功臣，对唐来说，他又怎能算忠臣呢！

葛从周列传

葛 从周是后梁太祖朱温手下的得力战将。他最初投靠黄巢，后追随梁太祖，成为梁太祖的得力战将，为其征战四方，击败梁太祖的劲敌，助梁太祖平定天下，为梁的开国立下不朽功勋。

【崭露头角】

葛从周，字从美，是濮州鄄城（今山东鄄城东北）人。他年少时就很豁达，富有智谋，起初投靠黄巢起义军，逐渐升职到军校。唐僖宗中和四年（884），梁太祖的军队在王满渡大败黄巢起义军，葛从周见黄巢大势已去，就和两个结拜兄弟霍存、张归霸一起率军投降朱温。同年七月，葛从周跟随梁太祖在西华屯兵，帮助朱温打败秦宗权的军队。

在一次战斗中，梁太祖从马上跌落，敌军追击很猛，情况十分危急，葛从周挺身而出，把梁太祖扶上马，随后率人断后，与敌军短兵相接，殊死搏斗。结果他不仅脸受伤了，而且胳膊中了数箭，身上多处被枪刺中，但他仍然毫不畏惧，拼尽全力保护梁太祖。幸而此时另一位将军张延寿策马杀回相助，经过奋力厮杀，才使得葛从周和梁太祖侥幸逃生。因为此战失利，太祖率军退到溉

水。太祖把许多部将都削职了，只提拔了奋力营救他的葛从周和张延寿为大校。不久，葛从周跟随朱温在长葛、灵井作战，结果又大败秦宗权的军队。行军到斤沟、浥河，又斩杀了秦宗权的将领殷铁林及其部下三千余人，还俘获了九寨都虞侯王涓。

【征伐四方】

后来太祖派将军郭言在陕州招募兵马，黄花子占据了温谷，葛从周领兵征讨，一举攻克。随后他又在荥阳打败了秦贤的军队，不久又帮助朱珍攻克了淄州和青州。当时兖州的守将

铜金龙·五代

齐克让领兵驻扎在任城，葛从周率军大败齐克让，活捉了他的属将吕全真。但是淄州兵在被打败之后，仍然再次起兵抵抗，葛从周又出兵作战，擒获了猛将巩约。当时青州兵也反叛作乱，以步骑兵上万人抵抗，在金岭设置三座营寨，扼守要害之地。葛从周和朱珍大破敌兵，俘获了杨昭范等五员大将凯旋。回到大梁后，自己来不及脱下战甲，就马不停蹄直奔板桥攻打蔡州兵，一举攻破了卢瑭大营，守将卢瑭跳水自杀。随后又在赤岗斩杀蔡州军两万多人。

葛从周跟随太祖讨伐亳州的谢殷时，活捉谢殷，然后回师袭击曹州，虏获了曹州刺史丘弘礼。后来，在临濮的刘桥一带和兖州、郓州军遭遇，葛从周率军猛攻，杀敌几万人，朱瑄、朱瑾兄弟只身勉强逃脱，其都将邹务卿以下将校五十多人被葛从周擒获。不久，他又和朱珍在陈州、亳州之间大战蔡州兵，活捉了都将石璠。

文德元年（888），魏博军叛乱，乐从训告急求援，葛从周随太祖一起北上救援，接连攻克黎阳、李固、临河等数个城镇，并在内黄击破魏军上万人，活捉了守将周儒等十人。李罕之率并州军在河阳围攻张全义，葛从周和丁会、张存敬、牛存节一起前往增援，大破并州军，杀死蕃汉士兵两

邢窑白釉花口碗·五代

万多人，解除了河阳之围。葛从周因立功而被授予检校工部尚书。他又和朱珍一起讨伐徐州，攻克了丰县，在吴康大败时溥，缴获了他们的辎重，再次因功被授检校刑部尚书。后来，他帮助庞师古在淮南讨伐孙儒，攻城略地，直达寿州、庐州和滁州，攻占天长、高邮等地，大破邵伯堰。随后回师攻打濠州，杀死刺史魏勋，缴获了十艘运饷船。

【智勇兼备】

大顺元年（890），并州军围攻潞州，梁太祖派遣葛从周率领那些不怕死的士兵，在晚上悄悄突围进入潞州城。由于当时大王的军队在马牢川战事失利，葛从周不得不放弃上党地区返回。这年十二月，他和丁会等将领合兵讨伐魏州，接连攻克了十座城邑。第二年，葛从周协助丁会攻打宿州，宿州城防坚固，久攻不下，于是葛从周筑坝拦水，淹没了宿州，刺史张筠被迫率全郡投降。

乾宁元年（894），太祖军队到达新太县，朱瑾命都将张约、李胡椒领兵三千抵御。庞师古派遣葛从周、张存敬发动袭击，活捉了张约、李胡椒等几十名敌将。第二年围攻兖州，兖州人坚守不战，葛从周便让人到处散播消息，说救援兖州的并州军队就要

到了。当时兖州城内确实曾派人到并州求援，但并州军队迟迟没有回应，葛从周便将计就计，先传播救兵将到的消息，然后就领兵去高吴，假意抗击并州援军，以此来迷惑城内的军队。到了夜里，葛从周又率军悄悄返回大营。兖州军见葛从周率领大部人马离开，以为援军真的来了，料想城外葛从周的大营兵力空虚，于是朱瑾率领城内守军倾巢出动攻打周营，不料葛从周早有埋伏，率军突然袭击，围攻兖州军，歼灭一千多人，活捉都将孙汉筠。由于葛从周屡立战功，逐渐从刺史升迁至检校左仆射。在与河东的战争中，葛从周也是个常胜将军。在河东军队进攻魏州时，他率领两千步、骑兵和河东的两千骑兵决战，最后将河东军杀戮殆尽，擒其主帅之子，主帅嚎哭而退。

乾宁三年春，葛从周又奉命讨伐沧州，一举攻下德州，随后进军浮阳。这时，刘仁恭亲率大军前来。当时葛从周的随军都监蒋玄晖对众将说："大王让我来监护军队，目的是攻破敌人，取得胜利。现在刘仁恭亲率大军增援，那我们就不能再冒险和他决战，应该先放他们进城，等他们士气低落，力气和粮食消耗完了，我们以逸待劳，到时必然取胜。"葛从周反对说："用兵重在抓住战机，而战机关键要看将领的决断，并不像监军说的那样。"于是葛从周命令张存敬和氏叔琮守卫营寨，他亲自率领乾宁军出击，大败燕军，斩首三万多，擒获敌将校马慎交以下一百多人，夺得战马三千匹。

【晚年善终】

天复元年（901），葛从周和氏叔琮讨伐太原，葛从周从土门路进军，和其他各军在晋阳城下会师，后因粮草接济不上，不得不班师回朝。不久，葛从周就患病了，恰逢青州将领刘鄩攻陷了兖州，梁太祖派他领军前去讨伐，葛从周带病上阵，和刘鄩斗智斗勇两年多，终于刘鄩投降，兖州这一要地最终被太祖占据，葛从周因此被授予检校太傅。因为葛从周患病很长时间了，就让康怀英接替了他的职务，授予他左金吾上将军，由于葛从周患有风病，不能上朝朝拜，因此又赐他右卫上将军荣誉，让他退休，在家养病。不久，又授予他太子太师，但他同样因为身体健康问题而退休。梁末帝即位后，下诏授予他潞州节度使，让他在别墅静养，享受朝廷俸禄，加开府仪同三司、检校太师、兼任侍中，封为陈留郡王，他的食邑累计达到七千户。梁末帝还让近臣带着天子旌节到别墅赠给他。贞明（915～921）初年，葛从周在家中去世，被追封为太尉。

论赞

史臣曰：葛从周凭借自己的勇敢善战，侍奉猜忌之心很强的君主，而能够在战马上获取功名，最后得以寿终正寝。平心而论，这就是所说的贤人了。

刘鄩列传

刘鄩,五代时后梁名将,精于谋略,有"一步百计"之称。起初为唐朝将领,后兵败投降梁太祖,备受重用,官运亨通,为梁征伐一生,后因谗言被梁末帝赐毒酒。死后被追封为中书令。

【累世为官】

刘鄩是山东密州安丘县人,世代为官,祖父刘绥曾任密州户掾,后来多次升迁,官至左散骑常侍。父亲刘融曾任安丘县令,也多次加官至工部尚书。刘鄩年幼的时候就怀有远大的志向,喜好行军打仗的谋略,读了很多史书传记。唐朝中和(881～885)年间,刘鄩参军,当时在青州节度使王敬武手下任小校。王敬武死后,三军推举他的儿子王师范做留后,朝廷当时任命崔安潜镇守青州,青州人不接受朝廷的任命。棣州刺史张蟾打算袭击王师范,被王师范觉察,于是王师范派遣都指挥使卢弘攻打棣州,怎知卢弘反倒与张蟾勾结,假装率军赶回,目的是袭击王师范。王师范得到消息后,就设下伏兵迎接卢弘,接着假意设宴招待他。事前,王师范告诉刘鄩:"卢弘到了以后就立即将他斩首。"刘鄩遵照之前的约定,在酒席上斩杀了卢弘,和卢弘一起作乱的人也被诛杀了。王师范因此任命刘鄩做马步军副都指挥使,并率军攻下了棣

州,杀死了张蟾,于是朝廷授予王师范平卢节度使。光化(898～901)初年,王师范上表朝廷推举刘鄩做登州刺史。一年后,又到淄州任刺史,掌管行军司马一职。

【智守兖州】

天复元年(901),唐昭宗到了凤翔。梁太祖率领四镇的军队在岐下迎接,实际是要挟持唐昭宗。李茂贞和宦官韩全诲伪造皇帝诏书,号令天下的军队到凤翔救援唐昭宗。王师范看到诏书后,内心感慨万千,激动地流下眼泪。梁太祖大部兵马在凤翔,王师范派遣心腹将领乘虚袭击梁太祖管辖区内的各州郡。本来各地约好在同一天发兵的,但是消息泄露出去,派出的大部分将领都失败了,只有刘鄩率领偏师攻陷了兖州,最后占据了郡城。

在进入兖州之前,刘鄩派探子假装成卖油的人,混进兖州城,打探城内的虚实,并寻找可以进入兖州的通道。后来,发现了城下有一个水洞,可以率军队从那里进城,于是在那里

在外，州城被刘鄩占据了，葛从周的家眷都还在兖州城内。刘鄩妥善安抚葛从周的家眷，把他们移到其他地方住下，按照礼节给他们提供生活用品，并经常登门看望葛从周的母亲。到后来葛从周攻打兖州城的时候，刘鄩用木板做了辆车，请葛从周的母亲登上城楼。母亲告诉葛从周："刘将军对我很好，无微不至，和亲生儿子没什么分别，你的妻子也有了地方住下，并没有失去容身之所。刘将军和你各为其主，你自己要想明白。"葛从周没有办法，叹息不已，率军撤退了。城中年老患病的人、妇女、游手好闲的百姓不能用来守卫城池，刘鄩就把他们挑选出来，全部送出城外。他和守城的将士同甘共苦，把自己的衣服和粮食拿来分给士兵，一同抵御城外的敌人，整顿军纪，严令禁止军队的粗暴行为，城中的百姓安然无恙。葛从周包围兖州已经很久了，刘鄩又没有外援，城中的人渐渐萌生去意，想要离开。一天，副节度使王彦温越城逃跑，守城的士兵也跟着他一起逃跑，刘鄩的守兵不能制止他们逃跑，刘鄩就派人在城楼上很镇定地对王彦温说："希望副使少带些人出去，如果不是王将军以前安排的人就不要带走。"并向城内的人传话："如果是以前王将军安排的人就不要禁止，但是擅自离开的人就会被灭族。"守城

宫中图·五代·佚名

留下标记。刘鄩把自己打探到的消息告诉了王师范，并请求王师范给他五百步兵。晚上，刘鄩率军队衔枚从水洞悄悄进城，一个晚上就平定了兖州，城内一切如常，百姓没有受到丝毫打扰。

梁太祖命令葛从周率军攻打刘鄩。当时葛从周任兖州节度使，但他领兵

的军民听到后很迷惑，那些跟着逃跑的人也都停了下来。城外的军队听说后，果然怀疑王彦温逃跑有诈，立即在城下把他斩首，城内的守军看到后，军心马上稳定下来。

【转投太祖 备受倚重】

后来王师范的兵力渐渐衰微，陷入窘境，葛从周就用祸福的说法诱导刘鄩，想让他洗心革面投降。刘鄩回答说："等青州本使投降了，我就把城池归还给你。"天复三年十一月，王师范兵败投降，由于他之前派行军司马刘鄩领兵攻占了兖州，王师范向梁太祖求情，饶恕刘鄩的罪过，并把这一消息告诉刘鄩，让他出城投降。梁太祖表彰了刘鄩忠贞的节操和英雄气概，认为他有李英公的风范。

刘鄩投降以后，葛从周准备了服装和马匹，请刘鄩回到大梁。刘鄩说：

"我还没有收到梁王赦免我的旨意，如果骑着肥壮的马匹，穿着裘衣，就是不敬，我不敢听从你的意见。"于是他穿着普通的衣服，骑着驴子出发去大梁。等到快拜见梁太祖时，梁太祖下令赐给他衣服和帽子，刘鄩说："我是被囚禁的俘虏，有罪在身，请把我绑了进去。"梁太祖没有答应。拜见的时候，梁太祖抚慰了刘鄩很久，并且倒酒给他喝，刘鄩以酒量小推辞拜谢梁太祖。梁太祖说："你当年攻取兖州的时候，气量是多么大啊！"没多久，梁太祖就任命他为元从都押牙。当时梁太祖帐下大将很多，都是他起兵时四镇的旧将，而刘鄩以降将的身份，一下子成为他们的上司，和他们相见时，各位将军都要向他行礼，而刘鄩处之泰然，梁太祖十分惊奇，更加倚重他，没多久就提升他为鄜州留后。

乾化三年（913），刘鄩为母亲守

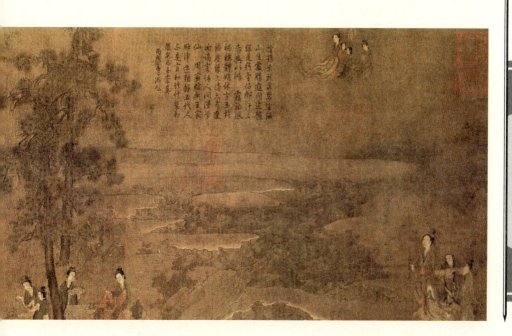

丧，丧期还没满，朱友珪就起用他。朱友珪登上帝位后，对刘鄩特别倚重。第二年就诏刘鄩返回朝廷，授予他开封府尹，兼任镇南节度使。不久，晋军攻打河朔，刘鄩奉命和魏博节度使杨师厚击败了他们。这年九月，徐州节度使蒋殷占据徐州城叛变，朝廷让福王朱友璋镇守徐州，蒋殷拒绝接受朱友珪代任，梁末帝就派刘鄩和牛存节率兵攻打徐州。蒋殷向淮夷求援，杨溥派大将朱瑾领兵救援，刘鄩率军迎击，打败了他们，贞明元年（915），攻陷了徐州，蒋殷全族自焚。刘鄩在灰烬中找到了他的尸体，砍下他的脑袋献给梁末帝，梁末帝下诏封刘鄩为检校太尉。

【竭忠尽智】

贞明元年六月，晋王攻入魏州，刘鄩率一万精兵从渭水行进到魏县。

阆苑女仙图·五代·阮郜

晋王亲自来窥探刘鄩军营，刘鄩获知消息后，设下伏兵，等晋王到来后，就让士兵大声叫着向前推进，把晋王包围了好几圈，消灭了很多敌人，最终晋王只身逃离。这个月，刘鄩悄悄从黄泽出兵奔赴太原，临行前，担心被魏军追击，于是就扎了很多稻草人，把旗帜插在稻草人身上，用驴子驮着草人让它们靠着墙走动。几天后，晋军才觉察。这时刘鄩的军队已经到了乐平，但逢上连续十几天的大雨，军队无法前进，不得不整顿军队回返。魏的临清是储存粮食的地方，刘鄩准备率军攻占这个地方，但是遇上晋军将领周阳五从幽州领兵五万赶到，刘鄩于是攻取贝州。在堂邑又与晋军遭遇，刘鄩击退了晋军，追赶了五十多里，在莘县屯兵，增设壁垒，疏浚护

🌸 邢窑白釉骑象人物烛台（一对）·五代

城壕沟。从莘县到黄河，修筑了道路运送粮饷。

这年八月，梁末帝下诏给刘郡说："境外的一切事务就全部托付给将军了。河朔各州的军队都疲惫不堪，灾难也一天天滋生蔓延，退守到黄河岸边，时间久了就失去斗志。昨天东面的官员送来奏章，都说仓库的粮食消耗完了，军需也接济不上，那些服役的人，经常被抓捕，天天辗转反侧，满怀恐惧。将军和国家兴衰休戚与共，应当谋求良策，如果知道敌军人数不多，最好设计尽快消灭，那么我所继承的重任，也就无愧先人了。"刘郡上奏回答说："我蒙受国家很多恩惠，掌管军务，怎敢不枕着戈矛睡觉，为国尽忠呢？先前，我打算攻取太原，截断敌人的归路，再向东收复镇州、冀州，消灭那里的敌人，再过十天，扫清河朔的敌军。没料到老天酝酿灾难，国家动乱还没有安定，军队刚刚出动，就接连下了十多天雨，

粮草消耗殆尽，士兵也感染了瘟疫。我十分担心，军队变乱了不好统领，于是询问士兵们的意见，他们都想回来。每次驻军都呈掎角之势设营，想断绝敌军粮道，占据临清。我率军绕道宗城，遇到大量敌军突然杀到，他们的骑兵速度极快，变化如神，无奈之下退守莘县，深沟高垒，休整操练士兵，时时严密戒备。派人侦探敌营，他们人数很多，楼烦的人都会骑马射箭，是我们最强劲的敌人，不敢轻易谋取。如果我有机会，又怎么会坐视患难滋生。我心里时刻为国家着想，苍天可以证明。"梁末帝又派人催问他获胜的策略，刘郡当时进退两难，于是回答说："我不懂奇术，只要给每个士兵十斛粮食，等粮食吃完的时候敌人也就被攻破了。"梁末帝知道后很生气，于是斥问刘郡："将军积蓄粮食究竟是为了充饥还是破敌？"并派遣宦官督战，催促刘郡速战速决。刘郡召集将领们商议说："皇上深居宫中，不懂得行军作战，和宦官共事，一定会坏事的。大将领兵出征在外，君命有所不受，要善于随机应变，怎么能预先谋划好。如今揣摩敌人动静，不能轻举妄动，各位日后再商议吧。"但当时的各位将领都想战，刘郡很失望，沉默不语。过了几天，他又召集各位将领商议，为每个人准备了一杯黄河的水，接着命令他们喝下。众人不明白他的意图，有的人喝了，有的人推

辞了。刘鄩说："喝一杯水就这么困难，滔滔不绝的黄河水能喝完吗？"众人听说后脸色都变了。过了几天，刘鄩率领一万多人逼近镇、定的军营，当时刘鄩的军队突然杀到，敌军很混乱，被俘和被杀的人很多。不久，周围的晋军陆续赶过来，刘鄩不得已退兵。

【遭谗被害】

开平二年（908），刘鄩从莘县率军袭击魏州，和晋王在故元城交锋，梁军失利，刘鄩向南逃去，从黎阳渡过黄河来到滑州。不久，被授予滑州节度使，奉诏在黎阳屯军。第二年，晋王调集所有军队攻打黎阳，刘鄩击退了晋军。刘鄩回朝，再次被授予开封府尹，兼任镇南节度使。这年，河朔失陷，朝廷把责任推到刘鄩头上，刘鄩内心不安，上表请辞。九月，梁太祖罢免他平章事，降为亳州团练使。当时淮军侵略蔡、颍、亳三郡，刘鄩奉命渡过淮河，在霍丘大败乱党。开平五年，兖州节度使张万进反叛，并且勾结晋人作为援军，梁末帝又派遣刘鄩攻打兖州，任命刘鄩为兖州安抚制置使。这年冬天，兖州小将邢师遇暗中策应刘鄩，占据了兖州，刘鄩砍下张万进的头颅献给梁末帝。十一月，刘鄩因战功被授予泰宁军节度使、检校太尉，恢复同平章事。

开平六年，刘鄩被任命为河东道招讨使，和华州的尹皓一起攻打同州。在此之前，河中的朱友谦袭击并占领了同州，任命自己的儿子朱令德为留

后，并上表朝廷，要求任命自己为节度使。梁末帝很生气，命令刘鄩攻打他。这年九月，晋军将领李嗣昭率军援助朱友谦，刘鄩在同州城下和晋军交战，梁军失利，刘鄩带败兵逃到黄河南岸，过河时由于桥梁垮了，梁军被淹死了不少。刘鄩带领剩下的军队退守到华州。在这之前，刘鄩和朱友谦有姻亲，等到梁军西征到达陕州时，刘鄩派使者把征讨檄文送给朱友谦，用福祸的言论开导他，想诱使他回归梁国，结果朱友谦拒绝了，就这样停滞不前一个多月。在朝中，尹皓、段凝等人一直就很嫉妒刘鄩，于是他们捏造说刘鄩故意停止不前，让敌军休整等待援兵。梁末帝听信了谗言。等到后来刘鄩兵败时，诏令他回到洛阳，刘鄩很害怕，没敢回去。河南尹张宗奭奉梁末帝密令，逼刘鄩喝毒酒身亡，享年六十四岁。死后梁末帝下诏赠他中书令。

论赞

史臣曰：刘鄩以谋略自命不凡，贺瑰因为忠勇坚毅受到称赞，康怀英凭借骁勇善战辅助君主，王景仁忠贞正直报效国家，按他们的功绩来论，都是名将。但他们虽有善战的功劳，也有败军的罪责，从这里可以看出打仗没有常胜的，这怎么会是虚妄的言论啊！但刘鄩占领兖州，对王师范极其忠诚，和李英公相比也差不多，和另几个人相比，又更胜一筹啊。

后唐武皇本纪

后唐太祖李克用，是后唐的奠基者。他年轻时就非常勇猛，善于骑射。后来，朝廷讨伐他，他和父亲李国昌逃亡达靼。适逢黄巢叛乱，势力越来越强大，李克用率军屡次打败黄巢的部队，因功受到朝廷的封赏。后来，他和汴州主帅朱温结下仇怨，接连争战多年，互有胜负。李茂贞等人侵犯京师时，他又带兵勤王，护卫皇帝。但他用人不当，刘仁恭、李罕之等人后来陆续都背叛了他。在晚年时，他的势力逐渐衰微，无法救援京师，也无力和朱温抗衡。在他死后，他的儿子李存勖才最终打败了朱温。

▶【少年神异】

太祖武皇帝李克用，原姓朱耶，祖籍是陇右金城人氏。他的父亲李国昌，原名赤心，是唐朝的朔州刺史。咸通（860～874）年间，赤心因讨伐庞勋立下功劳，入朝担任金吾上将军，赐姓李，名国昌。后来出任外官，担任振武节度使，不久受到吐浑的袭击，退守神武川。武皇是李国昌的第三个儿子，出生于大中十年（856）。他的母亲怀孕十三个月，临产之时生命垂危。族人十分害怕，于是到雁门买药，遇到一位怪异的老人，告诉他们说："这不是巫师或医生能治疗的，你们赶紧回去，让所有人身穿铠甲，手持旗帜，擂击战鼓，纵马大呼，在孕妇的住所急跑三圈。"族人依计而行，果然顺利生下了武皇。武皇会说话时，就喜欢说军中的用语，几岁就善于骑马射箭，与同龄人赛马游戏时，每次必能胜出。十三岁时，他看见两只野鸭在天空飞翔，连发两箭，野鸭应声落地，众人都很佩服。

李国昌征讨庞勋时，武皇十五岁，他随父出征，冲锋陷阵，比众将领都要勇猛，被军中称为"飞虎子"。平定庞勋后，李国昌被任命为振武节度使，武皇被任命为云中牙将。他在云中时，醉后曾经拥着歌伎入睡，有个侠客手持利刃，想要杀死他。刺客冲入内室时，只见帐中燃起熊熊烈火，

于是十分惊骇，赶紧退出来。武皇又曾经和达靼人比输赢，达靼人指着空中的两只雕说："你能一箭射中它们吗？"武皇二话没说，立刻弯弓搭箭，两只雕应声落地，达靼人为之心服。他成人后，担任云中守捉使，为防御使支谟效力。有一次早晨，他和同僚聚集在官署，他开玩笑地坐在支谟的座位上，支谟也不敢责备他。

【出逃达靼】

乾符三年（876），云州防御使段文楚因为遇到饥荒，就削减军粮，引起将士们不满。武皇当时担任云中防边督将，部将程怀素等人于是簇拥着武皇进入云州，兵力上万人。城中也响应他们，将段文楚囚禁起来，然后开城迎接他们。朝廷知道后，征集各路兵马讨伐武皇。两年后，黄巢渡过长江，势力越来越猖獗，朝廷认为此时征讨武皇不妥，于是任命武皇为大同军节度使。乾符六年春，朝廷再度诏令昭义军节度使李钧率兵征讨武皇。官军大败，李钧身中乱箭而死。

广明元年（880）春，朝廷再次任命元帅李涿率兵讨伐李国昌父子。李国昌战败，于是率领族人投奔达靼人。几个月后，达靼人对李国昌心生猜忌。武皇知道后，多次召集达靼族的豪杰之士到野外打猎或者比赛，射击百步之外的树叶等物，武皇每次都能射中，如有神助，达靼人因此大为折服，不敢暗中生事。不久，黄巢渡过了长江和淮河，武皇杀牛设宴，款待达靼人的首领。酒兴正酣时，武皇说："我们父子受到贼臣的离间，无法报效国家。如今黄巢进犯江、淮等地，成为中原的大患。如果有一天，天子赦免了我们父子，诏令我们率兵救难，我和你们向南去平定天下，这才是我的心愿。人生光阴短暂，怎么能老死在沙漠中呢？你们努力吧。"达靼人这才知道武皇无心留下来，于是才消除了隔阂，放下心来。

【平定叛军】

中和元年（881），黄巢的兵力越来越强盛。李国昌的族兄李友金上奏

🔴 平林霁色图卷（局部）·五代·董源

皇帝，请求让李国昌父子率军讨伐黄巢。皇帝于是任命武皇为雁门节度使。武皇率领两万兵力，向南出发，前往京师。太原的郑从谠派兵据守石岭关，武皇率兵攻击到城下，然后派人赠送给郑从谠钱财马匹等物，这才向南而去。中和三年，征讨黄巢的各路兵马聚集在京城附近，但都不敢与敌军交战。武皇快到时，敌军这才心存畏惧，说："李克用的军队到了，我们应该避其锋芒。"不久，武皇与黄巢的部将尚让交战，尚让大败，黄巢逃离京师。武皇于是收复了京城，被朝廷任命为检校左仆射、河东节度使。

武皇收复长安后，军势十分强盛，各路兵马都很畏惧他。他一只眼睛有点瞎，因此被人们称为"独眼龙"。时年二十八岁。但黄巢和蔡州叛军联合，势力依然很强盛。中和四年，武皇率领五万士兵，再次在太康大败尚让，被杀或被俘的敌军士兵不计其数。此后不久，武皇再次在王满渡（今河南中牟北）和汴水等地，多次打败黄

巢的军队。黄巢于是带着妻子兄弟上千人，向东逃窜，武皇一直紧追不舍，直到曹州。

【唐梁结怨】

武皇班师回朝，经过汴州时，汴州守将设宴犒劳。汴州守将素来忌恨武皇，于是暗中想谋害他。武皇浑然不知，喝了很多酒，并调笑陪侍的歌伎，武皇身边的随从等人也都喝醉了。不久，伏兵出动，猛攻武皇的住所。武皇正大醉不醒，忽然听到大声喧哗，随从十多人正奋力抵抗伏兵。侍卫郭景铢见状不妙，赶紧吹灭了蜡烛，扶起武皇，用毯子裹住他，藏在床下，又用水将他浇醒，说："汴州守将想要谋害您！"武皇这才睁开眼睛，一跃而起，拉弓抵抗敌军。不久，雷声大作，大雨倾盆，武皇找到随从薛铁山等人，趁着雷电交加，登上尉氏门，从城上吊着绳子滑下来，返回到自己的军营。监军陈景思等人都遇难被害。武皇回营后，和刘夫人相对痛哭。天明后，他准备集结军队，攻打汴州，夫人劝住了他，让他不要授予别人口实。武皇这才作罢，只是派人送檄文给汴州守将。守将回答说："昨晚的事情，不是出于我的本意，是朝廷所谋划的。"武皇回到太原后，自认劳苦功高，却被汴州守将所暗算，于是向朝廷上表，申述此事。朝廷

人马图·五代·李赞华

大为恐慌，派内臣前去安抚慰劳，并封他为同平章事、陇西郡王。

武皇和河中王重荣关系亲密，观军容使田令孜擅权，心中忌恨他俩，于是在光启元年（885），将王重荣调任定州。武皇随即上表，弹劾李昌符和朱玫性情邪恶，庇护朱温，请求率兵征讨。皇帝劝令他们和好。不久，朱玫出兵攻打王重荣，武皇率军渡过黄河，和朱玫交战。朱玫大败，武皇进入京师，皇帝逃往凤翔，武皇随即退回到河中。次年，武皇上呈奏章，请求皇帝返回京师。

【扩充势力】

文德元年（888）二月，僖宗回到京城后，不久驾崩。昭宗即位后，任命武皇为检校太师，并兼任侍中、陇西郡王。河南尹张全义率兵前往河阳，袭击李罕之，李罕之逃出，前往归附武皇。武皇派兵护送他回河阳，汴州军队闻讯赶来阻击。于是武皇任命李罕之为泽州刺史。

大顺元年（890），幽州的李匡威和汴州守将合谋，上表朝廷，请求讨伐太原（即武皇），宰相张濬等人也予以支持。六月，皇帝任命张濬为招讨使，京兆尹孙揆为副使，率兵征讨武皇。八月，武皇的部将李存孝擒获了最新任命的昭义节度使孙揆。当初，孙揆赴任时，途经黄岭路，李存孝得知后，率领三百名骑兵，埋伏在长子县的山谷中，等孙揆赶到时，李存孝突然从谷口冲出，将他擒获，押送给

武皇。武皇对孙揆说："你本是官宦之家，不急不躁，自然可以做到高官，何必要如此急于求进呢？"孙揆无言以对，武皇将他囚禁在晋阳的监狱。武皇想要任命孙揆为副使，派人开导他，孙揆却出言不逊，于是武皇将他处死。

起初，武皇有恩于刘仁恭。幽州节度使李匡威、李匡俦兄弟内讧，后来李匡俦夺取了节度使的职位，安塞军守将刘仁恭带领部族，投奔了武皇，武皇厚待他。乾宁元年，武皇攻打新州时，李匡俦派兵救援，被武皇打败。随后，武皇在居庸关再次打败燕军。李匡俦弃城出逃，途中被杀。乾宁二年（895），武皇进入幽州，幽州守将投降。武皇应燕人的请求，任命刘仁恭担任幽州留后，又留下心腹燕留德等十多人分管军政大事，然后才撤军而退。

【靖难勤王】

乾宁二年六月，凤翔李茂贞、邠州王行瑜和华州韩建等人叛乱，并以觐见皇帝为由，大肆掠夺京师。武皇于是上表声讨三人的罪行，并传布檄文，准备讨伐三人。不久，右军指挥使李继鹏等人在京师发动叛乱，想将皇帝劫持到凤翔。皇帝出逃到石门。不久，李茂贞率领三万士兵到达至螯屋，王行瑜也率军来到兴平。武皇听说后，想到石门去迎接皇帝，于是进军驻扎在渭北。皇帝派遣延王等人赐给武皇衣酒等

物，并让延王以兄长之礼侍奉武皇。延王传达天子的密旨说："如果不是你赶来此地，我早被叛贼俘获了。你暂且宽免李茂贞，与他和好，等将王行瑜处斩后，我再和你商议。"武皇上表请求皇帝回到京师。皇帝回宫后，加授武皇为守太师、中书令、邠宁四面行营都统。不久，武皇就打败了王行瑜，王行瑜也被部将杀死。武皇再次上表，请求征讨李茂贞，皇帝不答应。武皇私下里对皇帝的使臣说："揣摩主上的心思，似乎疑心我别有所图，我还能说什么呢？只是祸患还没除去，让人担忧啊。"又上奏皇帝说："我统率大军，不敢私自入朝觐见。"

【轻敌兵败】

乾宁三年，武皇和汴州军队交战，战争难分胜负，于是武皇向幽州等地征兵，刘仁恭却借口契丹入侵，等敌军退去后再率兵前来。次年七月，武皇再次向幽州征兵。刘仁恭的回复傲慢不逊，武皇写信责备他。刘仁恭收到信后，破口大骂，将信扔到地上，并囚禁了信使。八月，武皇大举讨伐刘仁恭。军队驻扎在蔚州，清晨大雾弥漫，昏天暗地，占卜的人说不能深入敌境。武皇不听，就攻打安塞，不久有战报说："燕军将领单可及率领

越窑葵口碗·五代

骑兵赶到了。"此时，武皇正置酒宴饮，先锋又报告说："敌军到了。"武皇问："刘仁恭在哪里？"先锋回答说："只见到单可及等人。"武皇瞪大双眼，发怒说："单可及这样的区区小辈，哪里配当敌人！"于是催促军队出战。武皇趁着醉意和敌军交战，燕军所向披靡，在木瓜涧大败武皇。不久，雷雨大作，燕军撤军而去，武皇这才酒醒过来。不久，刘仁恭就派遣使者，向武皇请罪，武皇也致信作答。

【势力日衰】

光化元年（898），凤翔节度使李茂贞和华州刺史韩建都写信给武皇，请求和好，共同辅佐王室，武皇答应了。不久，皇帝从华州回到京师，想要让诸侯和好，就诏令武皇和汴州守将和解。武皇不肯先表达和解之意，于是写信给王镕，请他转述和解之意。于是汴州主将和武皇就此和解了，但不久双方又互相开战。同年十二月，潞州节度使薛志勤死后，泽州刺史李罕之擅自率军进入潞州，背叛了武皇。他写信给武皇，声称潞州无帅，自己担心有变，于是就擅作主张，出兵镇

守潞州了。武皇派使者谴责他，于是李罕之就归附了汴州。武皇派人前去讨伐泽州，收捕了李罕之的家属，押送到晋阳。

此后，汴州军队不断攻陷武皇的辖境。天复元年（901），汴州军队攻打河中，武皇的女婿王珂是河中主帅，无力抗敌，只好献城投降。从此，武皇再也无力救援京师，势力逐渐衰弱。天祐元年（904），汴州主帅强迫皇帝迁都洛阳。八月，汴州主帅唆使朱友恭在昭阳宫弑杀了昭宗，拥立辉王即位。告丧的使者来到晋阳后，武皇面向南方，大声恸哭，并让全军将士为昭宗服丧。天祐四年，皇帝将帝位禅让给汴州主帅，改元为开平，国号为大梁。同年，四川王建派遣使者来见武皇，并劝武皇各自在一方称王，等击败梁军之后，再访求唐朝的宗室后裔，继承帝位，然后各自回到藩镇。武皇没有采纳他的建议，并回复王建说，自己累代受到唐朝的恩惠，将继续保持为臣之道，忠于朝廷，讨伐叛贼。

【临终嘱托】

天祐四年十月，武皇生病了，当时，晋阳的城墙无缘无故就自行毁掉了，占卜者认为这是恶兆。次年正月，武皇在晋阳病重而死，终年五十三岁。他留下遗诏，让葬礼从简，发丧后二十七天就除掉丧服。庄宗即位后，追加谥号为武皇帝，庙号为太祖。

据说，武皇临死前，曾经将三支箭交给庄宗，说："第一支箭是为了讨伐刘仁恭，你如果不先攻克幽州，就无法获得黄河以南的国土。第二支箭是为了讨伐契丹，我和安巴坚曾经结为兄弟，发誓共同复兴唐朝，他如今背叛誓约，归附叛贼，你一定要讨伐他。第三支箭是为了灭掉朱温。你如果能完成这几件事，我就死而无憾了。"庄宗将这三支箭藏在武皇的庙庭。在讨伐刘仁恭时，就将僚佐祭祀武皇，取出一支箭，盛在锦囊中，派遣亲信的将领背在身上。凯旋之后，就用刘仁恭的头颅祭祀武皇。后来讨伐契丹和灭掉朱氏政权时，也都这样。

论赞

史 臣曰：武皇从阴山发迹，为朝廷纾解祸难，平定叛贼，被赐予李姓，并受封占有了汾、晋等地，称得上是功臣。然而，他虽然护卫天子，却也威胁到天子的威势。后来，他势力衰微，无法救援京师，又在并、汾等地屡屡受挫，如果不是他的儿子庄宗英武有才，就难以兴起王室的大业。他的功劳比不上周文王，而建国创业之功，也比不上魏太祖。将他的谥号追赠为"武"，已经很幸运了。

李嗣昭列传

李嗣昭是五代时后唐的大将，尽忠事主，深得唐武皇李克用的重用。他骁勇善战，精于兵法韬略，屡次战胜当时兵力强盛的梁太祖，后来在唐庄宗时期，不幸战死沙场。

▶【英雄少年】

李嗣昭，字益光。他是武皇的弟弟代州刺史李克柔的养子。他处事十分谨慎，为人也忠厚质朴。虽然身材很矮小，但是精明勇敢，又很有胆略，超出了常人。李嗣昭年轻的时候，沉迷于喝酒作乐，武皇知道后对他加以警戒管教，从此，他就再也不喝酒了。

李嗣昭从小就跟随武皇四处征战，善于用兵打仗。乾宁（894～898）初年，王珂和王珙为争夺河中的统率职位，互相残杀。王珙率兵猛攻王珂，王珂就向武皇求救。武皇下令让李嗣昭率兵支援。李嗣昭打败了王珙，并俘获了敌将李璠等人。乾宁四年（897），李嗣昭改任衙内都将，再次率军支援河中，在胡壁堡大败梁太祖的军队，活捉了梁将滑礼，因功被授任为检校仆射。后来王珂请求和武皇通婚，武皇把女儿嫁给了王珂。武皇到太原办理婚事时，临行前任命李嗣昭为河中留后，全权处理河中事务。

李罕之袭击并攻克了潞州（今山西长治），李嗣昭于是率兵前去征讨。

他在含口打败了梁军将领丁会，并俘获了三千名梁军士兵。随后他率军进攻潞州，并派遣部将扼守天井关。当时的泽州刺史刘岊听说后，弃城逃跑了，于是李嗣昭就任命李存璋为泽州刺史。梁太祖听说李嗣昭的大军赶到，于是召集大将葛从周商议说："并州军如果在高平驻扎的话，就应当包围他们，然后再攻打，进攻的时候应采取野战，要避开李嗣昭的军队。"后来，梁太祖又得知李嗣昭在韩店驻军，于是梁太祖再次召集部将告诫他们："李嗣昭占据了咽喉要道，进可攻，退可守，他是决意要和我们作战，大家要相机行事，不要中了他的奸计。"梁将贺德伦奉命坚守不战，李嗣昭就每天用铁骑包围城池，梁军都不敢出城放马，他们的援军也被李嗣昭阻断了。这年八月，城内守将贺德伦等人被迫弃城而逃，李嗣昭兵不血刃就收复了潞州。

▶【智勇双全】

光化三年（900），梁军攻打沧

州，刘仁恭求援。李嗣昭再次奉命率军前往邢州等地救援。他在沙河大败梁军，接着，李嗣昭挥军前进，一举攻克了洺州。同年九月，梁太祖亲自率领三万大军逼近洺州，并安排大将葛从周在青山口设下埋伏。李嗣昭得知梁太祖大军逼近，就率军撤退，在青山口遭遇到葛从周的伏兵，因此败北。十月，梁军大举进犯镇州、定州等地，守将向武皇告急，武皇于是派李嗣昭出兵。李嗣昭率军攻打怀州和孟州，河阳的梁军守将侯信毫无预备，城中又缺乏守城将士，于是把城内的百姓赶上城楼。李嗣昭指挥军队攻打北门，攻破了外城墙，眼看就要攻入城中，但这时，梁军的援军赶来了，李嗣昭只好撤兵而去。

天复元年（901），河中的主帅王珂被梁军俘获，晋、绛等郡相继沦陷。不久，汾州刺史李瑭也叛变了，向梁军投降。李嗣昭奉命征讨他，不到三天就攻克了汾州，并斩杀了叛将李瑭。同月，梁军出动各路军队，大举进攻太原。梁军大将葛从周击败了承天军，而氏叔琮也率梁军在洞涡驿安营扎寨。一时，太原四面受敌，梁军云集，武皇的境遇十分窘迫，一筹莫展。李嗣昭挑选精锐的骑兵，每天从各个城门出战，袭击梁军，斩杀并俘获了不少敌人。梁军大营或者被李嗣昭放火烧毁，或者被他

攻破，一时疲于奔命，顾此失彼。恰逢连降阴雨，很多梁军士兵脚都肿了，患了腹疾，又因为道路泥泞，梁军的粮草也日渐匮乏。不久，氏叔琮被迫领军撤退了。李嗣昭率领精锐骑兵在后追击，梁军惊慌逃窜，抛弃的粮草武器等不计其数。当时，天子在凤翔被梁军围攻，秘密下诏让各地诸侯征兵前去营救。十一月，李嗣昭奉诏向晋、绛两地出兵，屯扎在吉上堡。他率军到达平阳的时候，遇上梁军将领王友通，李嗣昭打败并活捉了他。

【尽忠事主】

天复二年正月，李嗣昭向蒲县进军，梁军将领朱友宁、氏叔琮率十万大军抗击李嗣昭。十天后，梁太祖又亲自率领大军到达平阳，李嗣昭部下的将士一时心怀恐慌。不久，氏叔琮领兵进攻周德威的大营。当时有十万梁军在李嗣昭军营四周列阵聚集，李嗣昭和周德威拼死血战，终于突围。他集合幸存的士兵撤退，

🐾 **白玉留皮雕卧马珮·五代**

梁军趁机在后追击。武皇得知李嗣昭兵败，于是派遣李存信率领牙军接应，结果援军也被梁军打败。梁军在晋祠扎营，将李嗣昭包围起来。李嗣昭和周德威召集起失散的部众，据城坚守。当时镇州、河中都被梁军占据了，李嗣昭被困在一座孤城，也没有援军，军队即将败亡。武皇不分昼夜登上城墙视察，因为忧虑过度而吃不下饭，于是武皇召集将领想要出逃到云州。李嗣昭进言说："大王不要做这种打算，只要我能活下来，就一定能守卫城池。"李存信当时对武皇说："形势危急，不如暂且撤退到契丹境内，以后再谋取中原。朱温的兵力强盛，天下无敌，关东、河北等地都在他的控制下。如今我们独守孤城，士兵伤亡惨重，倘若梁军在外围建筑房屋，开垦耕地，再把城池周围的战壕挖深加固，那我们很快就要灭亡了。"武皇准备听取李存信的意见，李嗣

🌀 **仕女图·五代·周文矩**

昭却极力谏阻，武皇一时犹豫不决。幸亏刘太妃也极力劝阻此事，武皇才打消了出逃的念头。不久，溃散的士兵再次聚集起来，李嗣昭轮番不息地命令他们从各个城门出兵，袭击梁军，斩杀敌将，梁军一时慌乱，

自救不暇，于是就烧毁了自己的营地，率军撤退了。李嗣昭趁机加以追击，收复了汾州、慈州等地。

【天兆祥瑞】

天祐三年（906），梁军攻打沧州和景州，刘仁恭派使者向武皇求援。十一月，李嗣昭联合刘仁恭的三万燕军进攻潞州，降伏了梁军守将丁会，武皇于是任命李嗣昭为昭义节度使。在李嗣昭率军赶往潞州途上，上党有个卜卦的人，看到一家房屋上有雾气聚集，就像车盖，但是进去查看后，发现里面住的是个贫穷的老太婆。占卜的人就问老人："您有儿子吗？"老人答道："有，现在参军了，在外守卫城池。"占卜的人感到很奇怪，认为这是她的儿子即将成为高官、广赐良田的征兆。没多久，丁会投降，李嗣昭率军进入潞州，因为老太婆家里空无一物，十分宽敞，于是就驻扎在老人家里。丁会被押解到太原后，武皇就派遣使者，任命李嗣昭为军队统率。李嗣昭从老人家里前去上任，不久老人屋顶的雾气就消失了，听说此事的人更加感到奇异。

【富贵不移】

天祐四年，梁将李思安率领十万大军进攻潞州。梁军筑造夹城，把城壕挖得很深，壁垒也筑得很高，将潞州城围得水泄不通。李嗣昭亲自登上城墙，安抚将士们，和他们一起守卫城池。梁太祖见李嗣昭防守严密，就想诱降他，派人飞马传书，许以高官厚禄，让李嗣昭投降。李嗣昭焚烧了梁太祖的书信，斩杀了信使，拒不投降。城中军民也上下一心，固守城池。李嗣昭曾经设宴款待各位将领，众人一起登上城楼奏乐。城下的敌军放箭射中了他的脚，李嗣昭忍痛悄悄将箭拔出来，在座的宾客都没有察觉，李嗣昭也依然畅饮如故，宛若无事。军心得以安定下来。

天祐五年五月，唐庄宗终于打败了梁军，攻破了夹城。李嗣昭得知武皇已经去世，哀痛欲绝。由于潞州城已经被围攻了很久，军民饿死了一多半，城内十分萧条。李嗣昭于是放宽刑法，减免税收，鼓励百姓耕种庄稼。过了一两年，城中又恢复了以前的繁荣气象，城池也渐渐修筑完整。当时，潞州虽然三面都和敌军接壤，强盗土匪四处横行生事，李嗣昭都一一设法应付，边境得以平安无事。

【辅佐庄宗】

胡柳之战中，周德威战死了，军队溃不成军，直到晚上才重新聚集起来。当时，四五万名梁军士兵登上了无石山，唐军士兵心怀恐慌，于是有人请求聚集军队，保卫营寨，等到第二天天亮后再出战。李嗣昭说："敌军还没来得及设下营垒，他们离自己的城池很远，现在天色已晚，他们肯定都想回去，我们只要派出精锐的骑兵不停去骚扰，不让他们顺利回去，然后我们再率兵追击，就一定能打败他们。如果现在我们撤军，敌军就会退入城中，等他们休整好后，再来攻打我们，胜负就难说了。"唐庄宗顿时醒悟，感叹说："要不是兄长的话，险些坏了我的大事！"这时，军校王建及也上献计策，于是李嗣昭和王建及分别带兵在山的南北两面扎营，互成掎角之势。梁军见状心怀恐惧，连夜逃下山，李嗣昭趁机率军追杀，杀死俘获了三万多名梁军。从此唐庄宗得以重振旗鼓。

李嗣昭曾代替周德威掌管幽州军府，后来朝廷派人接替他，李嗣昭出剑门的时候，当地百姓在道路两旁送别，哭泣着不让他离去，有人拦住了他的坐骑，跟他道别，李嗣昭一时竟然脱不了身，只好在半夜的时候偷偷离开。

【身死报国】

天祐十七年（920），李嗣昭从德胜回到藩镇，唐庄宗在军帐里为他设宴饯行。酒兴正酣时，唐庄宗哭泣着对李嗣昭说："河朔的百姓为我们运送军需，已经长达十年。现在，他们都急切地盼望着我们早日打败梁军。可如今我们兵力不足，敌寇横行如故，我们吃着百姓运送的军粮，却不能安定天下，真是心中有愧啊！"李嗣昭回答说："我也深感愧疚，每次一想到这儿，就睡不着觉。大王暂且以大局为重，善待百姓，休养生息。等我回到守地，一定精兵简政，在岁末年初的时候，

会再次率兵前来。"唐庄宗听后，从饭桌上站起来，用家人之礼来送别他。

天祐十九年，唐庄宗亲自率军征讨张文礼。这年冬天，契丹的三十万大军突然杀来，李嗣昭跟随唐庄宗率军迎击。当时契丹骑兵把他们包围了几十层，他们突围很久都没成功。李嗣昭于是亲自率领三百名精锐骑兵，突破包围圈，来回冲杀，出入十几个回合。契丹军见他如此神勇，就撤退了，李嗣昭趁机掩护唐庄宗安全撤回。当时，阎宝被镇州人打败，唐庄宗退守到赵州，命令李嗣昭取代阎宝攻打真定（今河北正定县以南）。这年七月二十四日，王处球出兵抵达九门，李嗣昭就设下伏兵，等敌军到达后，他出动伏兵攻打，几乎将敌军全部歼灭，只剩下三个人藏在城墙的废墟里。李嗣昭于是骑上战马，向废墟射箭，结果被敌人的箭射中脑袋。当时，李嗣昭箭袋中的箭已经用完了，他就从自己头上拔出箭，一箭射死了敌人。傍晚的时候，他回到军营时，伤口流血不止，当晚就去世了。

论赞

史臣曰：李嗣昭精明能干，勤奋勇敢，从而辅佐帝王治理天下，完成大业，最终为君王战死，成为了忠烈之臣。但是他的后代都没能避免杀身之祸，这是什么缘故呢？也许是因为子孙聚敛了太多钱财，以至于变得很愚钝了。

卷六十三

张全义列传

张全义是唐末五代时洛阳地区的长官，唐昭宗赐名全义。他出身农家，唐末参加黄巢领导的起义军。黄巢兵败后，张全义归附河阳节度使诸葛爽，授泽州刺史。光化二年，李罕之占领河阳，任命张全义为河南尹。镇守洛阳。从此他经历唐、后梁、后唐。除一个短暂时期外，长期任河南尹。后唐同光四年，魏州（今河北大名东北）发生乱事，他保荐李嗣源进讨。李嗣源被部下劫持。张全义十分惊惧，不食而卒。

白话精编二十四史

第六卷

【为唐效力】

张全义，字国维，濮州临濮（今山东鄄城西南）人。他本名叫居言，全义是赐名，梁太祖时改为宗奭；庄宗平定河南后，他又改为全义。他的祖父叫张璨，父亲叫张诚，世代都是农民。张全义当初在县里担任啬夫时，曾经受到县令的侮辱。

乾符（874～879）末年，黄巢在冤句起兵，张全义投奔黄巢军队。黄巢占领长安后，任命他为吏部尚书，充任水运使。后来，黄巢兵败，张全义于是前往河阳（今河南孟县东南）依附诸葛爽，经多次升迁后担任副将。他屡立战功，诸葛爽举荐他担任泽州刺史。

光启（885～888）初年，诸葛爽去世，他的儿子诸葛仲方任留后。其部将刘经和李罕之争占洛阳，在圣善寺被李罕之打败，李罕之准备乘胜攻取河阳，在洛口扎下营寨。刘经派遣张全义前去抗击，张全义却和李罕之结成同盟，回到河阳反攻刘经，结果战败。张全义于是收集余众，和李罕之据守怀州，向武皇请求援兵。武皇派遣泽州刺史安金俊前去救援，进攻河阳，刘经和诸葛仲方弃城逃向汴州，李罕之于是自领河阳，又举荐张全义担任河南尹。

张全义生性勤俭，善于安抚军民，当时虽然到处都是贼寇，他仍然鼓励百姓耕种，因此仓廪充实。而李罕之性情贪暴，不守法度，军中常常缺粮，都从张全义处得到供给。二人刚开始的时候相处甚欢，但见李罕之索求无度，又常常欺压他，张全义十分不满。文德元年，趁李罕之出军侵犯晋、绛之机，张全义乘其不备，出兵偷袭攻克河阳，随即兼任河阳节度。李罕之又向武皇求救，武皇再次派兵助他攻

层岩丛树图·五代·巨然

张全义感激梁太祖的援助之恩，从此依附于他，一切听从他的号令。

【侍奉后梁】

当初，蔡州贼将孙儒和诸葛爽争夺洛阳，常年交战，都城已是满目疮痍。张全义刚到时，街巷市民不到一百家。张全义安抚这些居民，又让部下开垦土地，招抚流散在外的人口，又政法宽厚，严禁官吏欺压百姓。几年之间，京畿地区再无荒地，编户在册的有五六万人。

后来，梁太祖逼迫昭宗东迁，命令张全义修造洛阳宫城，多年才完成。昭宗到达洛阳后，梁太祖图谋篡位，担心张全义有异议，于是让判官韦震担任河南尹，调任张全义为天平军节度使。不久，昭宗被杀，辉王即位。十月，张全义重新被任命为河南尹，兼忠武军节度使。梁太祖建国后，任命他兼河阳节度使，晋封魏王。乾化元年（911），册封他为太师。乾化二年，朱友珪弑父篡位，任命张全义为守太尉。梁末帝在汴京即位后，任命他为洛京留守，兼镇河阳。不久，又授任天下兵马副元帅。

梁末帝末年，段凝被提拔为北面招讨使，位居诸将之上。张全义知道他不能胜任，于是派遣使者禀告梁末帝，请求掌管北面的兵权，以免人情不和，败乱国政。梁末帝不听。张全义依托朱氏三十年，梁太祖末年

打河阳，恰好汴人也前来援助张全义，李罕之只好撤退。梁太祖派丁会守河阳，张全义仍然担任河南尹、检校司空。

猜忌老将，多次想加害他，张全义为了保全性命，将家财全部贡奉出来。张全义的妻子储氏，聪慧而有才识，每次进贡，都委婉地替张全义辩护。有一次梁太祖十分愤怒，急召张全义，储氏请求觐见梁太祖，大声申斥说："张宗奭不过是个种田的老翁，三十多年来，他在洛城四面开荒垦地，积累军需，供养陛下创业。如今须白齿脱，行将就木，您为什么还要猜疑他呢？"梁太祖立刻笑着对她说："我没有恶意，你不要说了。"

【卒于后唐】

后来，唐庄宗攻灭后梁，张全义自洛阳前去朝见，叩首谢罪。庄宗百般抚慰，又派人将他搀到殿上，尽情宴饮。次日下诏任命他为尚书令、魏王。第二年，庄宗在洛阳祭天，仪式结束后，任张全义为守太尉中书令，改封齐王。四年，免除其河南尹职务，授任为忠武军节度使、检校太师、尚书令。当时，明宗受到奸党的监视，闲居私宅。张全义本来就卧病在床，听说此变故后，忧心而恐惧，不能进食，终于在洛阳家中去世，终年七十五岁。天成（926～930）初年，他被追赠为太师，谥号忠肃。

张全义历任太师、中书令等职务，又晋封王位。他多次镇守洛州、河阳许州等地，做官四十年，像这样位极人臣却能得以善终的，仅有他一人而已。张全义朴实大度，敦厚务实。他并非出身士族，却爱起用文人，征用人才，只求贤能。他位至王公，却不着华服，心中信奉佛教、道教，不耽于左道，实在是难能可贵啊！庄宗抵达洛阳后，趋炎附势的人都想通过他求取恩宠，张全义却一如既往，不改往日操守。

不过张全义自小在军中长大，性情简单粗犷，凡是百姓有诉讼，常常认为先告状的人有理，由此造成很多冤屈，受到时人的指责。他又曾经因为对河南县令罗贯不满，而通过刘皇后在庄宗面前进谗言，致使罗贯无罪而死，暴尸于府门外。这也是良玉之瑕啊！

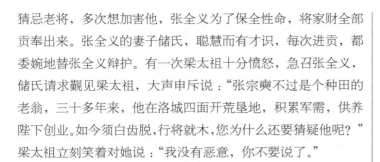

论赞

史　臣曰：张全义遭遇乱世，战功卓著，却终能免于梁太祖的猜忌，又受到庄宗厚遇，既是出于他的恭顺，也是由于其财物贡奉。《左氏传》说"以财保身"，张全义做到了这一点！

安重诲列传

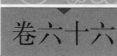

安重诲为后唐将领，长期跟随唐明宗，为他效力，深得明宗信任和重用。辅佐明宗登位，功劳最大。明宗即位后，他权倾朝野，然而才干有限，又不善保全自身，因受谗言而被贬河中。朝廷怀疑他心怀二志，派遣使者前往河中探察实情。太傅李从璋趁他跪拜之时，将他和妻子一起砸死，让他们暴尸廊下，随后清点他的家产，却总共不过几千缗。

【权倾朝野】

安重诲，他的先人本是北方部落的首领。父亲安福迁，任河东将领，在救援兖州、郓州时战死。安重诲在唐明宗即位以前，就在他身边效力。明宗镇守邢州时，任命安重诲为中门使。安重诲随从明宗征战十多年，明宗对他重用不疑，安重诲也辛勤效力以为报答。邺城事变中，其辅佐的功劳在众人之上。

明宗即位后，授任他为枢密使，不久移任左领军卫大将军。明宗亲临汴州后，安重诲建议趁机讨伐淮南，明宗犹豫不决。后来户部尚书李鏻抓获淮南间谍，间谍说："徐知诰打算献出整个吴国向唐称臣，希望得到安公的一句话作为凭信。"李鏻于是就将间谍引荐给安重诲。安重诲大喜，信以为真，于是将玉带交给间谍，让他交给徐知诰作为信物，玉带价值一千缗。

安重诲担任枢密使期间，大权独揽，其他人都不敢干预政事。他的弟弟担任郑州掌管，儿子镇守怀州、孟州。众人认为凭他的才干不能胜任其职位，日后必定招致祸患。不久，官吏李虔徽的弟弟公开宣称："看相的人说他富贵不能言尽，不久将统领军队征讨淮南。"明宗听说后很吃惊，问安重诲说："听说你培植心腹，私置军械，想要自行征讨淮南，是真的吗？"安重诲很害怕，回奏说："这肯定是奸人编造的谗言，希望陛下追查究竟。"皇帝于是召见侍卫指挥使安从进等人，询问他们的意见，他们也认为是有人蓄意离间。皇帝这才宽心。安重诲多次上表，请求解除机要职位，以平息谗言，皇上没有答应。

【因谗身死】

当时，朝廷担心东川军帅董璋倚仗天险，难以驾驭，于是任命武虔裕为绵州刺史，予以牵制，董璋干脆将武虔裕拘禁，正式反叛。石敬瑭奉命前去讨伐，因道路艰阻，粮运供应不上，明宗十分忧心。安重诲于是主动请求前往。次日，他率领数名骑兵离开京城，日行数百里，不久到达凤翔。节度使朱宏昭盛情侍奉，安重诲说："不久前我遭人陷害，几乎

文苑图·五代·周文矩

性命不保，幸好圣上明察，才苟且活命。"说着说着，悲愤落泪。安重诲离开后，朱宏昭派人上奏说："安重诲心有怨恨，不能让他到行营去，恐怕他会夺取石敬瑭的兵权。"同时，宣徽使孟汉琼自西部回朝，也奏报安重诲的过失。皇帝于是诏令他回朝。此时，安重诲已到达三泉，只得返回。再次路过凤翔时，朱宏昭拒不接纳他，安重诲心中恐慌，快马加鞭赶往京城，然而还没到京师，就接到诏令让他担任河中军帅。他到达军镇后，心中感到不安，便请求辞官告退。不久，宫中使者到来，见到安重诲后放声大哭。安重诲说："你只管说就是了，无须为我悲伤。"宦官说："有人说您心怀异志！"安重诲说："我即使身死也不足以报答皇上的恩典，怎敢怀有二心？若劳动朝廷兴师，徒增圣上的忧虑，那我的罪过就更大了！"

不久，朝廷派遣太傅翟光邺出使河中，若察觉安重诲有异志，就立刻将其诛杀。使者到达后，李从璋亲自率兵包围安重诲的宅第，然后在庭中拜见安重诲，安重诲下阶迎拜，刚低下头，李从璋趁机用棒击打他的头部。他的妻子冲过去抱住安重诲，对李从璋说："你何须这样急于下手呢？"李从璋将她的头也打碎，并脱掉他们的衣服，夫妻两人赤裸着躺在屋檐下，鲜血流满庭中。第二天，副使判官请求李从璋允许用衣服覆盖他们的尸体，李从璋允许了。李从璋随即清点安重诲的家财，却发现总计不过几千缗。议事的人认为，安重诲治理社稷功勋卓然，然而志大才短，恣意行事，因此招致杀身之祸。

论赞

史 臣曰：技艺高超的木匠尚且会伤到自己的手，更何况是代表皇帝掌握赏罚大权的人呢？所以古代的贤人，当大任、掌大权的人，无不严于律己，推让名利，以求保全自身、远离祸患。安重诲这样的人，当然难逃一死。古语说："无为权首，反受其咎。"大概说的就是安重诲吧！

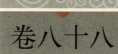
景延广 李彦韬列传

景延广和李彦韬是后晋的两个平庸之臣。景延广最初辅佐高祖，少帝即位后，景延广对契丹态度傲慢，出语不逊，最终导致两国绝交，从此契丹和晋朝为敌。契丹攻打晋朝时，他又胆小害怕，不肯迎战。后来，少帝也猜忌他，让他出任外官。契丹攻克晋朝后，擒获了景延广，用酷刑折磨他，景延广于是自杀而死。李彦韬是少帝的心腹之臣，为官昏庸，却深得少帝信任。后来，少帝被掳掠到契丹，李彦韬也随行来到契丹，死于幽州。

▶【结怨契丹】

景延广，字航川，是陕州（今河南三门峡）人氏。他少年时就箭法高明，能够挽起强弓。后来，他跟随王彦章在黄河边抗击唐庄宗。战败后，王彦章被活捉，景延广多处受伤，逃回到汴州。

后唐天成（926～930）年间，朱守殷叛乱，景延广因为是军校，也受到牵连，将要被处决。晋高祖当时掌管他的案子，因为爱惜人才，就暗中释放了他，并收他为将。张敬达围攻晋阳时，他参与军政决策，立有功劳。晋高祖即位后，对景延广委以重任。高祖临终时，景延广和宰相冯道都是顾命之臣，辅佐少帝。发布高祖去世的消息后，他禁止京城人交头接耳。百官来奔丧时，还没走到内门，景延广就命令他们下马，因此失于骄纵横暴。少帝即位后，景延广认为都是自己的功劳，更加骄傲自满。朝廷

派遣使者，向契丹报丧时，没有上表章，只送书信，不称臣，而改称孙。契丹主（耶律德光）大怒，派使者前来责问，景延广就让使者乔荣答复契丹主说："先帝是贵国拥立的，当今的皇上是中国自己册立的，没有称臣的道理。"又说："我国有十万柄宝剑，祖父如果想要交战，就早点前来。要不然，来日被孙子战败，会受到天下人耻笑，心生后悔。"从此，晋朝就和契丹为敌，连年战争不断。

天福八年（943），契丹南征，并在次年攻克了甘陵。少帝十分惊恐，御驾亲征，驻扎在澶渊。景延广担任上将，独自统率军队，少帝也无法控制他，因此大家都很害怕他，心存

疑忌。契丹到达城下后，派人扬言说："景延广让我来交战，怎么不赶快交战呢？"一天，高行周和契丹交战，寡不敌众，请求增援，景延广却按兵不动，后来高行周侥幸脱身。契丹退去后，景延广还紧闭营寨，不肯出来，士大夫都嘲笑说："昔日和契丹绝交时，你言辞何等英勇啊，如今怎么害怕成这样呢？"他在军中时，母亲死了，他移居到别处，没有住满两夜就重新处理军政事务，脸上毫无哀戚之色，普通百姓听说后都十分厌恶。

太常丞王绪和景延广不和，于是景延广就捏造谣言诬告他，派人将他捆绑到帐下，逼他招供，不久就以弃市罪处死。少帝回到京师后，景延广和宰相桑维翰不和，少帝担心景延广难以控制，于是罢免了他的兵权，让他离京，担任洛都留守，兼任侍中。他因此郁郁不得志，只是日夜饮酒作乐，不再以辅佐少帝为意。

【受辱而死】

开运三年（946）冬，契丹渡过溻水，前来进犯。少帝诏令景延广驻守孟津，他正要出发，从官署的正门出来，坐骑腾身直立，他几次坠下马来，于是改换坐骑，心中认为这是不祥之兆。后来，少帝向契丹投降，景延广狼狈逃回。当时，契丹主到达安阳后，就派遣将领率领几千名骑兵，混杂在晋朝士兵中，进入洛阳，想要捉拿景延广。契丹主告诫他们说："如果景延广逃到吴蜀等地，你们就追赶他，务必将他擒获。"而景延广顾忌家人的安危，心中犹豫不决。不久，契丹士兵就到了，于是景延广和从事阎丕被捆绑着，前来封丘拜见契丹主。

◑ 勘书图·五代·王齐翰

景延广说："阎丕是我的从事，他有什么罪过，以致被捆绑呢？"契丹主于是释放了阎丕，然后责备景延广说："让两国失和，都是你的过失啊。"当初，乔荣假称记性不好，请求景延广将转告契丹主的话记录在纸上，然后，乔荣将这些记录文字藏进衣服中。如今，契丹主召见乔荣前来对质。面对证据，景延广只好供认了。他每承认一件事，契丹主都让人用契丹的刑罚惩罚他。后来，他被折磨得趴在地上，契丹主大声呵斥他，命人将他锁拿，准备押送回契丹。当天，他们住在陈桥的百姓家中，景延广害怕再次受到折磨，在半夜里，他趁看守不注意时，就用手扼住喉咙，很快就死了，终年五十六岁。他虽然已日暮穷途，但人们认为他死得悲壮。汉高祖即位后，追赠他为中书令。

景延广小时候，曾经在洞庭湖泛舟，到湖中时忽起狂风，船帆和船桨都被毁掉了，众人都很害怕。不久，艄公指着水中说："贤圣前来护佑来了，船中必然有贵人。"于是众人得以平安登陆。后来，景延广果然做到将相。

【小人得志】

李彦韬是太原人氏，他少年时侍奉邢州节度使阎宝，阎宝去世后，晋高祖将他收在帐下。高祖起兵反叛后，让少帝留守北京，留下李彦韬作为心腹。他历任客将、牙门都校，他为人精明乖巧，因为受到重用。少帝即位后，他被任命为蔡州刺史，后来入朝担任内客省使、宣徽南院使。不久，他又挂衔为寿州节度使，并充任侍卫马军都指挥使、检校太保，很快又改任陈州节度使，并依旧掌握兵权。他长年在皇帝身边，被授予将相之职，和宦官近臣相勾结，使少帝难以了解朝廷外面的情况，最终导致国家处于危亡之中。他曾经对人说："朝廷设置的文官有什么用呢？"他曾经想要废除文官，由此可以窥见他的为政之道。后来契丹前来侵犯，少帝被迁居到开封府。一天，少帝派人紧急召见李彦韬，想要和他商讨大事，李彦韬却拒绝前来，少帝为此怨恨他很长时间。等到少帝徙居北方，契丹主派遣李彦韬随行，到达契丹后，隶属于契丹太后帐下。永康王发兵攻打契丹太后，任命伟王为先锋，太后发兵抵抗，任命李彦韬为排阵使，李彦韬却向伟王投降，被伟王安置在帐下。后来，李彦韬死于幽州。

论赞

史臣曰：景延广辅佐两位皇帝，执掌兵权，称得上是晋国的功臣。然而他昧于治国之道，向强敌口出狂言，最终使家破国亡，天下化成一片丘墟。古书上所说的"只逞口舌之快，最终遭受羞辱"，想来正是说的这种人啊！李彦韬为人趋炎附势，被委以重任而又缺乏才能，导致最终被掳掠到异邦，这也是情理中的事情啊。

卷八十九

桑维翰 赵莹列传

桑维翰和赵莹都是后晋的宰相。桑维翰辅佐晋高祖，得到了天下。后来，安重荣请求高祖讨伐契丹，高祖犹豫不决，桑维翰秘密上奏，陈说不能和契丹为敌的原因，高祖这才下定决心。高祖死后，他最初担任宰相，政绩卓著。后来，他受到冯玉等人的谗害，少帝本人也对他心怀疑忌，于是将他放任外官。契丹攻克了晋国后，少帝为了推脱责任，掩盖自己不听桑维翰建议和契丹为敌的过失，于是杀人灭口，将桑维翰杀死。赵莹是后晋的另一位宰相，他最初辅佐高祖，高祖死后，因为性情柔和谦逊，又受到冯玉等人的推荐，入朝为相。晋朝被契丹攻破后，他跟随少帝来到契丹，最终老死于异邦。

【桑维翰辅佐高祖】

桑维翰，字国侨，是洛阳人氏。他身材矮小，脸却很大，容貌不同于常人。成年后，他经常对着镜子，自我勉励说："七尺长的身体，哪里比得上一尺长的脸呢？"于是慨然立志，要做到宰相的官职。他生性聪慧，善于辞赋，唐朝同光（923～926）年间考中进士。

高祖镇守河阳时，任命桑维翰为掌书记，后来在太原叛乱时，桑维翰也最早参与谋划。高祖又派他写信向契丹求援，契丹答应了。不久，赵德钧也派遣人出使契丹。高祖担心契丹改变主意，于是让桑维翰前去谒见契丹主，向契丹主陈述利害得失，这才订立了盟约。高祖称帝后，任命桑维翰为翰林学士、礼部侍郎、知枢密院

事，不久又改任中书侍郎、平章事、集贤殿大学士，并充任枢密院使。高祖在开封时，范延光在邺城叛乱，张从宾也在河洛举兵，逼近京城，人心惶惶不安。当时，有人拜访桑维翰，见他谈吐从容，安之若素，因此人们都折服于他的器量见识。

杨光远平定邺地后，朝廷担心他手握重兵，难以控制，桑维翰请求尽快遣散军队，并将杨光远调任洛阳。杨光远因此心中不快，就上书弹劾桑维翰损公徇私，用人不当，又在两都营建私邸，和百姓争夺利益。高祖当时正纵容姑息外将，事不得已，只好让桑维翰出任相州节度使。先前，相州境内抓获的盗贼，都没收了他们的家产，声称是河朔一带的风俗。桑维翰赴任以后，发现法律并无明文规定，

215

于是就上奏朝廷。朝廷听从了他的建议。从此，盗贼的家属，都不再没收家产，这都是桑维翰的功劳。一年多后，他改任兖州节度使。

当时，吐浑都督白承福受到契丹的欺凌，于是图谋率众归附后晋。晋高祖正和契丹交好，因此拒绝接纳他。当时，镇州节度使安重荣担心契丹的强大，就暗中谋害往返于真定的契丹军队，并秘密和吐浑结交，于是他擅自接纳了白承福，并上报朝廷。不久，安重荣上表，请求讨伐契丹。当时，安重荣手握重兵，又镇守要地，倚仗自己的骁勇，对朝廷不肯言听计从。晋高祖接到他的表奏后，犹豫不决。桑维翰知道安重荣心怀异志，于是就秘密上奏高祖，列举不能讨伐契丹的理由，并请求高祖巡幸天下，以免朝廷失去对地方的控制。奏章上达高祖后，高祖没有将它外传，只是在内室召见上表的使者，向桑维翰传达密旨说："朕最近因为向契丹称臣，心中的确感到不快，见到你的奏章后，才猛然醒悟过来。我的主意已定，你不必担忧。"

▶【出任相职】

天福七年（942）夏，高祖来到邺都，桑维翰前来朝见，被改任为晋昌军节度使。少帝即位后，他被任命为侍中，监修国史。他多次上奏，请求与契丹和好，都被上将景延广所否决。次年，杨光远勾结契丹，在澶渊和晋军交战，当时的战

略决策都出自景延广，桑维翰和众宰相都毫无参与之权。契丹退兵后，桑维翰就派受到少帝宠信的亲信秘密向少帝举荐自己，说："陛下如果想要伏服契丹，安定天下，就非用桑维翰不可。"少帝因此让景延广镇守洛阳，任命桑维翰为守中书令，又担任枢密使、宏文馆大学士之职，封他为魏国公，朝政事无大小，都交给他处理。几个月后，政务都变得井然有序。然而他权位日重，各地都有人前来贿赂他，络绎不绝，一年之间，他就积累了无数的钱财。因此，奸邪之人就趁机毁谤他。不久，内客省使李彦韬和端明殿学士冯玉受到少帝的信重，得以专权，两人和桑维翰不和，就向少帝进谗言。少帝对桑维翰日渐疏远和猜忌，想要罢免他，幸亏宰相刘昫、李崧等人上奏说："桑维翰是元老功臣，又没有大的过失，不应该轻易降罪。"少帝这才作罢。不久，少帝就任命冯玉为枢密使，以分散桑维翰的权力。后来少帝生了小病，桑维翰暗中派遣使者捎话给太后，请求给皇弟石重睿选择师傅，加以教导，少帝因此疑心他另有所图。不久，冯玉出任宰相，和桑维翰都在中书省，适逢舍人卢价任期已满，冯玉就打算任命他为工部侍郎，桑维翰阻止说："起草文书的官员不应该立刻出任此官，否则人们会有所议论。"因此没有签名。后来，适逢桑维翰休假，冯玉就擅自任命了卢价，从此，

桑维翰和冯玉更加不和。不久，少帝将桑维翰请求为皇帝选择师傅的事告诉了冯玉，冯玉趁机火上浇油，不久，少帝就让桑维翰出任开封府尹。桑维翰自称有脚病，很少上朝拜谒，也不接待宾客。

【被杀灭口】

同年秋天一直下了一个多月雨，一天，桑维翰走出府门时，马突然受惊跃起，马夫无法控制，桑维翰坠入水中，很久才醒过来。有人说他的家中也多有怪异之事，亲友们都很担忧。等到契丹来到中渡桥，桑维翰因为国家的命运危在旦夕，于是就谒见掌权之人，提出不同的意见。他又请求拜见少帝，却没有得到允许。桑维翰回来后，对亲信们说："如果从社稷神灵来说，我不知道天命是否会改变；但看人的行为，晋朝就要灭亡了。"

开运三年（946），晋军向契丹投降，京城也被契丹攻克。契丹主派人送信给太后说："可以让桑维翰、景延广远道前来迎接，事情就好说了。"当天凌晨，京城军队骚乱，宫中起火。桑维翰当时在官署，身边的人都劝他逃避，桑维翰说："我是国家的大臣，怎么能逃跑呢？"于是坐在官署待命。当时，少帝已受到契丹的抚慰，想要自保，想到桑维翰当宰相时，曾经屡次谋划，请求与契丹和好。此时，少帝担心契丹到京师后追究此事，就会显露出自己的过失，因此想要杀人灭口，将桑维翰除掉。他密令张彦泽前去执行此事。张彦泽接到密令，兼以觊觎桑维翰的家财，就谎称少帝的诏命，召见桑维翰。桑维翰走到天街时，遇见李崧。两人交谈间，有军吏向桑维翰行礼，让他前往侍卫司。桑维翰知道自己要被处死了，就对李崧说："侍中正在掌权，如今国家灭亡，反而要处死桑维翰，这是什么道理呢？"李崧面露惭色。当天，张彦泽派兵看守他，两天后将他杀死，终年四十九岁。然后奏报契丹主，谎称桑维翰自缢而死。契丹主说："我原本无心杀害桑维翰，他不应该自杀。"然后派人验明他的死因，并安抚他的家人，所有的田园房产也都退还给他。汉高祖称帝后，追赠他为尚书令。

桑维翰少时居住的地方，经常有鬼怪，家人都很害怕，桑维翰的衣物也往往无故丢失，但他毫不害怕。他在两朝出任宰相，将上将杨光远和景延广贬出京师，到洛川任职。他曾经一次任命十五人为将官，掌管军事，没有一个人不服气。开运（944～946）年间，朝廷任命他的长子桑坦为屯田员外郎，次子桑埙为秘书郎。桑维翰对同僚说："汉代三公之子才担任郎官，这种做法废弃已久了，现在这样做，人们会议论纷纷。"于是上表坚决推辞，朝廷改任桑坦为大理司直，桑埙为秘书省正字，人们都称道桑维翰的贤明。

▶【赵莹辅弼高祖】

赵莹，字元辉，华阴人氏。他仪表英俊，生性也很纯朴谨慎。梁朝龙德（921～923）年间，他开始步入仕途，担任康延孝的从事。后唐同光（923～926）年间，康延孝镇守陕州，适逢庄宗征讨蜀地，任命康延孝为骑兵将领。即将出发时，康延孝留下赵莹监督修建金天神祠。完工后，赵莹忽然梦见天神对他说："你前程无量，应当好好努力。"因此赠送他一把剑，一支笏，赵莹醒后非常惊异。明宗即位后，任命晋高祖为陕府两使留后。当时，赵莹正在此地，就去拜谒高祖，两人一见如故，高祖随即上奏，任命他为管记。他从此始终跟随高祖，屡次被升官。高祖称帝后，任命赵莹为翰林学士承旨、金紫光禄大夫、户部侍郎，知太原府事，不久就擢升为门下侍郎、同平章事、监修国史。高祖进入洛阳后，派他出使感谢契丹。回

🖌 **雪竹文禽图·五代·黄筌**

来后，加授他为光禄大夫，兼任吏部尚书。当初，赵莹担任从事时，母亲去世，高祖不许他回家，让他穿着粗布衣服跟随自己，有人因此非议赵莹。他担任宰相后，敦厚谦让，并积极引荐人才。少帝即位后，拜授赵莹为守中书令。次年，赵莹出任晋昌军节度使。当时，天下闹蝗灾，他下令境内的百姓如果捕捉到一斗蝗虫，就给予一斗粟米，因此饥饿之人获得食物，远近的人都赞扬他。

【老死异邦】

开运（944～946）末年，冯玉和李彦韬专权，因为桑维翰德高望重，而赵莹为人柔和谦逊，容易控制，就共同称赞他，于是少帝让桑维翰出任外官，重新让赵莹为相。后来，李崧和冯玉商议出兵，接应赵延寿，而任命杜威为招讨都部署，赵莹私下对他们说："杜威是皇亲国戚，他的要求没有满足，心怀怨恨，怎能将兵权交给他呢？如果边境有战事，只要李守贞率领大军就行了。"等到契丹攻克了京城，契丹主将少帝迁徙到北部边塞，赵莹、冯玉和李彦韬都跟随着少帝。后周建国后，派遣尚书左丞田敏通告契丹，在幽州遇见赵莹。赵莹见到中原人，十分伤感，对田敏说："我已年迈，飘零此地，最近听说妻子去世，儿子尚且平安，蒙受当今皇帝的恩惠，厚加体恤，我旧日的宅邸本是公家的，陛下也给了很高的价钱买下，我到死也无法报答了。"于是向着南方磕头，泪流满面。当初，汉高祖将进入契丹的大臣的宅邸都赐给了追随自己的功臣，赵莹的宅邸被赐给周太祖。太祖将赵莹的儿子赵易则找来，说："赐给我的房子，如果有你自己建造并且有房契的，我都偿还你的本钱。"于是，就将一千多缗钱给了赵易则。因此，赵莹才对田敏谈到此事。不久，赵莹就死于幽州，终年六十七岁。他刚生病时，就请求契丹主，希望能够归葬中原，契丹主可怜他，就答应了。赵莹死后，他的儿子赵易从等人护送他的灵柩回到了中原，归葬于故乡。

后汉高祖本纪

后汉高祖刘知远是五代后汉开国皇帝。他是太原人，后唐时被封为北平王。刘知远最初与石敬瑭一起为后唐明宗手下将领，后帮助石敬瑭在契丹扶持下建立后晋。辽军进入汴京（今河南开封）后，他知道辽军很不得人心，不久打着复兴后晋的旗帜，受到将士的拥戴。947年在晋阳称帝，改名为暠，国号为汉。第二年建年号为乾祐，史称后汉。他趁辽军北退，辽统治集团忙于争夺皇位之际，统率大军自晋阳出发，一路势如破竹，占领洛阳，随即占领汴京，定为都城。不久，太子刘承训病死。刘知远也因悲伤过度而病倒，随后病死于汴京，葬于睿陵，庙号高祖。

▶【效力后唐】

后汉高祖睿文圣武昭肃孝皇帝，本名刘知远，即位后改名为暠。他的祖先本是沙陀部人。他的母亲吴国太夫人安氏追谥章懿皇后，于唐乾宁二年（895），在太原生下高祖。

高祖自小性情庄重，少言寡语，长大后面呈紫色，眼珠有很多眼白。当初他在后唐明宗（李嗣源）帐下效力。明宗和梁军在德胜对垒，晋高祖（石敬瑭）遭到梁军袭击，战马披挂的铠甲断裂，高祖于是和晋高祖交换坐骑，又为其殿后，晋高祖十分感动。唐明宗即位后，任命晋高祖为北京留守，晋高祖念其救援保护自己有功，将高祖调到自己帐下，任命为牙门都校。应顺元年（934），晋高祖镇守常山，唐明宗召他回京，恰逢后唐闵帝李从厚出逃，两人在路上相遇，于是

🔅 **银鎏金凤首壶·五代**

此器模仿凤鸟形状，头顶凤冠、弯喙，中间穿孔，尾部作杯口。整体器型造型生动，工艺精巧。

一同进入卫州，在驿站休息。闵帝左右的人想谋害晋高祖，高祖率领众人将他们全部杀光，晋高祖这才脱难。

清泰三年（936）夏天，晋高祖镇守汶阳。高祖劝说晋高祖起兵，并负责暗中筹划。晋高祖让高祖担任北京马步军都指挥使。后来契丹全军也赶来救难，在晋阳城下大败张敬达的部队，一千多人投降，晋高祖将他们

安置在亲卫军中，高祖将他们全部杀死。晋国刚刚建立后，加授高祖为检校司空，不久改任陕州节度使，充任侍卫亲军马步都虞侯。晋高祖进入洛阳后，委派高祖巡视警戒，京都地区秩序井然，无人敢违反禁令。

天福二年（937），高祖被加授为检校太保，八月改任许州节度使，仍旧统率兵马，随后多次加封。当时，高祖和杜重威同受一道诏书加授恩典，高祖不高兴，拒不受命。晋高祖大怒，想要罢免他的兵权，被宰相制止，于是派遣端明殿学士和凝到他家中宣谕，高祖这才承命。天福五年三月，高祖改任邺都留守兼侍卫亲军马步军都指挥使。次年七月，授任北京留守、河东节度使。当时国内蝗灾泛滥，唯独不进入河东地界。六月，晋高祖在邺宫驾崩，少帝即位，加授高祖为检校太师。天福八年三月，进任中书令。

开运元年（944），契丹军南下，直抵澶州，并派番将伟王率兵进入雁门。高祖被任命为幽州道行营招讨使，在忻口大破伟王，随后加封为太原王，后来又封为北平王。开运三年五月，加官守太尉。这一月，高祖斩杀了吐浑白承福等五族共四百人，下令别族王义宗统领余众。九月，契丹进犯边塞，高祖又率兵在朔州南面的阳武谷打败契丹军。十一月，契丹主统领蕃汉大军抵达镇州，杜重威等人在中渡驻军抵抗，后来竟然率领全军投降契丹。十七日，相州节度使张彦泽接受契丹的命令，攻陷京城，少帝被迫迁移到开封府。高祖听说后，分派兵力镇守边境，以防战乱。

【建汉称帝】

天福十二年（947）春天，契丹主进入东京。晋少帝含辱流落封禅寺，不久迁移到北方。二月，契丹改晋国为大辽国，年号称会同十年。高祖派牙将王峻向契丹奏表，契丹主下诏褒奖他，称他为儿。

后来王峻返回太原，高祖得知契丹政治混乱，于是开始商议建国的事情。河东行军司马张彦威和文武将吏等人，因为中原无主，高祖的威望日渐强盛，是群心之所向，于是奏请他称帝，高祖谦辞不受。此后众人又不断请求，高祖于是应允，在太原受封，登上帝位。高祖对晋帝和所有皇族人员被迫北迁，感到十分悲愤和惋惜，于是率亲兵前去土门迎接晋帝，听说他已经走了方才罢休。

契丹听说高祖建国，削夺了他的官爵，又下令通事耿崇美等人扼守要害之地。王晖投降契丹，史弘肇一举攻克代州，斩杀王晖。权晋州兵马留后张晏洪杀死知州副使骆从朗等人，献城投降。不久，权陕州留后赵晖、权潞州留后王守恩都上表归顺。

契丹率兵由黎阳渡过黄河，直奔相州。契丹权河阳留后武行德献城投降。这一月，史弘肇遣先锋将马诲率兵在泽州攻打番将耿崇美，耿崇美退军守卫怀州。崔廷勋率领契丹人马在河阳攻打武行德，武行德被打败。不久，契丹主耶律德光在栾城去世。赵延寿于是在镇州自称权知国事。

【驱辽进京】

天福十二年（即 946 年，高祖改开运四年为天福十二年）夏天，兀欲假传契丹主遗命，自己继承皇位。五月十二日，高祖南巡，任命判太原府事刘崇为北京留守，命皇子刘承训、武德使李晖为大内巡检。于是从河东出发，取道阴地关前往东京。当时星官说，太岁在午位，不利于南巡，因此取道阴地。史弘肇随即上奏说，泽州刺史翟令奇献郡投降。这一天，契丹所任命的汴州节度使萧翰将郇国公李从益迎接到东京，请他管理南朝的军国政务。戊申，高祖抵达绛州，本州刺史李从朗主动投降。

六月，高祖到达洛阳，两京的文武百官从新安起沿路恭迎。郇国公李从益、唐明宗的淑妃王氏都被赐死在东京。随后高祖驾临东京，任命汉州归捷指挥使张建雄为濮州刺史，金州守御指挥

使康彦环为金州防御使。又任命北京知进奏王从璋为内客省使。戊辰那天，高祖颁布诏令，大赦天下，契丹所授任的官职，一律保留。确立国号为大汉，年号依旧为"天福"。随即封授百官。并下令禁止铸造契丹式样的鞍辔、器械和服装。任命权枢密使杨邠为枢密使，加检校太傅，权枢密副使郭威为副枢密使，加检校太保，权三司使王章为三司使，加检校太傅。又追尊六代祖庙，将太祖高皇帝、世祖光武皇帝庙作为始祖庙。

八月，在镇州驻扎的屯护圣左厢都指挥使白再荣等人，赶走契丹节度使满达勒，收复州城，随即飞马奏报朝廷。白再荣被任命为镇州留后。

不久，高祖诏令天下所有贼盗，不论赃物多少，经查证后全部处以死刑。此前，高祖派郭从义和薛怀让攻打邢州刘铎，番将杨衮前去援助，薛怀让等人战

后汉高祖刘知远像

败，退守洺州，敌军的骑兵在他的辖区内大肆掠夺，民众不堪其苦。适逢镇州满达勒被驱逐，杨衮撤军，刘铎于是上表请求归顺。薛怀让佯称奉诏讨伐契丹，让他在郡中安置营房，趁机将其杀死。高祖又依从文武百官的表奏，以二月四日高祖的生日为圣寿节。九月，授任宰相苏逢吉兼户部尚书，苏禹珪兼刑部尚书。又任命吏部侍郎张昭为太常卿，翰林学士李涛为中书侍郎兼户部尚书、平章事。二十九日，因杜重威反叛，高祖暂时离开京师，前往澶、魏。任命前枢密使李崧为太子太傅，前左仆射和凝为太子太保。

十月，高祖到达韦城，下诏赦免河北各州的罪犯。不久到达邺都城下。丙午，诏令都部署高行周督军攻城。高祖登上高处观看，当时众人都不主张攻城，而副部署慕容彦超坚决请求发动攻击。结果，官军死伤一万多人，没有攻克，只好撤退。

到了十一月，天气十分寒冷，滴水成冰。湖南奏报说，荆南节度使高从诲叛乱。几天后，邺都守将杜重威身着素服出城投降，在宫门等候问罪，高祖诏令赦免他的罪行，任命他为检校太师、楚国公。邺都留守、天雄军节度使高行周加授太尉，封临清王。

【返京去世】

十二月，高祖从邺都（今河北大名东北）出发回京。不久，皇子开封尹刘承训去世，高祖下令停止朝会

三天，并追封他为魏王。司徒李鏻也随后去世。宿州奏报说，辖境内共有八百六十七名百姓饿死。

乾祐元年（948）正月初一，高祖拒绝接受朝贺，几天后诏令大赦天下，改天福十三年为乾祐元年，并改名为暠。又下诏规定举荐制度。不久，高祖染病，随即任命前宗正卿石光赞为太子宾客，太仆卿赵上交为秘书监。此后于二十七日，在万岁殿驾崩，终年五十四岁。朝廷暂时对他的死讯保密，不发布讣告。太傅杜重威随后被处死。

二月，北宫传达高祖的遗命，皇子周王刘承祐在灵柩前即皇帝位。同日发丧。高祖的谥号为睿文圣武昭肃孝皇帝，庙号高祖。十一月安葬在睿陵（今河南禹州苌庄），由宰相苏禹珪撰写谥册和哀悼文。

论赞

史 臣曰：当日中原无主，汉高祖趁机在并、汾兴起，很快扩展到汴、洛，乘虚夺得帝位，既是人为的谋划，也是天意如此。但是高祖缺乏名望，登上帝位后，不能收服人心，只夸耀自己拯救苦难的功劳，却未能满足人们渴望新生的意愿。燕蓟的降军，被整营残杀，而邺都的叛将，闭城固守却得以偷生。这是他抚御无方啊，因此致使战事不断。他回到京城后不久去世，所以他虽有顺应天意的名分，却没有君主的德行。

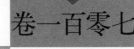

史弘肇　杨邠列传

史弘肇本是农家子弟，十分勇猛，早年跟随晋高祖征战，为后晋建国立下汗马功劳。他治军严明，但为政严酷，官员百姓都因此十分畏惧他。后汉隐帝逐渐长大后，不满被他操控，终将其杀死。杨邠，五代后汉大臣，后汉高祖刘知远即位时，他官拜枢密使。杨邠出身小吏，不喜文士。他为政俭静，不收贿赂，任贤荐能，直言敢谏。隐帝长大后对他心存猜忌，左右的人趁机诬陷，最终被杀。

【史弘肇】

史弘肇，字化元，郑州荥泽（今河南郑州西北）人。父亲叫史潘，本是农家子弟。史弘肇年轻时喜好交游，行侠仗义，但无德行。他勇猛有力，健步如飞，每天能行进二百里，跑起来如同奔马。梁朝末年，要求每七户人家出一人当兵，史弘肇被征召入伍，后来隶属本州开道都，被选入禁军。他曾经在晋高祖部下当兵，后来被留为亲信随从，晋高祖登帝后，被任命为控鹤小校。汉高祖镇守太原的时候，他奏请随行，被擢升为牙校，后来又被任命为都将，遥领雷州刺史。

高祖建国初期，代州（今山西代县）王晖反叛，献城投降契丹，史弘肇前去征讨，一鼓作气将其打败，不久被授任为许州节度使，充任侍卫步军都指挥使。恰逢王守恩在上党（今山西长治）请求归顺，契丹主下令大将耿崇美率军登上太行山，想要攻取

上党，高祖下令史弘肇前去救援王守恩。军队到达潞州，契丹撤退，翟令奇献出泽州城投降。恰好河阳武行德派人前来迎接史弘肇，他便率众南下，和武行德会合。后来高祖由蒲州、陕州前往洛阳，如同回家一样，这都是史弘肇充当先锋的功劳。

史弘肇严正刚毅，寡言少语，他统率军众，有过必究，军队所到之处，秋毫无犯。曾经他部下有一个指挥使，因为不遵从指令，被史弘肇立即处死，将领官吏十分畏惧，直到平定两京，再也没人敢违反法令。史弘肇随高祖出征邺城返回后，被加授为同平章事，充任侍卫亲军都指挥使。后来，高祖病危时，遗命史弘肇和枢密使杨邠、周太祖等人共同辅佐新君。

后汉隐帝即位后，加授他为检校太师、兼侍中。不久，河中、永兴、凤翔联合谋反，关辅地区一片混乱，朝廷天天征调军队，人心惶惶，也有

一些不法分子肆意编造流言蜚语，流布京城。史弘肇都管禁军守卫京城，拥有生杀大权，对于奸诈蛮横之人毫不避让，无赖之徒都望风而逃。而且他不问罪过轻重，也不论是否有理，只要听说谁有犯罪行为，便将其处以极刑，被冤枉的人也不敢上诉。巡检部门的军吏，趁机徇私舞弊，转嫁灾祸，这样的事不可胜数。

当时太白星白天出现在天空，有百姓抬头观看，被坊正拘拿，史弘肇下令将他立刻腰斩。又有醉酒的百姓冒犯了一个军士，军士便诬告他散布谣言，醉酒的那个人于是被斩首示众。其他被断舌、割嘴、砍脚之类的事，天天都有发生。前任宰相李崧被家奴诬告，全族都在街市上被斩首。从此拥有奴仆的仕宦之家，都心存姑息，而元勋名将失势以后，被奴仆挟制的，大有人在。史弘肇的军司孔目吏解晖，性情狡诈残忍，每次追查案情，都对嫌犯严刑拷打。触犯军令的人，不堪其苦，无不承认莫须有的罪名，以求得一死。因此都城中的人遇到他，都

不敢抬眼相看。

燕地有个人叫何福殷，以商贩为业。曾经用十四万钱买回玉枕，派遣家童和商人李进卖到淮南，换成茶叶后返回。家童隐瞒了几十万钱财，何福殷责令家童偿还，家童不承认，被杖打了一顿。不久，家童向史弘肇告发，说契丹主到达汴京的时候，赵延寿派何福殷带上玉枕送到淮南，以表达诚意。史弘肇于是当天就派人将何福殷抓捕。解晖迎合史弘肇的心意，对何福殷严刑拷打，何福殷被迫认罪，很多人受到牵连，获罪被处死。何福殷的妻子女儿被史弘肇手下的人分占，其家财也被全部没收。

史弘肇不喜欢接纳宾客，他曾经说："文人都看不起我们这类人，称我们为卒，实在可恨！"史弘肇监管睢阳，他让亲信杨乙检查到下府衙的官方财力。杨乙贪戾凶横，仗势欺人，官员百姓都畏惧他。他横征暴敛，无所不用其极，每月进献给史弘肇一万缗，全境的人对他恨之入骨。周太祖平定河中后，将功劳推让给众人，认为史弘肇护卫朝廷镇守重地有功，就向隐帝进言，授任他为兼中书令。隐帝自从平定关西以后，亲近小人，太后的亲戚族人，大多托人求得名利，史弘肇和杨邠心中十分不平。后来，太后有个老朋友的儿子请求补任军

职，史弘肇大怒之下，将他斩杀。隐帝观赏音乐后，赐给教坊使玉带，又赐给伶官们锦袍，这些人前去向史弘肇致谢，史弘肇斥责他们说："官军们为国戍边，忍受严寒酷暑，也没有得到赏赐，你们有什么功劳，竟敢接受这样的赏赐？"随后将锦袍玉带全部索回，归还给官府。

周太祖受命镇守邺城，史弘肇希望他兼任机要职务，苏逢吉和他意见不同，史弘肇不高兴。不久，三司使王章在家中宴客，当时史弘肇和宰相、内客省使阎晋卿等人都在。酒兴正浓时，众人行起酒令，史弘肇不懂，阎晋卿刚好坐在他的旁边，每次都教他。苏逢吉对史弘肇开玩笑说："你旁边坐着姓阎的，不用担心罚酒！"史弘肇的妻子阎氏，本来是酒伎，史弘肇认为苏逢吉借此挖苦他，十分恼怒，大骂苏逢吉。苏逢吉也不计较。史弘肇又准备殴打苏逢吉，苏逢吉于是策马而去。史弘肇起身找剑，想要追赶苏逢吉，杨邠好言劝阻，史弘肇仍不罢休，骑马疾驰而去。杨邠担心会出意外，一直将他送回住所才返回。从此将相二人势同水火，互不相容。隐帝派王峻在公子亭摆酒，为他们劝和，但终究没有和解。

后来李业等人担任内廷要职，对执政大臣不满。而隐帝年岁渐长，不愿意受到大臣们的制约，常有怨言，李业于是诬告史弘肇等人，隐帝渐渐信以为真。李业又说史弘肇等人专擅权势，威逼君主，日后必定作乱，隐帝更加害怕，以致心有狐疑，不敢入睡，于是和李业在内宫密谋，想要诛杀史弘肇等人。计策商定后，隐帝禀告太后，太后说："这是大事，不能轻举妄动，要问问宰相。"李业在旁边说："先皇说过，朝廷的大事不能和文人商量。"太后再次劝阻，隐帝大怒说："女流之辈哪里懂得国家大事！"拂袖离去。内客省使阎晋卿暗中得知此事，前往史弘肇的私家住宅告诉他，史弘肇却不见他。

乾祐三年（950）冬天，史弘肇入朝后，和枢密使杨邠、三司使王章等人一同坐在广政殿东廊房下，不久从内殿冲出几十个甲兵，将史弘肇等人杀死，随后又诛灭了他们全族。此前，史弘肇的宅第曾经出现怪事。有

"乾亨通宝" 一枚·五代十国

一天，有烟气从台阶的砖石缝隙中喷出。祸事发生的前二天，拂晓时分，有星星坠落在史弘肇面前不远处，像火花一样一闪而逝。周太祖即位后，追封史弘肇为郑王，按照礼仪归葬，并让官府为他立碑。

【杨邠】

杨邠，魏州冠氏人。他年轻的时候在官府担任办事员，后唐的租庸使孔谦，是他妻子的伯父。孔谦担任度支时，杨邠补任勾押官，历任孟、华、郓三州的粮料使。高祖做邺都留守时，任用他为左都押衙，后来高祖镇守太原时，对他更是加以重用。汉国建立后，他迁任检校太保、权枢密使。汴京、洛阳平定后，他被正式任命为枢密使、检校太傅。等到高祖病重，他和苏逢吉、史弘肇等人一同领受遗命，辅助新君。隐帝即位后，宰相李涛上奏，请求调任杨邠和周太祖出任军镇职务，杨邠等人到太后面前哭诉，于是罢免李涛而立杨邠为相，并加授杨邠为中书侍郎兼吏部尚书。

杨邠当了宰相后，隐帝将所有事务都委任给他处理。尚书省的奏章，中书省的任命，都先交给杨邠斟酌。如果杨邠不同意，就连很小的官职任命也不能实行。杨邠虽然擅长处理公务，却不识大体，他常常说："一个国家，只要府库充足、兵马强盛就足够了，文章礼乐都是虚事，何必在意？"河中平定后，杨邠被加授为右仆射。他执掌国政，遇事苛求细节，

因此规章制度十分繁琐。他规定，从京师前往各州府的行人，必须由官府出具凭证。结果，到有司求请凭证的人太多，以致从早到晚堵塞交通，过了十来天，民心大乱，杨邠才终止了这一规定。

当时，史弘肇随意实行酷刑，每天都有很多人被杀，士人百姓在路上碰见了，都不敢交谈，杨邠却对此视而不见。太后的弟弟武德使李业想做宣徽使，隐帝和太后不好回绝，便私下征求杨邠的意见。杨邠认为朝廷的内管使臣，升迁有一定秩序，不可破例高升，此事于是作罢，李业心怀不满。隐帝钟爱耿夫人，想要立她为后，杨邠认为时机不对，加以劝阻。后来耿夫人去世，隐帝想要以皇后的礼仪安葬，杨邠又制止了，隐帝心里不高兴。皇帝身边的人趁机离间，隐帝因此更加怨恨杨邠，终于将他诛杀。而杨邠修缮甲兵，充实府库，使国家丰盈，边境安宁，这是他的功劳。

白话精编二十四史 ◉ 第六卷 ◉

后周太祖本纪

周 太祖郭威是后周的开国皇帝。他出生微贱，最初为李继韬效力。李继韬死后，他历任多职，最终在汉高祖身边效力，并深得汉高祖器重。汉高祖去世时，他接受遗命，成为隐帝的辅政之臣。他率兵平定了李守贞的叛乱，后来又镇守邺都。朝廷想要诛杀他，被他知道后，就告诉了手下将士。将士们拥立他返回京师，清除皇帝身边的奸臣。后来，隐帝和他交战，兵败后被手下人杀害。太后任命他出兵北征，路上士兵哗变，拥立他为皇帝。他回到京师后，最初就册封为监国，不久后称帝。即位以后，他生活节俭，并革除政务中的各种弊端。他虽然在位时间不长，却开创了帝王的基业。

▶【微贱之时】

周太祖郭威，字文仲，邢州尧山（今河北隆尧县西）人，出生于唐天祐元年（904）。他三岁时，全家移居太原。不久，父母双亡，姨母韩氏将他抚养成人。他长大后，体格魁梧，志向出众，又爱好军事，不事耕作。天祐末年，潞州节度使李嗣昭在常山战死，他的儿子李继韬自称留后，和梁朝交好，抗拒唐庄宗，并悬赏招募豪杰之士。当时，太祖十八岁，前往应募。他意气用事，喜好战斗，又孔武有力，李继韬很器重他，即便太祖违背了法令，也常常予以宽免。太祖曾经游历上党，市场上有个卖肉的屠夫，长得人高马大，大家都很畏惧他，太祖却凌辱他，借着喝醉了酒，让屠夫割肉，稍不如意就大声呵斥他。屠夫发怒，露出肚腹，对太祖说："你

敢刺我吗？"太祖就挥剑刺入他的腹部。人们抓住太祖，将他交给官吏，李继韬因爱惜他的才能，就释放了他。这年，庄宗灭掉梁国，李继韬也被杀，太祖被派遣到骑兵部队，守卫京城王府。他聪慧敏捷，爱好写作，当兵后也很勤奋地读书。他探望义兄李琼时，李琼正在读《阃外春秋》，他拿过来看，说："这是兵书，请你教我吧。"于是李琼就教授他，太祖因此精通军事理论。

晋高祖担任副侍卫时，因为太祖擅长书写计算，就将他招到部下，让他掌管将士名册，大家都很信任爱护他。汉高祖担任侍卫马步都虞侯时，将太祖召到身边任职。范延光在魏州叛乱，朝廷诏杨光远前往讨伐，太祖本该同行，但他却不愿意去。有人对太祖说："杨公是本朝的重臣，你却

不愿意跟他前往，是为什么呢？"太祖说："杨公向来缺乏英雄之气，即使得到我，又有什么益处呢？能够重用我的人，大概是刘公（即后汉高祖）。"当时汉高祖历任各地，太祖都跟随着他。高祖十分厚待他，将他视作亲信，太祖也竭诚尽力，为高祖效命。

【辅佐之臣】

汉高祖称帝后，太祖因功被任命为枢密副使、检校太保。乾祐元年（948）春，汉高祖病重不起，太祖和苏逢吉都是顾命之臣，接受遗诏辅佐嗣君。隐帝即位后，高祖被拜授为枢密使，并加封检校太尉。不久，河中的李守贞据城叛乱，朝廷很担忧，召集大臣商量对策。太祖说李守贞不可小觑，于是朝廷命令白文珂等人率兵征讨。然而官军作战不力，于是朝廷任命太祖为授同平章事，派他西征，并让他统率西面的各路兵马。太祖抵达河中后，亲自慰勉将士，和他们同甘共苦，出生入死。他又非常体恤将士们，同时礼贤下士，因此大家都乐意为他效力。次年，太祖攻克了河中，李守贞全家自焚而死。太祖班师回朝后，汉隐帝重重地赏赐他，并加授他为检校太师，兼任侍中之职。

乾祐三年三月，朝廷颁布诏令，任命太祖为邺都留守，同时照旧任枢密使一职。当时，汉隐帝担心北边部族的侵犯，因此采纳史弘肇的建议，诏令河北的各州都听从太祖的调度指挥，让太祖镇守河朔一带。后来，京师发生变乱，史弘肇被人杀死，李业等人派遣心腹之人密令李洪义杀死王殷、郭崇杀死太祖。然而李洪义得到密诏后，担心事情不成功，就告

后周太祖郭威像

诉了王殷，王殷立刻派人告诉了太祖。太祖召集了将士，说："我从微贱之身，如今身居显位，辅佐国家。先皇去世后，我和杨邠、史弘肇等人接受遗诏，为国家废寝忘食，安定四方。如今史公等人被杀死，又有诏令要取我的头颅，你们应该奉行诏令，割下我的人头去回报天子，各自求取功名，而且不会受到连累。"郭崇等将士哭着说："这事一定不是皇上的主意，而是皇上身边的小人挑拨离间。如果这些人掌权，国家怎么会安宁呢？您应该上书论辩，让皇上分清谁是奸人，谁是忠臣。我们愿意跟随您一起入朝，在皇上面前洗刷您的冤屈，除掉皇帝身边的奸贼，一起安定天下。"于是太祖向南进发。

很快，太祖就到了滑州，滑州

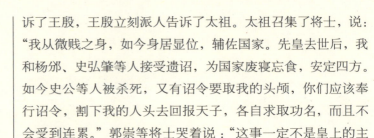

后周广顺三年 长方盒形砚·五代

节度使宋延渥开门迎接太祖。太祖从滑台出发前，将将士召集起来，对他们说："皇帝受到奸臣的迷惑，诛杀功臣，我此次前来，实属迫不得已。但作为臣下却对抗君王，显然是不对的！你们的家眷都在京师，不如奉行诏令，我以一死来报答天子，也没有遗憾了。"将领们都说："国家辜负了您，您却没有辜负国家。请您火速出发，安定国家，报仇雪恨。"不久，王峻又对将士们说："我得知主帅的安排，等到平定京城后，允许你们肆意掠夺十来天。"将士们听后都欢欣鼓舞。

【对抗隐帝】

汉隐帝率军抵抗，却被高祖打败。不久郭允明就弒杀了汉隐帝。起初，官军失败后，太祖对宋延渥说："你是皇室的亲戚，请火速到皇上身边去，保护皇上，同时奏请皇上到我的军队避难，免得被身边的小人所谋害。"当时乱兵云集，宋延渥来后，找不到隐帝，就惊慌地回来了。这天，太祖看见天子的旌旗出现在高坡上，以为隐帝在那里，跳下战马，想要步行前往护卫。将士们阻止他，太祖哭着说："我们的君主在这里，有什么顾虑的呢？"等赶到时，隐帝已经逃走了，太祖叹息了很久。不久，太祖听说隐帝被杀害后，痛哭不止。太祖于是和王峻诣见太后，请求迎立高祖的侄子徐州节度使刘赟为皇帝。当时，刘赟还没到京城，契丹就前来侵犯，太后让太祖前去征讨。军队抵达澶州时，士兵发生哗变，请求太祖称帝。太祖被众人簇拥着，向南前进。于是太后颁发诏书，任命太祖为监国，总理朝政。这时，朝中的文武百官都劝请太祖称帝。不久，有个步军将校喝醉了酒，扬言说："先前澶州马军拥立监国为帝，现在步军也想拥立监国为帝。"太祖知道后，立刻派人访查此人，并将他捉来杀掉了。

【登临帝位】

广顺元年（951）春，太后颁发诏书，声明禅让之事，并将皇帝的玺印献给太祖。太祖即位后，尊奉汉太后为昭圣皇太后，并为汉隐帝举行哀悼服丧。他生活节俭，体恤民间疾苦，曾经颁发诏书，削减各地上贡的贡物。他将内宫几十件珍贵的玉器宝物在殿庭中砸碎，并对身边的侍臣说："做帝王的人，怎能用这些奢侈之物呢？"并且诏令凡是珍贵悦目的东西，都不准纳入宫中。他又任用贤德之臣，并谦虚地对这些大臣们说："我在军旅之中长大，没有什么学问，也不懂得治国安邦的方法，如果你们有好的建议，只要能利国利民，就尽管上书言事，千万不要粉饰太平。"

广顺二年六月，太祖来到曲阜县，谒见孔子祠。献完祭品后，太祖要行跪拜礼，身边的人说："孔子只是一名臣子，陛下不必行跪拜礼。"太祖说："文宣王是百代帝王的老师，怎么能不致敬呢？"随即就祭拜了孔子，并召见孔子和颜渊的后人，赏赐财物，并授予官职。

显德元年（954），太祖到南郊祭天后，就生病了，而且病情逐渐加剧。当时晋王郭荣在身边服侍他，寸步不离。太祖多次指示晋王，赶紧营造陵墓，陵墓务必要从俭，不要增加百姓的负担。不久，太祖在滋德殿去世，终年五十一岁。太常卿田敏进献太祖的谥号为圣神恭肃文武孝皇帝，庙号为太祖。

论赞

史臣曰：周太祖微贱之时，没有什么声誉，等到他平定了蒲阪等地，并向北镇守邺台，建立了勋业，这才显示出他超凡的器量才识。不久，汉朝的国运衰微，他率领浩荡的大军，平定了京师，随即登上帝位。他刚刚即位，就大刀阔斧地革除弊端，使天下百姓归心。凶顽之徒都纷纷溃逃，不敢横行无忌。等到他临终时，又嘱咐世宗，让他用瓦棺安葬自己，显示了节俭的美德。他虽然在位时间不长，却开创了帝王的基业。

高行周列传

高行周是五代时后唐名将，著名的骑兵将领。他的父亲被唐武皇诛杀，自己则被收在帐下，十多岁即补任官职。他先后侍奉明宗和末帝。晋高祖时，他担任亲军都指挥使，超然物外，以酒为乐。汉高祖登位后，加封为守太傅兼中书令。乾祐年间加授太师，晋封邺王。周太祖即位后，改封高行周为齐王。广顺二年高行周病逝，被追赠为尚书令，追封秦王，谥号武懿。

【将门之后】

高行周，字尚质，幽州人。他出生在妫州怀戎军的雕窝里。他的曾祖父名叫高顺厉，继承祖先的事业戍守怀戎。父亲高思继有兄弟三人，都雄壮豪迈，并且具有军事才干，以至于他们的事迹远远流传，连朔方一带都能听到他们的轶事。唐武皇平定幽州后，推举刘仁恭为统帅，并留下军队戍守。任命高思继的哥哥为先锋都将、妫州刺史，高思继为中军都将、顺州刺史，高思继的弟弟为分掌燕地的兵马。

他们的部下都是山北地区的豪杰，刘仁恭深感恐惧。武皇回京之前，私下对刘仁恭说："高先锋三兄弟，势力压倒州府，如果将来有人能酿成燕地祸患的，必定是他们，你要妥善策划。"过了很长一段时间，太原戍军恣意横行，高思继兄弟将他们绳之以法，斩杀了很多人。太祖大怒，斥责刘仁恭，刘仁恭就控诉

高氏兄弟，于是高家三兄弟一起遇害。刘仁恭任命高先锋的儿子高行珪为牙将，其余各自都安置在帐下，厚加抚恤，以宽慰他们的心。当时高行周才十多岁，也补任职位，在刘仁恭身边任职。

【后唐臣子】

庄宗收复燕地时，将高行周安置在明宗帐下，常和唐末帝分率亲兵。明宗征讨燕地，高行周率兵随行。同乡人赵德钧对明宗说："高行周心地忠厚，日后必能享受富贵。"梁朝将领刘鄩据守莘地，和太原军对垒，双方僵持不下，日夜厮杀。曾经有一天，两军布开阵势，元行钦被敌军追击，敌人的剑刺中他的脸，他只好浴血奋战，脱身不得。高行周派手下的精锐骑兵冲入敌阵解救他，元行钦这才得以脱身。当时，庄宗正对元行钦十分宠爱，于是召见高行周给以抚慰犒赏，想将他安置在自己帐下，又考虑到已经从

明宗帐下要走了元行钦，现在再要高行周，恐有不妥，于是暗中派人用名利引诱高行周前来投靠。高行周拒绝说："总管用人，也是为了国家，效劳总管就如同效劳大王。更何况我家兄弟从灾难中重生，都是承蒙总管的厚恩，我怎能忍心背叛他呢？"

后来，两军驻扎在黄河岸边，明宗探知梁军将从汴水进入杨村寨，就于清晨在斗门设下伏兵，准备拦击敌军。不料寡不敌众，敌军反而占了上风。当时敌军汹涌如海，刀剑林立，情况十分危急。高行周得到消息后，率领骑兵拦腰截击敌军，明宗才得以脱身。

明宗袭击郓州的时候，高行周担任先锋。夜间大雨如泼，军士都无心进军，高行周说："这是老天在帮助我们啊，此时进攻，敌军必然没有防备。"于是趁夜渡过黄河进入东城，到天亮的时候已经将敌人全部消灭。

庄宗平定河南后，高行周一路被多次提升，官至检校太保，领端州刺史。同光末年，高行周离开京城，前往镇守绛州。明宗即位后，对他更是十分信任，委以重任。天成（926～930）年间，他跟随王晏球围攻定州，打败王都，擒获秃馁，双双立下战功。贼军平定后，高行周升任颍州团练使。长兴元年（930），因为北部边境邻近契丹，任命高行周为振武节度使。第二年，河西发生战事，高行周移守延安。清泰（934～936）初年，他改任潞州节度使。

后来，晋高祖在太原建国，唐末帝命令张敬达前去征讨，高行周担任左排阵使，符彦卿担任右排阵使。契丹主出兵入境援助太原，高行周和符彦卿引领骑兵抵抗，却很快被契丹打败。随后，高行周和张敬达一同保守晋安寨，一连好几个月救兵都没有前来。

杨光远想谋害张敬达，高行周知道后，就召集了一批勇士保护他。张敬达生性刚直，却有时偏于愚笨，他不知道高行周是要保护他，就对别人说："这个高行周老是跟在我的后面，也不知道他安的什么心。"于是高行周就不敢再像以前那样跟着了，而张敬达最终被杨光远杀害了。

【以酒为乐】

后来，晋高祖进入洛阳，下令高行周返回原来的军镇，加授同平章事。晋高祖定都汴京后，任命高行周为西京留守，不久调任邺都。晋高祖亲临邺都时，恰逢安从进叛乱，任命高行周为襄州行营都部署。第二年秋天，汉南地区被平定。晋少帝即位后，加授高行周为兼侍中，移镇睢阳。开运（944～946）初年，他跟随少帝前往澶渊，在黄河沿岸抵抗敌军。少帝返回京城后，高行周接替景延广担任侍卫亲军都指挥使，移任郓州节度使。

当时李彦韬担任侍卫都虞侯，一意孤行。高行周虽然统领禁兵，却时常超然世外，退朝回到府中，就和友人饮酒作乐。不久他改任归德军节度使。晋军在中渡投降后，少帝命令高行周和符彦卿同守澶州。契丹主进入汴京，召高行周前往京师，恰逢草寇急攻宋州，又打发他返回军镇。后来，契丹主在栾城去世，契丹将领萧翰推荐许王李从益掌管南当的军国大事，派勇士前来征召他，他称病拒绝了，事后他对人说："世道衰败难以补救，更何况是把天下之事视为儿戏的人呢？"

【汉周老臣】

汉高祖进入汴京后，加封高行周为守太傅、兼中书令，代替李守贞担任天平节度使。后来，杜重威据守邺城反叛，汉高祖任命高行周为招讨使，率兵前去征讨。邺城平定后，高行周被授任为邺都留守，加授太尉，晋爵临清王。乾祐（948～950）年间，他进京朝见，加授为守太师，晋封邺王，后来又任命为天平节钺，改封齐王。

周太祖即位后，加封他为守尚书令，食邑增加到一万七千户。周太祖因高行周年事已高，下诏的时候不直呼他的名字。后来，慕容彦超占据兖州造反，太祖御驾亲征，高行周出动全家恭迎圣驾，进献美酒珍肴，太祖待他愈加优厚。广顺二年（952）秋天，他因病死在任上，享年六十八岁。被追赠为尚书令，追封秦王，谥号武懿。

高行周的儿子名叫高怀德，在宋朝时候担任驸马都尉、宋州节度使。

论赞

史臣曰：近代执掌军镇的人中，像高行周这样身居王位，俸禄优厚而不受人非议，德高望重而君主不猜忌，能以饮酒为乐而不求出人头地，自始至终保全功名的人，有几个呢？他家世代都是捍卫国家的忠臣，也是自然啊！

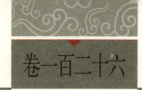

冯道列传

冯道是五代时的名臣。他历经四朝六帝，操守高洁，深有古人之风；为政清廉，颇有大臣的风范气量。最初，他为唐庄宗效力，为庄宗战败劲敌做出了贡献。明宗即位后，他出任相职，深得明宗的赏识。晋高祖称帝后，他再次出任宰相，辅佐高祖。后来，契丹入侵，将汉朝的官员掳掠到常山，冯道随行。之后，冯道与将领们设法返回到中原。周太祖即位后，也十分礼遇他。后来，冯道在周世宗时去世。

【辅佐庄宗】

冯道，字可道，瀛洲景城（今河北交河东北）人。他的祖先有的务农，有的从学。冯道幼时纯朴忠厚，勤奋好学，文章写得很好。他不以布衣粗食为耻，除了奉养双亲之外，其余的时间都在读书吟诗，即使大雪封门，桌上到处都是灰尘，也依然安之若素。天祐年间，刘守光任命他为幽州掾吏。刘守光率兵讨伐中山时，征求僚属的意见，冯道以利害得失规谏他，刘守光大怒，将他逮捕入狱，但不久他便被人救出。刘守光兵败后，冯道逃回太原，监军使张承业擢用他为本院巡官。张承业很器重他的文章品行，十分礼遇他。当时有个叫周元豹的人，善于品评人物，但和冯道不和，于是就对张承业说："冯生没有什么大才，您不要太重用他。"河东记室卢质听说后，说："我曾经看见司空杜黄裳的画像，冯道的长相很肖似他，将来

道瀛州人经历四姓事一十三君务安养百姓

🐟 冯道像

必定受到重用，周元豹的话不足为信。"于是，张承业举荐冯道担任军府从事，后来又任命他为太原掌书记。当时，庄宗占据河北全境，政务非常繁忙，都委托给了冯道。

庄宗和梁朝军队对峙于黄河两岸。郭崇韬因为吃闲饭的将领太多，供给比较困难，于是请求予以裁减。庄宗大怒，说："我都无权为拼死效力的人安排伙食，那就让河北三镇的军队另选一人为主帅，我回到太原，让贤人来指挥军队。"于是立刻命令冯道起草文书，准备出示给众人。冯道执笔想了很久，庄宗再三催促，于是他缓缓站起来，说："我既然是文书，怎敢不恪尽职守？只是大王屡建功业，此时正要平定强敌，郭崇韬的谏议如果不当，大王可以加以拒绝，但不能引起大家的轰动，让他们议论纷纷，如果敌军知道后，会认为大王君臣不和。请大王三思而行。"不久，郭崇韬也进来请罪，这都是冯道的和解之功。从此，人们都很敬重他的胆识。庄宗在邺宫即位后，擢升他为尚书省郎官，并充任翰林学士。平定梁朝后，又擢升他为中书舍人、户部侍郎。后来他为父服丧，回到景城。遇到粮食歉收之年，他就将盈余的俸禄用来接济乡里的百姓，而自己则居住在茅草屋里。凡州县官员赠送的衣粮等物，他一概拒绝。当时，契丹的国力强盛，早就听说了冯道的名望，想强行将他劫持而去，幸亏边境的守将早有防备，冯道这才得以幸免。

【辅弼明宗】

明宗进入洛阳后，立刻问身边的近臣安重诲："先帝时的冯道郎中，如今在什么地方？"安重诲回答说："他最近被任命为翰林学士。"明宗说："此人我很熟悉，是很好的宰相人

选。"不久就拜授冯道为端明殿学士，而后又擢升为中书侍郎、刑部尚书、平章事。那些出生卑微的清贫士人，只要有才能，冯道都加以举荐任用，而唐朝末年的衣冠大族，如果操行浮躁，冯道都弃之不用。工部侍郎任赞在退朝时，和同僚在冯道背后讥刺他说："他要是走得快一些，身上的《兔园策》就会落到地上。"冯道很快就知道了，找来任赞，对他说："《兔园策》是著名的儒者辑集而成的，我能背诵它，唐朝的士人只喜欢华丽的词句，以此来考进士，窃取高官厚禄，这是多么浅薄啊。"任赞心中深感惭愧。

当时，梁朝的宰相李琪，自负于善写文章，曾上献《贺平中山王都表》说："收复了真定的叛贼。"冯道责备李琪说："最近收复的是定州，不是真定。"李琪因为不懂地理，锐气大挫。此后，百官向明宗上献尊号的表章，都由冯道撰写，文气浑厚，百官都为之折服。

后来，冯道改任门下侍郎、户部吏部尚书、集贤殿弘文馆大学士，并加授为尚书左仆射，被封为始平郡公。一天，冯道觐谒明宗退下后，明宗对身边的侍臣说："冯道天性纯朴，先前在德胜寨，他住在茅庵里，与仆从吃同样的饭菜，睡觉就只铺一捆草当床，心中却安之若素。后来，他为父亲服丧回到家乡，亲自耕田砍柴，和农民相处，丝毫不以富贵介怀。这是真的大丈夫啊。"

天成（926～930）、长兴（930～933）年间，天下五谷丰登，太平无事。明宗每次在延英殿接见群臣后，都留下冯道，询问朝廷外的事情。有一次，明宗问冯道："天下虽然都丰收了，百姓的生计怎么样呢？"于是冯道上奏说起百姓的生计艰难，并吟咏了聂夷中的《伤田家诗》。明宗认为这首诗写得很好，就让身边的侍臣记录下来，每每以此警劝自己。当时，诸家的经籍多有谬误，冯道和同僚李愚委托学官田敏等人，采用西京郑覃刊刻的石经，印发天下，使天下的学子获益匪浅。明宗驾崩后，唐末帝即位，任命冯道为山陵使，典礼结束后，按照先例，冯道离京镇守同州。冯道为政简易，有个叫胡饶的人，本是军人出身，性情粗犷，有一天因故在冯道的衙门前辱骂，人们数次劝阻，仍然无济于事。冯道说："这个人肯定是喝醉了。"于是召他入内，设宴款待他，直到入夜才起身离去，毫无愠怒之色。不久，那人被召入朝廷，任命为司空。

【后晋宰相】

晋高祖进入洛阳后，任命冯道为宰相。次年，契丹派遣使者向晋高祖上献尊号，高祖也派遣使者出使契丹。他对冯道说："这次出使的重任，非你不可。"冯道毫无为难之色。晋高祖担心他的安危，后来又改变主意，说："你官高德重，不可深入荒野之地。"冯道说："陛下接受北朝的恩惠，我又接受陛下的恩惠，有什么不可出使的呢？"于是冯道出发。将要到达西楼时，契丹主想要前来迎接，契丹的大臣谏阻说："自古没有皇帝迎接宰相的规矩。"契丹主这才作罢，但由此可见，冯道的声名远扬于异邦。冯道回朝后，朝廷将枢密院的事务全部交给冯道处理。不久，又加授他为司徒、兼任侍中，并晋封为鲁国公。冯道曾经上表，请求辞官，晋高祖连他的奏章都不看，就派遣郑王前来探望他，捎话说："如果你明日不上朝，我就亲自来请你。"冯道迫不得已，只好继续任职。他当时受尽宠遇，无人可以和他相比。

晋少帝即位后，加授冯道为守太尉，并晋封为燕国公。冯道曾经问朝中的熟人："我在朝廷处理的政务，人们有什么评价呢？"熟人回答说："毁誉参半。"冯道说："寻常人都以意见相同为正确，意见不同为错误，认为我行事不妥的，恐怕是绝大多数。孔子是圣人，犹且受到叔孙武叔的诋毁，何况像我这样的德行浅薄之人呢！"然而冯道仍然持守操行，始终不肯改变。后来，有人在少帝面前诋毁冯道说："冯道可做太平之世的宰相，却难以在艰难之世担当大任，就如禅定的老僧不可呼唤鹰犬。"冯道于是出任外官，担任同州节度使。一年多后，他调任南阳节度使，并加授为中书令。

秘色瓷双耳瓶·五代

契丹攻入汴州，冯道被召入朝廷，契丹主问他："怎样才能救济天下的百姓呢？"冯道说："即使佛重新出世，也无法拯救今日的百姓，但陛下却能够拯救他们。"此后，士大夫没有受到残害，都是冯道和赵延寿暗中救护的结果。同年三月，冯道跟随契丹向北，和晋朝的百官一起到达常山。不久，契丹主去世，永康王接管了契丹部众。永康王离开后，留下他的族人嘉里据守常山。当时，汉军将士群情激愤，于是就驱逐了嘉里，收复了常山城。冯道率领百官，四处安抚百姓，使大家相安无事。众人推崇他的功劳，冯道推辞说："我一介文臣，有什么能耐呢？都是众位领将的功劳啊！"冯道因为德高望重，于是在众将中，挑选骑校白再荣暂时担任统率，军民因此得以安心。他在常山时，看见中原的女子被契丹俘虏，就拿出钱财将她们赎回，让她们暂时寄居在尼姑庵中，然后逐一打听她们家人的下落，将她们送回。

冯道从常山入觐汉高祖，汉高祖嘉奖他，拜授他为守太师。乾祐年间，冯道除了入朝拜见皇帝之外，平时闲居家中，怡然自得。他曾经写有《长乐老自叙》一文，追叙平生的事迹。

【周朝老臣】

周太祖平定内乱后，商议拥立徐州节度使刘赟为汉朝的嗣君，并派遣冯道和秘书监赵上交、枢密直学士王度等人前往迎接刘赟。随后冯道就和刘赟从徐州赶往汴京。走到宋州时，适逢澶州发生兵变。枢密使王峻派遣郭崇率兵赶来，集结在衙门外，这时，冯道和赵上交等人都住于衙门内。当天，刘赟率领身边的武士关上衙门，登上城楼，问郭崇前来的目的，郭崇说周太祖已经被拥立为帝。刘赟身边的人知道了事变，误以为冯道出卖了他们，想要杀死冯道。赵上交和王度听说后，都惶恐不安，束手无策。然而冯道却从容不迫，毫无惧色，不久就得以脱身。冯道微贱之时，曾经赋诗说："终闻海岳归明主，未省乾坤陷吉人。"此时，他的话果然应验。

广顺初年，冯道再次被拜授为太师、中书令。周太祖十分礼遇他，冯道每次进奏论事时，都不直呼其名。

太祖驾崩后，周世宗任命冯道为山陵使。适逢河东刘崇前来进犯，周世宗召集大臣，想要御驾亲征，冯道极力谏阻，世宗说："唐朝初年，天下群贼蜂起，最后都被太宗亲自平定。"冯道上奏说："陛下能够取得太宗那样的功绩吗？"世宗大怒，说："你太小看我了！"于是世宗亲征，没有让冯道扈从，留下他供奉太祖的陵墓。当时，冯道已经得病，等到完成太祖陵墓的礼仪，他很快就去世了，享年七十三岁。世宗听说后，为他罢朝三天，追赠他为尚书令，并追封瀛王，谥号为文懿。

冯道在四朝为官，三次入中书省任职，出任宰相二十多年，以稳定天下为己任，从来没有随意颁发公文，干预地方官吏。他生平非常廉洁节俭，到晚年时，家庭却逐渐沾染了奢侈之风。他的儿子冯吉，尤其放荡不羁，冯道管教不住他。有识之士都说冯道不能在晚年保持令名，为之深觉惋惜。

论赞

史臣曰：冯道的操守行为，深有古人之风；而他的气量见识，深有大臣的风范。然而，他相继侍奉了四朝六帝，怎么能称得上忠呢？一个女子嫁了两个丈夫，已是不幸之事了，更何况再三嫁人呢！所以冯道死后的谥号，不是文贞、文忠之类的，原因就在于此啊。

王朴 杨凝式列传

王朴和杨凝式都是五代时后周的朝臣。王朴是周世宗的谋臣，帮助世宗出谋划策，平定天下，因此深得世宗的器重。杨凝式历仕唐朝、后梁、后唐、后晋、后汉、后周数朝，虽然行为怪诞，但因为他的才能和名望，仍然深受世人的推崇。

【机智过人的王朴】

王朴，字文伯，东平（今山东东平）人。他幼时聪慧，非常好学，并善于写文章。后汉乾祐年间，他考中了进士，被任命为校书郎，并依附于枢密使杨邠，寄居在他家中。当时，汉朝朝政混乱，大臣间彼此不和，王朴预料到必定有变乱发生，因此请求辞职还家。不久，李业等人作乱，杀死了杨邠，和他交游的人都受到了牵连，只有王朴幸免于难。后周初年，周世宗出镇澶渊，朝廷任命王朴为记室。后来，周世宗被任命为开封尹，就擢升王朴为右拾遗，任命他为开封府的推官。世宗即位后，任命他为比部郎中。

显德二年（955）夏天，世宗诏令朝廷的二十多个文学之士各自撰写一篇策论，以考察他们的才能。王朴于是进献《平边策》，建议世宗先修德政，而后平定吴国，然后逐步平定蜀地和幽州等地。周世宗读到他的《平边策》后，更加器重他的才识。不久擢升他为左谏议大夫，并任命他为开

封府的知府。

起初，周世宗胸怀英雄之志，喜欢谈论天下之事，多次慨叹唐僖宗广明（880～881）年间以后，中原领土逐渐被蚕食，又逢历朝动荡不安因此没有收复失土。世宗因此心中有一统天下的雄心壮志。而平时和他商议朝政的人，大多不理解他的心思，只有王朴说话行事都很有魄力，性格刚毅果决，凡是他谋划的事情，都很合世宗的心意，因此世宗急于进用他。不久，在知府的职务以外，又授予他为左散骑常侍，并充任端明殿学士。

此时，京城正在扩建，王朴奉命主管此事，凡是大街小巷，扩展的规模之类，都源自他的精心策划。后来，周世宗南征，任命王朴为东京副留守。世宗回到京城后，王朴任户部侍郎，并兼任枢密副使。不久，就擢升他为枢密使、检校太保。后来，他因服丧去职，但不久就官复原职。显德四年冬，世宗再次前往淮甸等地，王朴兼任东京留守，京城的大小事务，他都

相宜而动，做出决断，等到世宗回来时，京城秩序井然。

显德六年三月，世宗诏令王朴到汴口设置闸门，王朴提前返回京城。当天，他去拜访前任司空李谷，两人正在交谈之中，他忽然疾病发作，倒在地上。人们将他用小轿抬回家，当天就去世了，终年四十五岁。世宗听说后，大为惊愕，立刻来到他的家中。在他的灵柩前，世宗以玉钺击地，恸哭了好几回，并追赠他为侍中。

【身历六朝的杨凝式】

杨凝式是华阴人氏，他的父亲杨涉在唐末梁初两次出任宰相，罢免相职后，被任命为守左仆射，并死于任上。杨凝式身材矮小，然而却聪慧颖悟，富有文采，深受当时人的赞誉。唐昭宗年间，他考中了进士，被任命为度支巡官，后来升任为秘书郎。梁朝开平（907～911）年间，他担任殿中侍御史和礼部员外郎，并兼任三

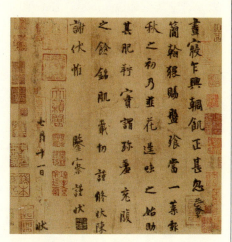

🏮 韭花帖·五代·杨凝式

川郡守。齐王张宗奭见到他后，大加赞赏，请求朝廷让他以本官身份担任留守巡官。梁朝宰相赵光允向来器重他的才能，上奏举荐他为集贤殿直学士，后来改任考功员外郎。

后唐同光（923～926）初年，他被授任为比部郎中、知制诰。不久，他因病解职，改任给事中和史馆修撰等职。明宗即位后，任命他为中书舍人，他再次因病不能上朝，因而解职。唐末帝屯兵于怀罩，杨凝式在扈从官员之列，因病在军营中喧哗。唐末帝考虑到他的才能和名望，不予追究，只是下诏让他返回洛阳。后晋天福（936～944）初年，杨凝式改任太子宾客，不久就以礼部尚书的官衔解职，闲居于伊、洛等地，随心所欲，狂妄不羁，当地官员都因为他的才华和德望而不责怪他。后晋开运（944～946）年间，宰相桑维翰知道他没有俸禄收入，生计很艰难，于是上奏任命他为太子少保，在洛阳的官署任职。后汉乾祐年间，他历任少傅和少师等职。周太祖主持军务后，杨凝式到他的军营大门求见，诉说自己年事已高，难以任官，太祖特地为他上奏朝廷，免除他的官差。广顺（951～953）年间，他上表请求退休，不久，就以右仆射的官衔退职。显德元年（954）冬天，杨凝式在洛阳去世，享年八十五岁，朝廷追赠他为太子太傅。

杨凝式擅长诗歌，精通书法，洛川等地的寺院和道观的墙壁上，到处都是他的题字。世人因为他行为怪诞，所以给他起了"疯子"的绰号。

李茂贞列传

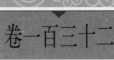

李茂贞是唐朝末年时的一支重要割据势力。黄巢反叛后，他镇压有功，后来又平定了李昌符的叛乱，因而受到僖宗的信任和重用。昭宗即位后，他逐渐萌生了篡位之心。昭宗让宰相杜让能率兵讨伐他，结果被他打败，李茂贞趁机进逼京师，向朝廷问罪，昭宗只好诛杀了杜让能。后来，李茂贞再次进逼京师，将宫殿付之一炬，昭宗也被劫持到凤翔。梁太祖朱温率兵包围了凤翔，李茂贞内外无援，只好与梁太祖请和，此后便一蹶不振。

▶【屡立功勋】

李茂贞，原本姓宋，名文通，深州博野（今河北蠡县）人氏。他的祖父是李铎，父亲是李端。唐朝乾符（874～879）年间，镇州有博野军，当时防卫京师，驻扎在奉天（今陕西乾县），李茂贞当时担任市巡，后来被擢升为队长。黄巢侵犯京师时，博野军驻扎在凤翔，当时郑畋率兵驻扎在岐下，他派遣李茂贞率兵在龙尾坡打败了尚让。李茂贞因为战功而被提拔为神策军指挥使。朱玫叛乱后，唐僖宗再次出逃到兴元，李茂贞护送到山南，因此功劳，被擢升为检校太保、同平章事，并被任命为洋蓬壁等州的节度使，僖宗赐他姓李，名叫茂贞，并且亲自为他取字叫正臣。

光启二年（886），王行瑜在京师杀死了朱玫，当时李昌符在岐下聚集了兵马，朝廷诏令李茂贞和陈佩等人前去征讨。次年，李昌符被诛杀，僖宗回到了京师，任命李茂贞为凤翔节度使，并加授检校太尉、兼任侍中，封他为陇西郡王。

▶【心怀二志】

大顺二年（891），观军容使杨复恭获罪，逃往山南，与杨守亮在兴元发动了叛乱，李茂贞和王行瑜前去平定了叛乱。朝廷诏令宰相徐彦若镇守兴元，李茂贞却违令不从，任命他的义子李继徽担任留后，并请求朝廷任命他为节度使，态度非常坚决，昭宗迫不得已，只好答应了他。从此，李茂贞恃仗着功勋，恣意妄为，并干预朝政，萌生了篡位之心，准备伺机而动。不久，他就驱逐了泾原节度使张球、洋州节度使杨守忠以及凤州刺史满存，夺取了他们的领土，上奏请求任命他的子弟为州镇长官，朝廷无力予以制止。

朝臣中有人上奏，弹劾李茂贞

的过失，他就上表驳斥，言辞不逊，奸邪之徒趁机依附他，结成朋党，朝政于是逐日败坏。

【举兵逼帝】

昭宗胸怀大志，受不了他的侵逼，因此想讨伐他。乾宁（894～898）初年，昭宗让宰相杜让能调兵遣将，军队还没进入李茂贞的辖境，就被李茂贞打败了。李茂贞乘胜进兵，驻扎在三桥，京师大为震动，官吏和百姓纷纷逃散，昭宗于是诛杀了中尉西门君遂和李周潼，向李茂贞告罪。李茂贞却不肯解兵而去，直言杜让能的罪状。昭宗迫不得已，只好诛杀了杜让能。

后来韦昭度和李谿被任命为宰相，李茂贞听信崔昭纬的邪说，想要阻挠此事，上表说韦昭度等人没有宰相之才，不能委以重任，否则一定会祸乱天下。昭宗下诏答复说："军队的事情，我会和藩臣商议，但任命宰相的事情，则由我来决定。"李茂贞后来又上表，请求授王珙为河中节度使，昭宗答复说："太原的奏表先到，已经任命了王珂，不能再修改诏书。"乾宁二年（895）五月，李茂贞和王行瑜、韩建举兵入京，声称觐见皇帝，京师震恐不安，天子登楼接待他们，李茂贞上表请求杀掉宰相韦昭度和李谿，向天下人谢罪，并任命王珙为河中节度使。李茂贞随后返回，留下他的义子李继鹏守卫京师。

【对抗朝廷】

当时，李克用上表朝廷，请求征讨李茂贞，以安定京师等地。这年七月，李克用的太原军来到河中，李继鹏和中尉景宣的儿子继晟逼迫昭宗前往凤翔，昭宗说："太原的军队还没到，我不可轻动，将和诸王固守皇宫。你们只管安定京师，如果太原的军队真的抵达京师，我自有应对之策。"李继鹏于是和景宣、中尉骆全权纵火焚烧东市，并在半夜大声喧哗，扰乱民心。昭宗登上承天门楼躲避骚乱，并下令捧日都将李云守在楼下。

李继鹏率兵攻打李云，这时昭宗靠着栏杆宣谕慰劳，李继鹏弯弓大叫，箭矢擦着昭宗的衣服，射在楼楯上。侍臣扶着昭宗下楼，回到宫内，李继鹏就放火攻打宫门。昭宗召集诸王，商议去向，李云上奏说："形势很危急，请求陛下到我的军营去避难。"李云于是和扈跸都将李君庆护卫着昭宗，从启夏门而出，停驻在华严寺。黄昏时，昭宗来到南山的莎城，停驻在石门山的佛寺中。

同月，李克用来到渭北，并派遣副使王瑰带着奏表，前来叩见昭宗，于是昭宗任命李克用为行营都统，进军讨伐邠、岐等地。

李茂贞心中害怕，于是杀了李继鹏和继晟，上表请罪。昭宗宽免了他，李克用却说："如果不诛杀李茂贞，京师等地就永无宁日。"当时，依附李茂贞的人也上奏说："如果太

原军灭掉了邠、岐等地，必定会进入京师，京师的忧患会永远没有尽头。"于是昭宗诏令李克用和李茂贞和解。等到王行瑜被诛杀，李克用回到太原后，李茂贞仍然骄纵如故。

【兵败势衰】

次年五月，昭宗任命李茂贞为东川节度使，并命令通王和覃王在京师整治禁军，如果李茂贞违令不从，就出兵讨伐。李茂贞心中害怕，准备赴任。朝廷军队来到兴平时，夜间受到惊吓，无故溃散，李茂贞趁机出兵，官军大败。昭宗仓促间逃难到华州，李茂贞于是率兵侵犯京师，将宫室付之一炬，并大肆劫掠，然后才离去。从此，长安的皇宫就化作一片废墟了。

乾宁四年，昭宗再次任命宰相孙偓率兵讨伐李茂贞，韩建谏阻了

此事，让李茂贞上表朝廷，自陈其冤。光化（898～901）年间，加授李茂贞为尚书令，并封为岐王，又让他的儿子李继筠率兵守卫京师。

天复元年（901）十月，梁太祖朱温攻打同州和华州等地，直逼京师。十一月，李继筠和中尉韩全诲劫持了昭宗，前往凤翔，李茂贞于是和韩全诲假传昭宗的旨意，向天下征兵，以讨伐梁太祖。宰相崔胤让梁太祖率领四镇的军队驻扎在岐下，并挖掘壕沟和营垒，以相固守。

天复三年，李茂贞所占据的山南诸州都被王建攻克，泾、原、秦、陇、邠、鄜、延、夏等地都向梁军投降。李茂贞独守孤城，内外无援，于是请求昭宗回到京师，向梁太祖求和，并处死了韩全诲等二十人，将他们的首级送给了梁太祖。从此以后，李茂贞兵力耗尽，一蹶不振。他又担心梁太

韩熙载夜宴图（局部二）·五代·顾闳中

祖再次出兵征讨，于是请求辞掉尚书令的职务，被准许了。

等到梁太祖建国后，李茂贞和王建在太原会兵，立志复兴，却没有成功。李茂贞的疆土日渐缩减，没有实现篡位的野心，只是设置了岐王府，任命了朝官，将妻子当做皇后，鸣鞭开道，宣读辞令，宛如帝王之制，但仍然沿用唐昭宗的年号。

【平生轶事】

李茂贞非常有智谋，用兵打仗等事，他都过目不忘。他性情极为宽和，当时，他手下有个部将名叫符昭，受到别人的诬告，说他谋反，李茂贞却亲自来到他家中，让随从退去，在他家住了一晚才走。军士有斗讼等事时，李茂贞说："吃我一碗汤面，为你们和解。"于是军中上下，都很心服。

李茂贞侍奉母亲尤为孝顺，母亲去世后，他哀伤过度，形销骨立，深受人们的嘉许。他治军不严，毫无纪律，和周亚夫、冯异等人的威名相比，则相去甚远了。庄宗平定梁国后，李茂贞自称叔父，上书祝贺。后来听说庄宗进入洛阳，李茂贞心中恐惧不安，这才上表称臣，不久又派遣儿子前来朝见。庄宗诏令李茂贞官复原职，并封他为秦王，所赐的诏令不直呼其名，以示尊重。又因为李茂贞是唐朝素负声望的老臣，因此特别礼遇他。

后来，李茂贞病重时，庄宗又派遣使者送去医药，问询病情。同光二年（924）夏四月，李茂贞去世，终年六十九岁，谥号为忠敬。

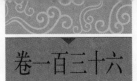

王建列传

王建是前蜀政权的创建者。唐朝末年，僖宗为躲避黄巢起义军而逃奔成都，王建等五都头率兵入蜀。田令孜认他为养子，后来因遭到猜疑，他出任壁州刺史。王建招集溪洞酋豪，逐步扩大地盘，占领成都西、南诸州。大顺二年攻占成都，杀陈敬瑄、田令孜。后又攻破梓州，占有东西两川之地，取山南西道。他在成都称帝，国号蜀，史称前蜀。

▶【随驾川蜀】

王建是陈州项城（今河南沈丘）人。唐朝末年，他在忠武军中效力。当时，秦宗权割据蔡州，悬赏重金招募人才，王建才从士兵被提拔为军侯。广明（880～881）年间，黄巢攻克了长安，僖宗逃到蜀地。当时，梁太祖朱温是黄巢的部将，率兵攻打襄、邓等地，秦宗权派鹿晏弘跟从监军杨复光，率兵攻打梁太祖，王建也在军中。同年，杨复光救援京师，次年打败了叛贼，收复了京师。当初，杨复光将八千名忠武军士兵分为八都，鹿晏弘和王建都是八都校之一。杨复光死后，鹿晏弘率领八都前去迎奉皇帝，到达山南时，攻打金、商等郡县，兵力达到数万人，并乘胜进逼兴元。兴元节度使牛丛弃城而逃，鹿晏弘于是自任为留后，并任命王建等人为属郡的刺史，然而却不让他们赴任。不久，朝廷正式任命鹿晏弘为节度使，鹿晏弘害怕部将谋害自己，就对部将

十分残暴，部众因此离心离德。王建和另外一个将领韩建交好，鹿晏弘猜忌两人，就假装厚待他们，召他们到他的卧室去。二人害怕，就在夜间登城，慰劳守城的士兵，趁机在月光下商量对策。王建对韩建说："鹿晏弘甘言美语，这表明他在疑忌我们，灾祸很快就要降临了，我们应趁早采取行动。"韩建同意了。于是，两人率领三千人赶到僖宗驻留的地方，僖宗嘉奖他们，赐给他们很多钱财。僖宗将他们的士兵分为五都，仍用旧将统率，即是晋晖、李师泰、张造和韩建、王建五人。他们被称为随驾五都，田令孜将他们都收为义子。僖宗回到京师后，王建等人分管神策军。

光启初年，王建跟随僖宗再次来到兴元，田令孜怕受威逼，就请求出任西川监军，杨复恭代任观军容使。王建等人向来受到田令孜的厚待，杨复恭担心他们不肯依附自己，就派遣五位都将担任郡守，当时王建被任命

为壁州（今四川通江）刺史。皇帝回到京师后，杨复恭让杨守亮镇守兴元，特别害怕王建前来侵犯，多次召他前来。王建心怀异志，于是召集了溪洞的豪猾之徒，得到八千兵力，然后攻陷了阆州，并攻打利州，利州刺史王珙弃城而逃。王建大肆剽掠二州，杨守亮无力阻止。东川节度使顾彦朗，起初在京师附近打败叛军时，就和王建相识，如今屡次派人慰问，又拿出财物军粮供应王建的士兵，因此王建没有入侵梓、遂等地。西川节度使陈敬瑄担心他俩会勾结起来，就和监军田令孜（陈敬瑄是田令孜的哥哥）商议此事，田令孜说："王建是我的儿子，他没有别的野心，实在是被逼得走投无路，才在山南做寇贼。我修书一封，就可以立刻将他招来。"因此就快马送信，招王建前来。王建大喜，派遣使者对顾彦朗说："监军父亲写信招我回去，我想到成都探望他，希望借机依附陈太师，得以担任一个大郡的郡守。"于是，王建来到梓州，拜见顾彦朗，将家人留在东川，挑选了三千名精兵，前往成都。走到鹿头时，有人对陈敬瑄说："王建是一代枭雄，专门图谋掠夺他人的国土。他来到之后，您打算怎样安置他呢？陈敬瑄害怕了，于是就派人阻止王建，并加强城防守备。王建大怒，于是占据了汉州（今四川广汉），率领轻兵赶到成都。陈敬瑄责怪

他说："你为什么侵犯我的疆土呢？"王建的使者回答说："阆州司徒（即王建）最近寄居东川，而您的使者接连招他来，如今又拒绝他，这是为什么呢？司徒不惜改辕而东，而前来探望太师，您反而加以拒绝，恐怕是顾彦朗在其中挑拨离间吧。司徒派我前来报告，他想要寄居汉州，请您不要猜忌。"过了十天，王建调遣全部的东川士兵，架设云梯，攻打成都，三日还没有攻克，于是王建就退兵据守汉州。一个多月后，又大肆抢劫蜀境，并进逼彭州。陈敬瑄出兵前来救援，

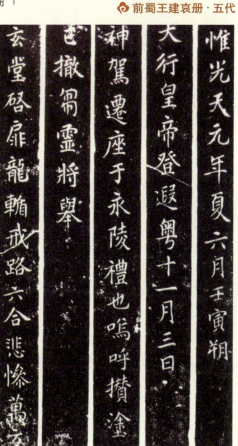

前蜀王建哀册·五代

🔶 **孟蜀宫妓图·明·唐寅**

唐寅的人物图传神、细腻，此幅中，他通过描写官中女子的饮酒作乐，传神地表现了官廷富贵，披露孟蜀后主的糜烂生活。

王建解围而去，纵兵大掠，十一个州郡都遭受灾难，民不聊生。

▶ 【图谋大计】

王建的兵力日渐强盛，于是再次攻打成都。陈敬瑄很担心，顾彦朗也害怕王建侵犯自己。昭宗即位后，顾彦朗上表为王建求情，请求另择大臣镇守蜀地。昭宗下诏，让宰相韦昭度镇守蜀地，代替陈敬瑄。陈敬瑄不肯接受诏命，昭宗大怒，就命令顾彦

朗、杨守亮征讨他。当时韦昭度任命王建为牙内都校，掌管军队。后来官军讨伐失败，王建就对韦昭度说："您率领数万士兵，却没有征讨成功。现在藩镇互相残杀，朝廷纵容他们，与其兴师动众，征讨边远之地，不如宽免他们，先安定中原，才是治国的根本。您不如回京朝见皇上，和他谋划此事。"韦昭度犹疑不决。一天，王建暗中唆使士兵在衙门外擒获韦昭度的亲信官员，割他身上的肉吃，王建趁机从容地告诉韦昭度说："士兵缺乏军粮，所以才会这样。"韦昭度十分恐惧，于是将节度使的符节留给王建，当天就回朝。他刚出剑门，王建就派兵把守剑门，不让任何军队进来。一个多月后，王建攻打西川境内的八州，所到之处都有人响应他，于是他就猛攻成都。田令孜登上城楼，对王建说："我和八哥相交甚厚，太师也早已了解。你有什么仇怨，要如此困迫我呢？"王建回答说："我和您有父子之恩，我怎么敢忘记呢？只是天子将兵权交给陈太师，他却和朝廷作对。如果陈太师能够真心改过，那就最好不过了。"田令孜又说："我想和八哥在军中叙旧，怎么样？"王建说："父子之间的恩义，有何不可呢？"当晚，田令孜就携带着节度使的符印，进入王建的军营，交给王建。王建哭泣着说："当初太师心机太深，才使得我们今日不和。他既然能推心置腹，我们也就和好如初了。"次日，陈敬瑄打开城门迎接王建，将节度使的职

位让给他，于是王建自称留后，并向朝廷上奏此事。次年春天，朝廷任命王建为检校太傅、成都尹、西川节度副大使知节度事、管内观察处置、云南八国招抚等使。王建将陈敬瑄移居到雅州（今四川雅安），并任命他的儿子为刺史。陈敬瑄出发后，王建派人在路上将他杀死，但仍旧让田令孜出任监军。几个月后，有人告发说，田令孜和凤翔节度使有书信往来，田令孜被逮捕入狱，最终饿死在狱中。

王建富有机略，城府很深，让人难以捉摸。他占有蜀地之后，又觊觎东川等地，但因为顾彦朗和他是姻亲，因此才没有实施。适逢顾彦朗去世，他的弟弟顾彦晖代任梓州（今四川绵阳三台）节度使，交情逐渐疏远。李茂贞趁机勾结顾彦晖，二人结盟，在征收赋税和边境纠纷上，和王建争夺利益。大顺（890～891）末年，王建出兵攻打梓州，顾彦晖向李茂贞求救，李茂贞派兵救援，王建解围而去，但从此和顾彦晖交恶。后来，王建大举进攻，在利州打败顾彦晖。顾彦晖很害怕，就向王建求和，并和岐人绝交，王建答应了求和的要求。景福（892～893）年间，兴元的军队侵犯东川，顾彦晖向王建求救，王建派兵出击，大败敌军。凯旋时，王建趁机突袭梓州，擒获了顾彦晖，将他安置在成都。因此王建占有了东、西川，兵力更加强盛。天复（901～904）初年，李茂贞、韩全诲将昭宗劫持到凤翔，梁太祖朱温率兵围攻凤翔。王建表面和梁太祖交好，指斥李茂贞的罪状，暗中却又和李茂贞互派使者往来，并且让李茂贞坚守凤翔，不要讲和，并许诺出兵援救。因而，王建分派各军，攻打兴元。等到梁太祖解围而去，李茂贞所占有的山南各州，都归王建所有，重新安置了守将。李茂贞一蹶不振，天子迁都到了洛阳，王建再次攻打李茂贞所占据的秦、陇等州，李茂贞兵力薄弱，无法守护。有人劝王建趁机攻取凤翔，王建说："这计策不妥，我已经得到很多的领土，不在乎岐下一州。李茂贞虽然是平庸之人，但向来有名望，他无力和朱温硬战，但防守辖境则绰绰有余。我们恰恰应该利用凤翔，作为我们的屏障。"等到梁太祖想要称帝，王建和其他藩臣合谋，意欲复兴唐室，于是命令部将康晏，率领三万士兵在凤翔和各路兵马会师，多次和梁军交战，最终失败而还。等到梁朝建国后，蜀地的人们也请求王建依照刘备的先例，在蜀中称帝。于是，王建在成都称帝，改元为永平。他在位十二年后去世，享年七十二岁。

论赞

史 臣曰：西南地区地势险要，乱世时就会叛离中原，升平之世就会归附。王建能够在蜀中割据一方，只是适逢其时，因为当时朝廷已经衰弱，无法控制各地的藩镇了。

白话精编二十四史

第六卷

旧唐书·旧五代史

【特邀编审】

阎守诚

【特邀校对】

李向荣　文慧校对

【文图编辑】

樊文龙

【文字撰写】

陈博

【装帧设计】

罗雷

【美术编辑】

刘晓东

【图片提供】

Fotoe.com